Le nouvel âge du cinéma d'auteur français

David Vasse

Le nouvel âge du cinéma d'auteur français

50 QUESTIONS

PARIS
KLINCKSIECK

50 QUESTIONS

Collection dirigée par Belinda Cannone

dans la même collection

Vincent Amiel et Pascal Couté, *Formes et obsessions du cinéma américain contemporain* (12)
Pierre Berthomieu, *La Musique de film* (14)
Monique Carcaud-Macaire et Jeanne-Marie Clerc, *L'Adaptation cinématographique et littéraire* (15)
Jean-Louis Leutrat et Suzanne Liandrat-Guigues, *Penser le cinéma* (8)
Suzanne Liandrat-Guigues, *Esthétique du mouvement cinématographique* (22)

liste complète en fin de volume

en couverture :
Béatrice Dalle et Vincent Gallo
dans *Trouble Every Day* de Claire Denis (2001)
(© Rezo Films Distribution)

www.klincksieck.com

isbn : 978-2-252-03665-5

50 QUESTIONS

IV. — Examens du social

V. — Pouvoirs du numérique

Conclusion

L'auteur tient à remercier Belinda Cannone, Yann Calvet, Denis Lamy, Jérôme Lauté et Olivier Marie pour leur écoute et leur aide précieuse.

À mon père

AVANT-PROPOS

1 *Un nouvel âge pour quel état des lieux ?*

Les quinze dernières années du cinéma français ont incontestablement été marquées par une diversité de styles et de regards sur le monde sans commune mesure avec les décennies précédentes. Ainsi formulé, ce constat ne semble pourtant guère exceptionnel à l'endroit d'une cinématographie depuis longtemps réputée comme l'une des plus riches du monde. Ce qui a changé dans l'appréciation de ses richesses repose en grande partie sur la façon dont elle a répondu au tournant séculaire en assimilant de manière plus ou moins explicite les enseignements du passé aux promesses du siècle à venir. Dans ce moment charnière de l'histoire, caractérisé par la vitesse de transformation des moyens de communication et l'horizontalité massive de l'information aux multiples influences sur la perception même des événements du monde, la tâche du cinéma français releva du besoin de faire le point sur ce qui lui reste et ce qui lui reste à faire en son nom, en n'étant redevable de rien d'autre que de sa légitimité à encore témoigner de son époque. Les années 1990-2000 sont celles d'un nouveau positionnement esthétique et moral en phase avec les mutations accélérées qui ont touché aussi bien les mœurs que la politique, les arts que les technologies. Elles désignent ainsi le temps d'une recomposition du paysage cinématographique français dont les contrastes saillants se fondent sur des facteurs corrélatifs. Deux par-dessus tout expliquent la vitalité ambivalente du cinéma français. Il y a d'abord eu la nouvelle donne industrielle et économique qui a entraîné l'apparition de structures de production et de diffusion propices à une inégalité des droits d'appartenance à l'espace public, avec l'essor des multiplexes au détriment des salles Art et Essai. Symptôme de la mondialisation des loisirs, cette logique de « grande distribution » n'est pas pour autant sans effets positifs. Il est vrai que les recettes engrangées par les grosses machines sont de nature à être reversées dans des projets plus modestes. Et la réciproque, en termes d'assises financières et symboliques, se vérifie également. Depuis le début des années 1990, outre les inévitables excès de voracité d'ogre sur le petit Poucet, le cinéma français a su s'appuyer sur une cohabitation parfois extrême de films qui, au-delà des dérives carnassières, est tout à son honneur. De plus, l'apparition et le développement rapide du filmage en numérique (dont il sera question dans le dernier chapitre) ont considérablement modifié le rapport à la création et à la production, au point d'avoir favorisé l'invention d'un nouveau régime de fictions et la démocratisation du documentaire sur grand écran.

L'autre facteur capable d'expliquer l'irrégularité féconde du cinéma français des dernières années, sa force à demeurer irréductible à une qualité moyenne de production, c'est la thématique récurrente, et ô combien éloquente en cette décennie, de la *reconstruction.* Comment reconstruire « après la bataille » pour reprendre une expression du critique Thierry Jousse dans un de ses articles consacrés à l'état général du cinéma français à la veille des années 1990 (*Paysage après la bataille*, dans les *Cahiers du cinéma*, n° 419-420, mai 1989) ? Autrement dit, comment récupérer ce qui aurait été perdu et oublié auparavant ? C'est précisément à ce type d'interrogations que le meilleur du cinéma d'auteur s'est confronté jusqu'à maintenant. Au lendemain de la vague « néo » des années 1980 au cours desquelles, sous le règne du *look* et d'une relative stabilité parlementaire, le cinéma français s'était un peu trop abandonné à une dilution émolliente des affects à distance confortable du réel, il lui aura fallu renouer contact avec un monde lui-même en (recon)quête de repères depuis la chute du communisme et la caducité des idéologies accentuée par la domination d'une seule, le libéralisme économique. En Europe, les choses elles aussi étaient en voie précaire de reconstruction (quelle société après le Mur ?) et le cinéma français a soudain réinvesti cette prise de conscience à travers des thèmes que l'approche du nouveau siècle n'a pas manqué d'inspirer. Pêle-mêle : les règlements de compte avec le passé, qu'il soit historique, politique ou familial, la nécessité de se reposer la question de la valeur et surtout de la validité du groupe ou de la communauté pour une génération (les 30-40 ans) sensible au concept d'héritage et de transmission, l'usage des nouvelles techniques de prélèvement du réel entre redéfinition virtuelle et épaisseur supplémentaire de sa matière au service d'une approche inédite du réalisme des corps et des comportements, etc. Davantage impliqué dans les fluctuations de l'époque, le cinéma français a su en être à la fois le partenaire et le témoin sensible à travers l'émergence d'une nouvelle génération d'auteurs. Grâce à une multiplicité de gammes d'expression et de formes narratives tout à fait synchrones avec cet entre-deux siècles épris de complexité et d'incertitude, il est parvenu à brouiller les pistes de l'identification uniforme et les limites du renouveau, justifiant ainsi le concept de « biotope » utilisé par Jean-Michel Frodon pour caractériser son véritable environnement.

> Si l'idée même d'une esthétique du cinéma français est une déplaisante aberration, il y a un autre sens à l'expression « cinéma français ». Pas une équipe, encore moins la supposée « grande famille du cinéma français », mais un *milieu*. Le mot « milieu » [...] renvoie aux connivences troubles, elles existent. Mais le terme désigne surtout un espace de vie, un territoire caractérisé par certaines conditions objectives et par les interactions entre ceux qui la composent. Un biotope, mais qui aurait la particularité de n'avoir absolument rien de naturel. Un biotope comporte de nombreuses espèces rivales et complémentaires, qui s'affrontent, se dévorent ou s'ignorent mais dont la coprésence contribue à la pérennité de l'ensemble [...]. Le biotope du cinéma français est, donc, le meilleur du monde. Pourquoi ? Parce que c'est celui où cohabitent, même de manière conflictuelle et dangereuse, le plus grand nombre d'espèces de films. (Frodon, 2004 : 10-11)

Le renouveau peut désormais venir de partout, de tous horizons et de tous supports, à la différence des années 1960, où l'innovation était localisée du côté de la Nouvelle Vague, et à celle des années 1980, où les marques de la nouveauté se résumaient à l'image maniériste et post-moderne, contemporaine du clip et de la publicité. Depuis les années 1990, la distinction est moins évidente, plus insituable. S'offre à nous un très large éventail de registres, des expérimentations discrètes ou affichées. Les images échangent leurs origines et leurs statuts, le documentaire dispute désormais à la fiction le privilège du grand écran, rivalise parfois avec elle dans un même film, l'argentique et le numérique se font aussi concurrence, dans les salles comme dans les fictions. Il est clair que cette déhiérarchisation généralisée, et plutôt bienvenue, des valeurs est proportionnelle à la variété des réseaux d'images en plein essor depuis une bonne dizaine d'années. C'est cet éclatement des catégories traditionnelles, en relation avec un certain accès plus horizontal aux films, qui a eu, c'est certain, un impact considérable sur les conditions de fabrication et de réception du cinéma hexagonal contemporain.

I
LES GRIFFES DU PASSÉ

2 *Où en est le cinéma français dans les années 1980 ?*

Une nouvelle décennie tire toujours les leçons de la précédente, soit pour mieux en profiter, soit pour s'élever contre elles. À l'heure du bilan des années 1980, certains observateurs du cinéma français s'étaient accordés à estimer qu'elles avaient célébré le retour en force du studio. Après la percée salutaire de la rue dans les années 1960, l'ambivalente cohabitation dans les années 1970 de différentes tendances, allant des récits « gueule de bois » de l'après-68 aux fictions de gauche académiques, en passant par la décantation de l'esprit « Nouvelle Vague », le cinéma français s'était alors à nouveau replié sur lui-même. À cette époque, il apparaît nettement que la réhabilitation du studio témoigne de la subordination d'une pensée, d'une économie, d'un type de récits et de personnages à la montée en puissance des images domestiques générées par la vidéo, le clip, l'informatique, etc., tout ce que l'on avait alors distingué comme symptômes d'une civilisation de l'écran. Réminiscence d'une période troublée du cinéma français (les années 1940, l'Occupation), le studio correspondait davantage à ce moment-là à l'étendue d'un phénomène qu'un critique comme Serge Daney, dans le sillage philosophique de Paul Virilio, nomma « visuel ». Selon lui, le « visuel » renvoie à la reproductibilité sans limites des images du monde. Au lieu de ramener des images de l'expérience de l'autre, le « visuel », en tant que programme industriel de communication à grande échelle, vise à dissoudre celle-ci dans un vaste marché des signes. C'est le pouvoir de la reproduction contre la représentation, de la diffusion contre la transmission, de la déréalisation marchande contre la réalité première. Le « visuel » produit en somme une sorte d'interposition entre soi et le monde qui empêche de le cerner en profondeur. À l'état du monde, il substitue un état synthétique des images n'ayant comme unique légitimité que leur inscription indifférenciée dans le grand Tout communicationnel. Contemporain de cette marchandisation des événements et des affects, le cinéma français de cette époque avait trouvé dans le recours au studio un lieu climatisé, propre à fétichiser les actions et les personnages sur le mode du retrait volontaire. C'est le temps du *look* où il fait bon enrober les histoires et les corps d'une imagerie séduisante, analogue à celle véhiculée par la télévision et le clip vidéo. Il s'agit moins de mettre en scène une action que de la *vendre* à travers le culte de ses accessoires. Plus besoin de s'exposer au monde extérieur, il suffit d'en créer un ersatz artificiel, clos sur lui-même, n'obéissant qu'à ses propres règles.

Trois cinéastes ont aussitôt été identifiés à cette mouvance, Luc Besson, Jean-Jacques Beineix et Léos Carax. Trois jeunes créateurs d'univers tamisés, d'éclairages factices dans lesquels l'être semble délesté de la moindre gravité. Pour Jean Douchet, « sans doute incarnent-ils cette aspiration de la nouvelle génération à se refermer sur elle-même, agressée qu'elle est par la réalité économique, cherchant à se maintenir dans un univers qui la protège, un univers "planant" qui lui fait quitter le réel » (Douchet, 1989 : 50). Tel est, en définitive, l'esprit du studio. S'enfermer dans un univers sans autre référent que lui-même, dont la raison d'être s'appuie sur l'image-reine à travers laquelle le cinéaste recrée, les yeux fermés, un monde idéal, soustrait à toute aspérité, tout accident et toute pesanteur. C'est la revendication d'un monde et d'un cinéma *allégés*, ne portant sur le cinéma d'hier qu'un regard d'artificier ou de brocanteur malin. *Diva*, le premier film de Jean-Jacques Beineix (1981), inaugure parfaitement sous ce rapport la décennie 1980. Il appartient à la veine du « néo-polar » où l'image ne fonctionne plus qu'en tant que synthèse d'autres images, passées et présentes. Le monde y est exagérément poétique mais d'une poésie qui ne serait pas tant la forme impensée et singulière d'un regard sur le monde que le résultat d'une esthétique de substitution du monde. Tout arrive à l'image cependant que rien n'arrive aux personnages, prisonniers consentants de leur insignifiance recyclable. Les films suivants de Beineix, de *La Lune dans le caniveau* (1983) à *IP5* (1992) en passant par *37°2 le matin* (1986), ont confirmé ce goût pour des lieux, des images et des récits sophistiqués et ostentatoires, résolument coupés de la réalité, sans toutefois chercher à en exprimer certains paramètres sous l'angle, par exemple, de la métaphore (à l'exception peut-être d'*IP5*, fable poético-écologique d'une confondante naïveté). Chez Luc Besson, dans des films comme *Subway* (1985) et surtout *Le Grand Bleu* (1988), l'image n'a guère plus de consistance. Elle n'est que pure surface d'où se détachent joliment des figures unidimensionnelles. L'être plonge littéralement en dessous et en deçà du monde (le métro, l'océan) et ne veut surtout pas en sortir, comme un poisson dans son aquarium. Dans *Le Grand Bleu*, Jacques Mayol (Jean-Marc Barr) réussit son entreprise de fusion quasi amniotique dans l'image monochrome. Son destin n'a pas besoin d'être confronté à celui des autres. Il faut au contraire l'entendre comme un vœu de disparition dans la matière. L'autre n'a aucun poids (le personnage de Rosanna Arquette, censé représenter l'amour donc l'échange, est significativement écarté au profit du vide), le salut n'est plus à hauteur d'hommes mais dans les abysses sépulcraux. Pour Thierry Jousse, ce film est « l'accomplissement du monde post-industriel et post-moderne, décrit par Jean Baudrillard, monde indifférencié, insignifiant et a-historique » (Jousse, 1989 : 14). Avec obstination, le cinéma de Besson n'a cessé de poursuivre une logique de spectacle littéralement sourde aux rumeurs du monde, dans une conception de l'individu infirme, violemment inadapté à ce (ceux) qui l'entoure(nt). De là son formidable impact auprès de la jeune génération des années 1980, époque privilégiée du *cocooning* et du chromo, cette image immobile qui ne se donne pas la peine de faire que le monde bouge un peu à l'écran.

Le cas de Carax est plus complexe. Très vite, à vingt-deux ans, il s'est imposé comme un poète de l'image, entre Rimbaud et Cocteau, ayant pour signe particulier la douleur de ne pouvoir concilier son désir d'innocence avec le sentiment aigu d'arriver trop tard. La précocité de son cinéma va de pair avec l'évocation de la finitude, un certain vieillissement prématuré des formes neuves. Chez lui, la vitesse (des sentiments, des gestes, du montage) s'effectue toujours sous la menace d'une perte totale de mouvement. Son ambition de vouloir porter sur ses frêles épaules tout le cinéma, de Chaplin à Godard, devait hélas le conduire à l'épuisement. Quatre films en plus de vingt ans et puis plus rien. Au même titre que Besson et Beineix, Carax est de ces cinéastes emblématiques des années 1980 préférant sans détour l'image à la réalité. À la différence que chez lui, l'enfance de l'art n'est jamais vécue dans l'ignorance de l'origine des images. Le surgissement parfois magique de celles-ci se voile d'une amertume liée à l'impossibilité de les renouveler à l'infini, car l'image, aussi belle et fulgurante soit-elle, demeure souvent une impasse, quelque chose qui a du mal à résister au temps. Tous les films de Carax disent bien à quelle solitude est vouée une image de cinéma sans nulle autre provenance que lui-même. L'ancien et le nouveau se défient sur fond de désarroi amoureux, sexuel et artistique en relation paradoxale avec le climat social de l'époque (voir la métaphore du sida dans *Mauvais sang*, 1986), l'illusion est créée de toutes pièces de peur d'être déjà perdue. Au final, le sort de Carax est à l'image de chaque plan de ses films : brûlé en plein envol.

Pour le meilleur et plus souvent pour le pire, le studio affilié à son principal usage, la reconstitution d'époque, a également encouragé la restauration de la Qualité française en plaçant le spectateur dans la position de reconnaître son système de conventions recyclé par la culture audiovisuelle. Là encore, l'exploitation du patrimoine sur le versant académique est une autre forme de repli, le maintien commercialement efficace d'une distance avec la réalité contemporaine. *Le Grand Chemin* de Jean-Loup Hubert (1987), *Jean de Florette* de Claude Berri (1986), voire *La vie est un long fleuve tranquille* d'Étienne Chatilliez (1988), homme de publicité spécialisé dans la promotion cynique des vieux antagonismes sociaux (par exemple les bourgeois et les prolos), sont quelques-uns des gros succès du cinéma français de cette époque dont le point commun est la revalorisation des codes du cinéma d'hier à l'intérieur du formatage télévisuel, vaste opération de vente en expansion permanente (la naissance de Canal+ en 1984 en est la preuve la plus flagrante). Ils partagent surtout cette incapacité à évoquer le passé autrement que par des histoires et des formes surannées. Le passé n'est pas filtré par les préoccupations du moment, il n'est plus moteur à récit. Il se conserve en bocal cathodique que l'on ouvre en certaines occasions culturellement opportunes. Autre avatar d'une décennie forclose, complaisamment recroquevillée sur ses « nouvelles images » à défaut de pouvoir encore avoir la force de raconter l'aujourd'hui et de faire état du monde qui nous est légué.

3 *Le visuel a-t-il laissé des traces ?*

En tant qu'esthétique dominante résumée à un *revival* chic des formes anciennes (« relooker le rance » serait son slogan), le visuel n'est pas resté sans suite. Ses effets se sont logiquement accentués au cours d'une décennie marquée par la mutation des supports d'images et le retour de la droite au pouvoir. Modernisation technologique d'un côté, montée du conservatisme politique de l'autre, entre eux des résonances s'annonçaient favorables à la pérennité du visuel sur les écrans français. Trop d'images tuent l'image. À force d'en diffuser une multitude, on n'en montre aucune. C'est ce que Serge Daney, au moment du traitement médiatique de la Guerre du Golfe en 1991, avait observé et analysé. « Circulez, il n'y a rien à voir » résumait selon lui les méfaits dévastateurs du visuel qui s'opposaient aux tentatives de compréhension d'un événement. En reprenant le sens de ce slogan, il est possible de qualifier un cinéma dont l'exhibition formelle n'a d'égal que ce qu'il cherche vainement à dissimuler, du moins à réduire, à savoir un fond d'idéologie réactionnaire *a priori* incompatible avec un supposé désir de renouveler le cinéma. C'est l'image excessive comme vitrine d'une vision passéiste du monde. Pour Jean-Michel Frodon, « le visuel s'accompagne [...] d'une valorisation de la "grande forme" cinématographique, où se combinent selon des proportions variables l'inflation des budgets, les effets spectaculaires et les "plus" (comme on se met à dire alors, en attendant le "mieux disant") culturels. Le Visuel et la "grande forme" correspondent à cette promotion du film en tant que tel » (Frodon, 1995 : 569). Les cinéastes appartenant volontiers à cette catégorie font de l'image un produit et du film un supermarché ayant comme principal commerce l'exposition de ses ingrédients à côté desquels il est en effet convenu de circuler. Un cinéma des Halles, en quelque sorte, avec une nostalgie entièrement fabriquée.

À cet égard, le studio demeure l'usine indispensable. Les films s'y enfermant à dessein de reconstituer un temps reculé sont ceux qui abritent des références à un cinéma français, lui-même retranché dans sa tour académique et ronronnante (les années d'Occupation en premier lieu), là où abondent codes de francité et valeurs morales, bons mots et grandes vedettes. Pour ces films, il ne s'agit pas de faire revivre ce passé-là sous la forme du plagiat ou du *remake*, mais de l'adapter opportunément à une société redevenue peu à peu rétrograde (voir comment l'énorme succès des *Choristes* de Christophe Baratier en 2004, reprise de *La Cage aux rossignols* de Jean Dréville (1945), est arrivé au moment des grandes mesures disciplinaires prônées par Xavier Darcos à l'Éducation nationale). Pour tout dire, le tape-à-l'œil sert à masquer la misère et la noirceur des êtres. Il suffit d'épater le spectateur par une image *bien de son temps* afin de le détourner de la véritable origine de celle-ci, située en des temps plus lointains et aussi sombres. En 1991, Bertrand Blier signe avec *Merci la vie* un manifeste esthétique faussement à la mode. Salué par la critique comme l'étendard d'une liberté d'artiste démiurge, absolument contemporain des « nouvelles images » en circulation, il pousse en effet très loin l'expérimentation des genres et des styles mais sur fond de populisme décanté. À partir de la rencontre de deux jeunes filles égarées sur les routes sinueuses de leur histoire, Blier s'amuse à bouleverser les règles traditionnelles du récit en subvertissant les temporalités et les rapports de causalité, en alternant de manière intempestive la couleur et le noir et blanc, en procédant à de brusques décrochages narratifs à mesure que progressent les deux héroïnes dans les méandres de leurs aventures généalogiques. Très vite, il paraît évident que l'auteur se moque complètement de raconter une histoire d'origines perdues. Son intérêt est de saccager les conventions en un maelström visuel et sonore de péripéties déconnectées les unes des autres. Le projet de *Merci la vie* n'est alors rien d'autre que mercantile : brader un stock d'imageries, sans ordre et au choix. Le cinéma de papa, la Nouvelle Vague, les images de synthèse, Lelouch, Bunuel, le sida, le film de guerre, le film fantastique, etc., constituent un bric-à-brac virtuel où il n'est plus question de *voir* quoi que ce soit. À défaut de s'identifier à des personnages de toute façon improbables ou même de saisir intuitivement la logique formelle d'un rapport au monde, le spectateur est tenu d'apprécier *au détail* la moindre trouvaille, la moindre fantaisie, au mépris de toute vraisemblance. En cela, du haut de son principe de discontinuité tous azimuts, le film correspond parfaitement à l'ère du *zapping*, où une image saute aux yeux avant d'être, la seconde d'après, remplacée par une autre, de nature et de contenu différents, voire opposés. La fiction compte alors moins pour ce qu'elle raconte ou exprime que pour ce qu'elle aménage, à savoir un espace signalétique chargé d'instrumentaliser le spectre du cinéma français. La tonalité macabre du film ajoutée à cette campagne de désorientation exclusive renvoie bien à l'esthétique du visuel. Auteur de renom et génétiquement rattaché à un cinéma populaire qu'il se plaît à convoquer ici, Bertrand Blier ne sacrifie pas justement son film à la naïveté de l'art pour l'art. C'est d'ailleurs sur ce point que *Merci la vie* est problématique et que son appartenance avérée au cinéma du Visuel dépend aussi d'une mémoire du pays qu'il souhaite synthétiser. Sa déconstruction en fanfare vise en réalité à exhumer le climat délétère d'une France en proie à la paranoïa et à la collaboration, où les mœurs légères étaient vilipendées et l'audace réprimée. La dimension fantasmatique du film s'appuie sur la peur de voir la jeunesse mal tourner, à force de dévergondage et d'insolence. Y traverse le refrain de la France des parents, ponctué de thèmes aussi aigres que la punition et le ressentiment. En définitive, sous couvert de provocation formelle, Blier insinue un discours des plus conservateurs, d'autant plus facile à faire passer qu'il se repaît du simulacre audiovisuel. Perdre le spectateur dans le dédale de sa galerie des glaces déformantes lui permet de contenir la persistance d'une vision tristement datée des relations humaines.

Digne successeur des imagiers cultes des années 1980, Jean-Pierre Jeunet se distingue lui aussi avec plaisir par une pratique de rénovation de la « Douce France ». En 1990, il réalise, en compagnie de son ami Marc Caro, son premier long-métrage, *Délicatessen*, un conte loufoque et architectural baignant dans un parfum de réalisme poétique tout en ocre et poussières. S'y côtoient, à tous les étages d'une tour façon Trauner, bêtise, délation, naïveté, seconds rôles et accessoires grinçants. De nouveau, le gag et le gadget prévalent sur l'enjeu scénaristique (l'amourette de deux simples d'esprit au milieu de la veulerie populaire), la caricature l'emporte sur le personnage. Si, de concert, critiques et public ont loué l'invention plastique et rythmique du film, peu ont souligné à quel point celle-ci était au service d'une exaltation de la mesquinerie et du *gimmick* expressif à consommer sur place. Dans un mélange d'esprit juvénile et d'instinct d'antiquaire, Jean-Pierre Jeunet prend soin de lustrer les bibelots de son film (ustensiles et silhouettes) d'une couche de maniérisme bon teint. C'est ce lustre capable de transformer l'objet périmé en produit rutilant sur le marché d'un imaginaire artificiellement empreint de nostalgie qui fait du film un modèle de transposition du visuel au cinéma. Serge Daney l'avait bien compris lorsqu'il rendit compte du film dans le numéro 1 de *Trafic* (hiver 1991) : « "Tout doit disparaître" est le mot d'ordre potache et rageur de tout cinéma qui, *via* le *story-board* et l'imaginaire BD, sacrifie à l'impérialisme du dessin ou du visuel. »

Dix ans plus tard, Jeunet décuple la recette avec un film qui allait rapidement devenir un phénomène de société, *Le Fabuleux Destin d'Amélie Poulain*. Honneur cinématographique des années Chirac, ode à la conservation des chromos sépia d'une France pétrie d'humanisme, cette histoire de souvenirs d'enfance retrouvés dans un coffre au grenier achève de démontrer, à grands renforts de filtres jaunâtres et de focales déformantes, en quoi le primat du visuel convertit personnages et spectateurs en éléments statistiques d'un programme commercial destiné à mesurer une *tendance*. Tant au niveau du scénario que du grand public, l'essentiel porte sur une conception de l'individu formaté à partir de ses goûts. Celui-ci ne révèle de lui-même que des indices de satisfaction (le fameux « j'aime/ j'aime pas » à l'*incipit* du film), en dehors de toute expression singulière. Il ne s'agit pas pour lui de dire l'amour de quelque chose en son nom mais de répéter ce qu'il aime sur l'échelle fluctuante de la consommation. Dans *Le Fabuleux Destin d'Amélie Poulain*, les personnages sont conçus comme les résultats d'une étude de marché. D'où son formidable succès. À travers une esthétique publicitaire dans laquelle chaque plan somme le spectateur de reconnaître le reflet de ses (dé)goûts, le film s'inscrit en plein dans la culture médiatique tout en la servant. Le propre de cette culture étant d'alimenter régulièrement le guide du consommateur, de vanter l'étiquette derrière le produit, nulle surprise à voir pareil film agir comme le symptôme d'une époque où l'individu a de plus en plus un rapport marchand avec le monde, où le savoir-faire devient aussitôt un capital.

L'image n'est intéressante que si elle est image de quelque chose, que si elle renvoie peu ou prou à une réalité à laquelle elle ne saurait se substituer. Lorsqu'elle fonctionne uniquement comme allusion efficace à une économie plus vaste (le visuel justement), elle n'a avec le passé, dont elle feint d'être redevable, qu'un rapport spéculatif qui la dispense d'en témoigner.

4 *Un air de Nouvelle Vague peut-il être un signal salutaire ?*

Il y eut soudain, à l'orée des années 1990, comme un besoin urgent de revenir au réel, d'abandonner le confort moderne du « tout image » fabriqué en studio en réponse à un appel d'air commun à tous ceux pour qui le cinéma est affaire de captation des rumeurs du monde. Comme un symbole, la chute du mur de Berlin, en novembre 1989, venait à point nommé sonner l'heure d'une ouverture majeure dans l'histoire de la démocratie occidentale. Un mur tombait, ceux du studio avec lui. Il fallait désormais envisager un nouveau départ, faire en sorte que les choses puissent redémarrer dans une direction favorable à la réhabilitation d'une conscience aiguë du présent. Comment pareil sursaut allait-il se traduire dans le champ du cinéma français ? Par le postulat d'une liberté retrouvée et infusée dans des récits de reconquête sensible du réel. Dans l'histoire du cinéma français, on sait combien la Nouvelle Vague a, pour l'éternité, scellé ce moment de tension revigorante entre la vie et les films, judicieusement caractérisé par une sortie impérative hors du conformisme de la Qualité française. Sous l'impulsion de quelques cinéastes intrépides, en l'occurrence les Jeunes Turcs des *Cahiers du cinéma*, le cinéma français recouvrait alors une santé inespérée, le nez au vent d'une nouvelle liberté de tourner et de raconter. Après des années d'un imaginaire selon eux sclérosé par tant de dévouement académique à la culture officielle, il était urgent de filmer *vraiment* l'air du temps. Le temps et l'air en prenant son temps. Le renouvellement du cinéma était à ce prix. Très simple et pas cher. Depuis, la Nouvelle Vague demeure la référence mythologique pour quiconque, en France comme à l'étranger, pense le cinéma en termes d'enregistrement du contemporain à travers des comportements individuels naturellement rétifs à la fonctionnalité de l'objet-scénario. Mouvement libérateur par excellence, elle trouve légitimement sa place dans l'inspiration des cinéastes à l'écoute de ce qui est en train de s'amorcer en Europe. Un tournant historique se produit et les incite à actualiser la question de la négociation des grands héritages (idéologiques, philosophiques et artistiques) au seuil de perspectives jusque-là éteintes.

En 1990, Jean-Luc Godard sort son nouveau film, au titre idoine, *Nouvelle Vague*. Plus qu'un anniversaire (les trente ans du mouvement), ce titre célèbre la dette symbolique que le cinéma français se prépare volontiers à honorer en faveur de nouveaux contacts avec le monde et avec ses propres histoires. Cependant, le film n'a absolument rien de l'hommage, ni du lamento. Intitulé de la sorte, il exprime la seconde chance offerte au cinéma français après tant d'années de reflux satisfaits. « Ressurgir », tel est l'événement bouleversant du film en son milieu. Tel est le mot d'ordre suggéré au cinéma français, à la charnière des deux décennies. Fable économico-poétique sur le thème de l'éternel retour, *Nouvelle Vague* fait dans un premier temps le récit d'un homme sans qualités ni histoires, sinon celles qu'il transporte dans sa valise le long des chemins. Sur le bord d'une route, il est renversé par la voiture d'une comtesse italienne, propriétaire d'une luxueuse demeure sur les bords du lac Léman. Il en tombe amoureux mais souffre de l'indifférence de cette femme trop occupée par les hautes affaires de la finance. Richesse de sentiments contre richesse d'argent, le drame est entier dans cette lutte inégale. Un jour, au cours d'une promenade sur le lac, l'homme tombe à l'eau sous les yeux coupables de la comtesse et ne remonte plus. Matière opaque popularisée deux ans auparavant par le film de Luc Besson, l'eau apparaît une nouvelle fois comme un bien de luxe aux mains des puissants, un produit et un piège mortel, le symbole en la décennie finissante d'un système économique séduisant et aliénant (« Tout le monde à l'eau ! » clamait en réalité le succès phénoménal du *Grand Bleu*). Mais soudain, dans la pliure d'un récit duel, si fréquent chez Godard, le noyé revient sous les traits de son sosie parfait. Un frère jumeau ? Un double réincarné ? Difficile de trancher. L'important est qu'il y ait retour. Cette fois, l'enjeu pour le revenant est d'entrer dans la ronde du pouvoir et d'y participer afin d'aimer *autrement* la comtesse, en corrigeant les manques et les erreurs d'avant la noyade. Rectifier le passé et se rendre capable d'en convertir l'enseignement en preuves d'amour lucides et durables, c'est ce que le film invite à penser. Entre autres lectures, la plus déterminante est celle qui consiste à y distinguer la nécessité de sortir dès maintenant d'une eau excessivement bleue et d'offrir de nouveaux rivages à la fiction. Au moment où la frontière Est/Ouest s'effondre, l'opportunité semble être donnée de repenser l'altérité et par conséquent d'envisager d'autres moyens de raconter le lien individuel et collectif, à l'extérieur de parois transparentes et équivoques.

Sept mois avant la sortie de *Nouvelle Vague*, en novembre 1989, un premier film avait beaucoup fait parler de lui. Son titre : *Un monde sans pitié*. Son auteur : Éric Rochant, ancien étudiant à l'IDHEC et ami d'un des plus importants cinéastes de sa génération, Arnaud Desplechin. Salué à l'unisson comme la tentative salutaire de sortir enfin le cinéma français de l'ère du néo(n), *Un monde sans pitié* fit l'effet d'une bouffée d'air. Un article sur deux reconnut que ce coup d'essai, hélas peu confirmé, s'était employé à remettre les « compteurs à zéro » (l'expression revint souvent), à reprendre un peu possession de l'air du temps, au sens à la fois météorologique et élémentaire, plus que sociologique. Son impact inaugural est d'ailleurs contenu dès son générique. Un jeune homme, Hippo (Hippolyte Girardot), vivant au jour le jour à la recherche d'un peu de plaisir amoureux, marche dans les rues de Paris, d'un pas alerte, au milieu des gens et des voitures. La rue, c'est chez lui, sortir c'est respirer. Voilà une image programmatique soumettant au cinéma français un projet pour l'avenir : un rythme, une allure au diapason des bruissements du réel, réapprendre à marcher comme au temps de la Nouvelle Vague, comme les jeunes filles d'*Adieu Philippine* de Jacques Rozier (1962). Idéalement placé entre deux décennies, le film de Rochant intègre la précarité de l'équilibre entre ce qui est révolu et ce qui reste à faire. Son histoire même se prête à cette interrogation. Dans ses enjeux psychologiques, elle suggère la transition entre deux époques et la façon dont celle-ci contient en une même angoisse promesse et impasse. À travers un couple que tout oppose – un jeune oisif, Hippo, qui ne croit plus à l'avenir après le deuil des lendemains qui chantent et une jeune normalienne, Nathalie (Mireille Perrier), qui au contraire ne pense qu'à l'avenir –, *Un monde sans pitié* décrit la situation du cinéma français à ce moment précis, avec d'un côté un présent incertain, en délicatesse avec les nappes de son passé (Jacques Becker et François Truffaut pour aller vite), de l'autre un pari pour demain qui s'appuie sur la question de la descendance. Comment repartir ? Qu'a le cinéma français à prendre et à laisser ? À quelles nouvelles utopies est-il encore capable de s'attacher ? Ces questions, Rochant se les posera, plus naïvement, à travers son film suivant, *Aux yeux du monde*, dont le titre laisse de nouveau apparaître le mot « monde », réitération d'un aveu d'ouverture à sa présence.

La sortie d'*Un monde sans pitié* sur les écrans français suscita un peu partout un même engouement, notamment autour de ce qui fut unanimement considéré comme sa qualité première, à savoir la fraîcheur de son ton, cette rupture vivifiante avec l'aseptisation généralisée des années précédentes. Certains critiques y virent même, avec excès et parfois contresens, l'acte de renaissance de la Nouvelle Vague des années 1960. Ainsi pouvions-nous lire sous la plume de Claude-Marie Trémois :

> Donc ici, ça bouge. Et c'est si rare dans le jeune cinéma français des années 1980 qu'on a envie de crier au miracle. Trente ans exactement après *À bout de souffle*, voici peut-être enfin le signe avant-coureur d'une nouvelle Nouvelle Vague. Même souplesse, même fluidité de la caméra. Et un héros – Hippo – qui pourrait bien être le Michel Poiccard ou le Pierrot le fou des années 1990. (Trémois, 1997 : 20)

L'enthousiasme débordant a souvent pour défaut de sacrifier le discernement nécessaire à une bonne évaluation des films. En dépit de quelques affinités avec l'humus de la Nouvelle Vague (Paris tel qu'il est, un personnage de dandy dégingandé n'ayant comme principaux intérêts dans la vie que la drague et les copains), *Un monde sans pitié* n'est pas sérieusement comparable avec ses illustres aînés, pour la simple raison que son existence ne relève pas de la coupure épistémologique. C'est un premier film plein d'allant, aux fenêtres plus ouvertes sur les mœurs et les comportements de l'époque mais son intention n'est pas de vaincre le ronronnement du cinéma français, même s'il y contribue certainement. Tout juste est-il un signal bienvenu pour toute une génération de cinéastes en situation non concertée de radioscoper plus librement les incertitudes d'une jeunesse en panne de repères.

En avril 1990, *Mona et moi*, le deuxième long-métrage de Patrick Grandperret après *Courts circuits* (1980), vint confirmer avec davantage d'intrépidité cette nouvelle aspiration à une voie de cinéma enfin dégagée, proche de l'invention héritée en grande partie de la Nouvelle Vague. Caméra portée, montage primesautier, goût de l'aléatoire et de l'improvisation, part de vécu à fleur de fiction, tournage comme aventure de groupe, refus de l'installation scénaristique, tous ces atouts, mâtinés d'esprit rock *seventies*, font de ce film un objet tout à fait marginal sur fond d'amour contrarié et de musique viscérale. La présence d'une vraie personnalité du rock jouant son propre rôle, Johnny Thunders, au milieu d'acteurs professionnels dont les personnages désirent par tous les moyens partager un peu de leur expérience au contact de la légende, introduit l'idée qu'une rencontre improbable et néanmoins féconde avec une certaine mythologie (de la musique, du cinéma) conduit la jeunesse à prendre conscience du temps passé et du rôle qu'elle a peut-être à jouer vis-à-vis de lui. C'est là toute la question que les Truffaut, Godard et consorts n'avaient jamais cessé de se poser lorsqu'ils faisaient leurs premiers films à la lumière d'un cinéma américain tant aimé.

5 *Pourquoi la Nouvelle Vague est-elle encore si présente ?*

Qu'on le veuille ou non, elle demeure, pour les cinéastes nés en même temps qu'elle, une sorte d'année zéro, un horizon toujours lumineux quoiqu'encombrant ou au contraire un repoussoir dont il faut s'affranchir pour ne plus lui être redevable et grandir seul. L'appellation déposée « jeune cinéma français » destinée à qualifier la majorité des films réalisés depuis 1990 par des cinéastes trentenaires et quadragénaires dit bien, à défaut d'être totalement pertinente, de quel sang bon nombre d'entre eux allaient accepter de se nourrir. De sang neuf et « mauvais », chaud et impur. À ce titre, la Nouvelle Vague représente toujours ce mouvement d'articulation de l'amour du cinéma d'hier et de l'impossibilité de le refaire. Sa spontanéité réside dans l'exploit de convertir ce dernier sentiment négatif en énergie créatrice sans toutefois le masquer complètement. C'est pourquoi sa légèreté apparente ne fait jamais l'économie de la mélancolie qui la traverse. Appréhender le cinéma dans sa fraîcheur native tout en l'investissant d'une réflexion sur son histoire et sa mythologie peut sembler paradoxal. Il convient seulement d'y voir le souci de la bonne distance en guise de mise en scène du présent. Liberté du geste de filmer et modernité de la pensée dont il procède sont les deux moteurs de la Nouvelle Vague. Après une période de gel déjà évoquée, les années 1990 lui permirent de refaire surface, malgré une persistante et légitime interrogation sur son exacte influence auprès de la jeune génération. À l'occasion d'un numéro hors-série consacré à ses quarante ans, les *Cahiers du cinéma* donnèrent la parole à quatre cinéastes réunis autour de la question de savoir en quoi la Nouvelle Vague continuait ou non à irriguer l'imaginaire cinématographique français. Olivier Assayas, Noémie Lvovsky, Cédric Kahn et Claire Denis, tous sensibles à l'apport de ce courant, expliquèrent ce qu'ils lui doivent. Pour Assayas,

> la Nouvelle Vague est une rupture. Il n'y en a pas dix qui furent aussi énormes. Elle définit tout ce qui suit. Le fait que cette rupture ait existé, qu'elle soit reconnue comme telle, cela a créé la possibilité de faire du cinéma dans la liberté. Après, à chacun de se débrouiller comme il peut avec cette liberté. Cette idée a permis par ailleurs une relecture de tout ce qui a précédé dans le cinéma ; une lecture qui s'est faite entièrement selon cette rupture, et qui a donné à l'arrivée une transformation métaphysique de la nature du cinéma. Ce moment de rupture agit comme une sorte d'horizon indépassable, de ce que peut être, ou doit être, cette chose que l'on appelle cinéma. (Assayas, 1998 : 70)

Au cœur d'une décennie marquée par le poids de la filiation et des origines, il paraît logique de convoquer la Nouvelle Vague pour sa capacité à soulever les questions d'autobiographie et d'intimité personnelle dans la fiction. À Arnaud Desplechin, le cinéaste de sa génération le plus taraudé par la notion d'héritage convertie en problème existentiel, Thierry Jousse fait remarquer qu'il appartient « à la génération enfin émancipée de la Nouvelle Vague, au sens où elle ne pèse plus sur [lui] comme un surmoi » (Jousse, 1996 : 127). Et il ajoute que « les *Cahiers* ont mis beaucoup de temps à se libérer de cette période et à avoir un rapport libre avec elle [...]. Il y a une possibilité réelle aujourd'hui de repenser ce qu'est la Nouvelle Vague et d'être moins contraint par elle » (*ibid.*). Cette distance « décomplexée » vis-à-vis d'elle montre combien celle-ci s'impose encore comme une scène primitive agissant de manière disséminée et ponctuelle sur quelques films d'aspect analogue. Mais en ressort aussi l'évidence d'une impossibilité de faire groupe aujourd'hui, du moins de tenir sur la durée les bases d'une communauté cinématographique discernable. À l'époque, la Nouvelle Vague définissait une unité d'esprit sous l'égide des *Cahiers du cinéma*, au-delà des différences de styles et de propos. Dans les années 1990, même si quelques cinéastes, conscients de l'importance originaire de la Nouvelle Vague, entretiennent des affinités de type cinéphile et générationnel (Assayas, Desplechin, Beauvois, Lvovsky ou encore Pascale Ferran), il est clair qu'entre eux manque un ciment fédérateur fort susceptible de faire à son tour référence. Leur manque aussi, pour des raisons qui touchent autant aux structures économiques plus contraignantes qu'à la difficulté de dépasser la condition du film « solitaire », insoumis à la nécessité de s'inscrire dans l'histoire, une vraie énergie répondant à une même passion collective.

« On sait bien l'importance aujourd'hui de la Nouvelle Vague pour tous les cinéastes un peu conscients dans le monde. L'influence de la Nouvelle Vague est désormais inscrite dans les gènes du cinéma » (Guiguet, 1998 : 95). Cette déclaration du cinéaste Jean-Claude Guiguet met en avant le principe édicté par Truffaut selon lequel les films de la Nouvelle Vague devaient proposer à la fois une idée du monde et une idée du cinéma. Au sortir des années 1980 et du bloc communiste, le cinéma français s'est retrouvé en situation de le réactualiser en laissant davantage les films s'imprégner de ce que la Nouvelle Vague avait libéré : du réel, du langage, des corps, d'une sensibilité de tous les instants accordée aux aléas. Ancien critique aux *Cahiers du cinéma* au milieu des années 1980, Olivier Assayas a d'une certaine manière suivi le même itinéraire que les Jeunes Turcs des *Cahiers* jaunes : écrire dans la revue avant de passer à la réalisation. Presque tous ses films se nourrissent à la même source que ceux de la Nouvelle vague : la cinéphilie, un même goût pour la culture américaine, égal souci du romanesque mâtiné d'autobiographie, même envie de mêler innovation et tradition. Dès son premier film, en 1986, *Désordre* (titre ô combien éloquent !), Assayas privilégie le métissage des corps et des sentiments, les secousses narratives en rapport avec les atermoiements des personnages, le thème du lien défait au sein du groupe et du couple, le tout au service d'une mise en scène toujours fiévreuse et en déséquilibre. Depuis, de *Paris s'éveille* (1991) à *Clean* (2004), en passant par *Irma Vep* (1996), hommage hétéroclite rendu à

Truffaut, Feuillade et MacLaren, les films d'Assayas ne cessent d'exprimer une consanguinité secrète avec ceux dont il reprend la démarche personnelle sans pour autant les copier. Jamais satisfaits de la place qu'ils occupent dans la réalité, ses personnages ont en commun avec ceux de la Nouvelle Vague le fait d'être toujours épris d'un ailleurs, sous la conduite d'une obsession ou d'un espoir, et d'en être perpétuellement éloigné par les caprices de la réalité même. Certes, la légèreté a laissé place à une sécheresse de trait, non sans rapport d'ailleurs avec une certaine fatigue morale (Assayas sait ce que signifie venir *après* la Nouvelle Vague et ce qu'il convient de poursuivre *malgré tout*), mais le mouvement de propulsion des êtres vers ce qu'ils croient être leur idéal donne à ressentir une urgence similaire.

En grand admirateur de Truffaut devant l'Éternel, Arnaud Desplechin est à peu près dans une logique de cinéma équivalente. De sa génération, il est sans doute le cinéaste le plus préoccupé par le legs de la Nouvelle Vague et par les cadres fictionnels en mesure de le gérer aujourd'hui sans trahison. Ne l'importe aucunement de faire des films « à la manière » de ses idoles. Il en respecte juste la matière et l'éthique, c'est-à-dire une façon d'assimiler sa cinéphilie à une totale conscience de l'évolution du cinéma, voire, selon Desplechin, de son involution. Pour lui, le cinéma déchoit depuis sa naissance, un progrès entraînant toujours une perte de pureté par rapport à ce qui a précédé. Seulement, il faut bien continuer à faire des films et essayer de renverser ce constat en une force d'inspiration renouvelée. Né en 1960, Desplechin a le même âge que la Nouvelle Vague. Cette filiation n'est pas anodine car tous ses films portent sur les influences généalogiques et le sens qu'elles confèrent à l'existence. Plus qu'une référence historique, la Nouvelle Vague agit chez lui comme une sorte d'inconscient dont les arcanes se retrouvent jusque dans le foisonnement formel et narratif de ses films. Du traitement distancié de quelques figures appartenant aux grands genres cinématographiques, aux variations fragmentaires du discours amoureux, de l'expression d'un romanesque en réfraction subjective à la curiosité pour les détails infimes de la vie, le cinéma de Desplechin est intimement lié à ce que la Nouvelle Vague a très vite initié et cultivé. De Truffaut en particulier, il prolonge la passion du geste isolé au détour d'une scène et dont la fonction est de trahir un tourment sans nuire à l'unité de l'action. S'il a été, dès son premier film (*La Vie des morts*, 1991), érigé en figure de proue du « jeune cinéma français », c'est d'abord en raison de sa précoce capacité à incarner à lui seul, non pas la mémoire, mais le bilan originaire de trente ans de cinéma français par lequel il interroge sa génération sur le rôle qu'il lui incombe de jouer dans cette histoire. Faire un film en regard d'elle et y trouver sa place, et non pour être cinéaste une fois dans sa vie, voilà ce qui motive Arnaud Desplechin.

La Nouvelle Vague, c'était aussi une manière de filmer Paris comme au petit matin, avec une attention toute particulière prêtée à ses lumières, l'animation de ses rues et ses belles passantes. Parmi les films contemporains les plus empreints de cette période, il est amusant de relever dans leur titre le nom de la capitale, comme une indication symbolique autant que topographique. Ainsi *Paris s'éveille* d'Olivier Assayas affiche-t-il, à la manière de la chanson de Dutronc et de toute la Nouvelle Vague, un programme climatique de bon aloi après la somnolence de cette ville au cours des années 1980. Dans *Les Rendez-vous de Paris* (1995), Éric Rohmer renoue avec quelques-unes des spécificités dont il fut à l'époque l'un des plus purs serviteurs, comme le tournage en 16 millimètres au cœur de quelques quartiers célèbres de Paris, le format du film à sketches, un mélange gracile de simplicité dans le filmage et de perversité dans la narration. *Dans Paris* (2006), de Christophe Honoré, transfigure la capitale en un précipité d'imaginaire cinéphile mettant en relation trois moments, la Nouvelle Vague elle-même avec sa gestuelle et ses *gimmicks* incarnés par un Jean-Pierre Léaud d'aujourd'hui (Louis Garrel), son deuil dans les années 1970 figuré par l'appartement d'un père fatigué (Guy Marchand), et la dépression contemporaine à travers un frère reclus dans sa souffrance amoureuse (Romain Duris). Signalons enfin (mais il y en a d'autres) le premier film de Bruno Podalydès, *Versailles rive gauche* (1991). Certes, ce n'est pas Paris mais une localité périphérique tout aussi éloquente dans la mesure où elle est le décor d'une subtile variation autour des stratagèmes de séduction qu'un jeune homme invente dans son minuscule studio pour gagner l'amour d'une fille à peine rencontrée. Son postulat de comédie, son sens de la situation embarrassante ainsi que la finesse de son dialogue inscrivent ce moyen-métrage dans la droite lignée des courts signés Truffaut, Godard ou Rohmer à la fin des années 1950.

6 Qu'est-ce que filmer sa génération ?

« On a souvent présenté la génération des cinéastes des années 1980 comme une génération en rupture de transmission avec les générations précédentes, trop éloignée de ses aînés de la Nouvelle Vague pour bénéficier directement de leur héritage mais pas assez affranchie de leur autorité pour s'en détacher et aller faire ses premiers pas ailleurs.» (Vassé, 1998 : 67-68). Cette remarque de Claire Vassé attire l'attention sur le phénomène de détachement provisoire que cette décennie a suscité en matière de filiation cinématographique. Hormis peut-être Carax, la plupart des cinéastes apparus alors se sont comme dispensés de questionner l'hypothèse d'une « biocinégraphie » en proposant des images sans descendance directe, quelque part entre une volonté de naître contemporain de l'ère visuelle et l'acceptation d'un statut d'orphelin du cinéma inventant son propre devenir. Sous l'effet d'une histoire négociée à partir d'une reformulation des notions de *frontières*, géographiques, politiques et temporelles, il semblerait que les années suivantes aient été portées par une envie plus partagée d'en découdre avec le passé, ses lacunes et ses déceptions, ses énigmes et ses secrets, et d'en vérifier la pertinence à l'aune d'un présent en panne de certitudes. Comme le souligne Jacqueline Nacache,

> il y a enfin la généalogie, et ce statut d'héritier qui dessine aujourd'hui le noyau dur du jeune cinéma français. Être un « « jeune cinéaste français », que l'on vienne de l'université, de la Femis ou de nulle part, c'est reconnaître, bon gré mal gré, qu'on est *au bout* de quelque chose, une chaîne amorcée avec la révolution esthétique et narrative de la Nouvelle Vague et dont les représentants sont toujours là, comme des garde-fous (ou des empêcheurs de filmer en rond). Pour la première fois travaillent trois, voire quatre générations de cinéastes prises dans un rapport reconnu ou non de filiation. (Nacache, 2003 : 311)

C'est un fait. Depuis une bonne dizaine d'années, frappe dans le cinéma français la régularité avec laquelle les cinéastes de 30-40 ans ont cherché à donner des nouvelles de leur génération, le plus souvent sous la forme de la chronique sociale ou du roman familial.

Beaucoup ont puisé leur inspiration dans la nécessité, autant personnelle qu'artistique, de reprendre acte des questions de transmission et de ce qui en résulte en termes de récit et de personnages.

Que lui est-il arrivé ? Comment rester digne d'elle en lui offrant, le temps et l'espace d'une fiction, toute l'étendue des préoccupations qu'elle génère au moment où semblent s'imposer les thèmes de l'identité et de la construction de soi ? Comment lui confier la force de témoigner d'un âge et d'une époque, de nouveau exposés aux courants de l'histoire ? Autant d'interrogations adressées à sa génération, autant d'investissements intimes aptes à nourrir l'ambition d'une forme de cinéma ample et complexe à force d'anxiété, dans laquelle la première personne du pluriel se substitue au petit moi enkysté dans des personnages autistes. Sans idéalisation ni dolorisme, les plus intéressants des films ouvertement générationnels sont ceux qui optent d'instinct pour la forme *plurielle*, justement, le récit collectif idéalement centré sur la déclinaison du concept de communauté (groupe, bande, « tribu », etc.). Traditionnellement utilisé pour orchestrer les rythmes dissonants qui s'opèrent au sein d'un milieu social distinct (les cinématographies italiennes et américaines sont en ce domaine des modèles avérés), le film dit « de groupe » permet d'effectuer des modulations de ton et de séquences propres à dresser le portrait contrasté d'une génération, à l'image des vicissitudes morales qui agitent les personnages. La structure polyphonique constitue bien souvent le procédé adéquat pour figurer l'entropie au cœur de laquelle les gens sont, comme dans la vie, en situation précaire d'être à la fois de bons acteurs de leur époque et de bons analystes de leurs comportements. Mais le choix du groupe comme biopsie efficace d'une génération relève également du besoin d'élargir sur l'échiquier social et sentimental une quête de repères stables, fût-elle difficile et parfois vouée au désenchantement. Plus il y a de personnages, plus grande sans doute est la possibilité de faire coïncider le principe dramaturgique de l'altérité avec le tourment individuel de l'identité mise en crise. « Où en suis-je ? », question motrice à ce genre d'étude, ne se pense plus en dehors de celle qui concerne la façon dont vivent en même temps les autres. En référence au titre d'un des films les plus célèbres de Claude Sautet, *Vincent, François, Paul et les autres* (1974), chronique sur l'amitié d'hommes de quarante ans entre anecdotes et drames, contingences et douloureuses responsabilités, on peut dire que « les autres », en 1990, est redevenu un personnage important, aux multiples facettes, chargé de révéler chez ses proches la nature de ce qu'ils sont devenus.

Au nom de quelle histoire continuer à filmer aujourd'hui, dans un monde qui modifie sans cesse nos critères de représentation et qui subséquemment problématise la valeur du lien ? Car voilà bien ce qui motive ces films du maillage existentiel à l'intérieur d'une communauté définie : la relativité du *raccord* avec les autres, la vie et le temps qui passe, cette relativité qui finit par devenir un défaut d'existence autant qu'une obsession intangible. L'intérêt d'une telle démarche n'est pas automatiquement de placer la question générationnelle (« qu'est-ce qu'avoir vingt, trente ou quarante ans aujourd'hui ? ») sous l'angle platement sociologique, ce qui réduirait sa portée à une actualité forcément contre-productive, mais de l'assimiler à une attitude purement intuitive du metteur en scène. Pour lui, ce qui compte n'est pas de témoigner à distance de gens qui lui ressembleraient mais d'établir de manière presque fusionnelle un rapport d'identification affective et morale avec les individus racontés à l'écran. Faire un film sur sa génération tend peu ou prou à affirmer que *c'est bien le moment de le faire*, là, maintenant, en réponse à une nécessité intérieure. Au regard, entre autres, de la Nouvelle Vague trente ans après (trente ans, l'âge des premiers bilans) et d'une société française déboussolée entre progrès économique et régression politique et morale, les années 1990 ont sans doute donné l'impulsion requise à ce type de prédispositions.

Sortis à trois ans d'intervalle, deux films ont singulièrement élevé la radiographie générationnelle à un très haut niveau d'énonciation, *Comment je me suis disputé... (ma vie sexuelle)* (1996) d'Arnaud Desplechin et *Fin août, début septembre* (1999) d'Olivier Assayas. Dès son premier film, *La Vie des morts* (1991), Arnaud Desplechin s'est donné comme principal enjeu de cinéma la mise en perspective sensible de la part de soupçon qui existe dans l'approche du rapport humain à tous les niveaux (amoureux, amical, familial, diplomatique, etc.). Ce soupçon fondamental, lié à la difficulté de saisir le monde alentour en se fiant uniquement à son entendement, Desplechin le traduit en une mise en scène extrêmement mobile qui s'attache à cerner dans les moindres détails, physiologiques et matériels, la fébrilité de personnages s'exposant au risque du regard de l'autre. À l'image de l'arbre dont un personnage élague les branches malades à l'ouverture de *La Vie des morts*, symbole parfait de l'origine et de l'étude généalogique, la structure foisonnante du récit de *Comment je me suis disputé...* évoque clairement les entrelacs de l'inconscient et d'une mémoire affectée d'un trouble de l'existence. Paul Dédalus (Mathieu Amalric), le personnage central du film, est un jeune normalien en philosophie d'à peine trente ans qui exerce à Paris et vit plusieurs amours contrariées à défaut de pouvoir réellement commencer sa « vie d'homme ». À l'annonce de l'arrivée dans sa fac d'un ancien ami avec qui il avait violemment rompu plusieurs années auparavant, Paul se retrouve contraint d'examiner son passé, l'origine de ses frustrations et de sa profonde incomplétude au contact de ses proches, parents, amis et fiancées. Le titre du film fait renvoyer une question existentielle à une scène primitive (la rupture brutale et irrationnelle avec cet ami qui aujourd'hui revient, remonte en lui tel un révélateur de son identité morcelée) à partir de laquelle Paul va tenter de comprendre qui il est vraiment et surtout ce qu'il est devenu. Sachant comme personne à quelle histoire du cinéma français se sentir nativement redevable, Arnaud Desplechin trouve dans ce personnage, en phase d'acceptation du monde et de lui-même, le très beau témoin d'une génération qui arrive à un moment où émerge le sentiment d'appartenance légitime ou illégitime à un passé jamais complètement révolu, jamais complètement enfoui. D'où venons-nous ? Comment étions-nous à une époque apparemment si lointaine qu'aujourd'hui notre existence semble pleine de questions sans réponses ? Dans sa forme arborescente qui fait s'entremêler la pensée et l'émotion amoureuse, la cérébralité et le poids des corps, Resnais et Truffaut, *Comment je me suis disputé...* est un film-somme, celui dont on a pu dire à juste titre qu'il prenait en charge tous les questionnements du jeune cinéma français (crise existentielle, déliaison sociale et sentimentale, problèmes de mémoire, etc.), une sorte d'équivalent contemporain de *La Maman et la putain* de Jean Eustache (1973), autre éducation sentimentale, autre film-fleuve dont la grandeur fut d'avoir dressé un état des mœurs affectives et idéologiques de la génération post-68. Pareille ambition se retrouve ici, avec à l'œuvre la même conscience d'arriver *après* et de vouloir faire le point pour mieux s'ouvrir à un avenir enfin plus dégagé. C'est en tout cas sur cette promesse que se clôt le film de Desplechin.

Fin août, début septembre abrite également le projet de traduire à fleur de peau le malaise d'un cinéaste face au sentiment du chemin parcouru par sa génération. Dans ce film, l'autobiographie s'accorde avec l'angoisse de la disparition et d'un improbable nouveau départ. Autour d'un ami écrivain gravement malade, quelques hommes et femmes appartenant à une même sphère socio-culturelle font la pénible expérience de l'étiolement des certitudes. Proche de *Comment je me suis disputé...* par son dénivelé romanesque, ses trouées temporelles, son casting (Mathieu Amalric, Jeanne Balibar) mais aussi par la présence cruciale de l'écrit, *Fin août début septembre* explore en un montage fiévreux l'hypothèse d'une filiation spirituelle basée sur une amitié qui ne tient qu'à un fil, celui de la mort imminente au contact de laquelle une aventure de l'amour et de l'inspiration peut, qui sait ?, redémarrer. Assayas investit le groupe sous l'angle, là aussi, de la coupe transversale ponctuée de stridences émotionnelles afin de conférer un maximum d'intensité au miroir de ce qui advient à sa génération. L'ombre de la mort semble être le fond sur lequel s'élève et s'impose le bilan d'une vie sans cesse contrariée par la malignité du temps. Aucun répit ne détourne les personnages de l'intime nécessité de se confronter sincèrement à la versatilité du lien pour mieux en conjurer la consomption ultime. Continuer à maintenir dans la transmission des sentiments ce qui noue et dénoue chaque jour un ensemble générationnel au plus fort de ce qui le ronge (la maladie, la séparation) est la façon la plus juste, la plus *vitale*, de vaincre l'oubli et ses habitudes. En ce sens, *Fin août, début septembre* constitue, dans sa forme autant que dans ses thèmes, le meilleur modèle de cette tendance à l'autobiographie personnelle conjuguée au pluriel. Soi-même ne se comprend qu'étoilé au-dedans des autres qui nous survivent.

Filmer sa génération ne se conçoit pas sans imprégnation substantielle ni échange d'expériences avec les personnages réunis sur l'écran. Que ce soit au niveau historique et mythologique (*Le Vent de la nuit* de Philippe Garrel, 1999), social (*L'Âge des possibles* de Pascale Ferran, 1995) ou cinéphilique (*Grand Bonheur* d'Hervé Le Roux, 1993), cela exige de penser sérieusement la perpétuation de l'idée de communauté (d'esprits, de courants, d'individus), la seule sans doute capable de prolonger, y compris dans la mélancolie, l'histoire des cinéastes en question, l'histoire tout court.

7 *À quelle distance regarder l'Histoire ?*

Il est de bon ton de reprocher au cinéma français son désintérêt pour l'Histoire, ses grandes pages et ses figures notoires. Trop attaché à raconter son temps, ses petites misères et ses chambres à coucher, il n'aurait à l'égard du passé de son pays qu'un respect relatif et ponctuel. Il est vrai que depuis longtemps sa réputation s'est faite sur une certaine revendication du présent, son fameux réalisme congénital se vérifiant à l'aune de sujets et de styles majoritairement en phase avec les préoccupations du moment. Amnésie complaisante ou foncière inaptitude à filmer autre chose que ce qui se passe sous ses yeux ? Difficile de trancher tant ces deux hypothèses alimentent régulièrement l'image qu'on a de lui, ici et à l'étranger. À chaque tentative d'incursion dans l'Histoire, l'alternative se partage bien souvent entre reconstitution méticuleuse menacée d'académisme et *flash-back* intempestifs ayant valeur de rappels ou d'échos localisables. C'est une évidence, le cinéma français n'est pas très spontané dans sa relation aux époques éloignées. À la différence du cinéma américain, italien ou encore asiatique dans lequel les récits historiques sont légion, relater l'hier ne sied guère à notre production, sinon dans une logique patrimoniale du « culturellement correct ». C'est plus fort que lui, lorsqu'il le décide, le cinéma français le plus inspiré préfère conjuguer le passé à l'impératif présent. Il ne s'agit pas d'installer là-bas moult figurants et accessoires authentiques pour imiter scrupuleusement le *modus vivendi* d'autrefois mais d'envisager au contraire le retour à un endroit précis de l'Histoire en fonction de ce qu'il révèle du regard et du sens qu'on y porte aujourd'hui. Moins une illustration que l'appropriation subjective d'un temps jamais vécu. Moins une restauration fidèle que le transport imaginaire de la conscience de soi dans un passé qui, pour reprendre Faulkner, *ne serait même pas passé*. Tout comme la fiction est aussi un document sur son tournage, le passé historique imprimé sur pellicule n'a d'intérêt que s'il documente une certaine façon de vivre et de penser le monde (et le cinéma) d'aujourd'hui. Non pas l'évoquer comme si on y était mais *comme si on en était imaginairement revenu*.

À cet égard, le *Van Gogh* de Maurice Pialat (1991) constitue un bel exemple de projection intime dans une période lointaine, loin de toute déférence obligée. Certes, la fin du XIXe siècle au bord de l'Oise est parfaitement restituée (costumes, lumières et décors *ad hoc*) mais le mouvement interne au récit et à la mise en scène, allié à un dialogue incroyablement dégagé de toute solennité, confère aux trois derniers mois de la vie du peintre une puissance d'immédiateté qui abolit physiquement la distance temporelle. Extraire l'artiste de sa gangue officielle et pieuse pour en faire un personnage familier, dans un rapport de proximité tel qu'il nous apparaît plus Vincent que Van Gogh, est une façon de faire de l'Histoire non plus un moment révolu exhumé par la machine-cinéma à explorer le temps, mais le miroir paradoxalement neuf d'une pratique de cinéma fondée sur l'enregistrement de l'instant. Ainsi, du reste, ce film est-il autant un autoportrait du cinéaste qu'une évocation du peintre. Ramener l'illustre à la hauteur d'une redécouverte vibratile du réel rejoint naturellement la méthode d'un Pialat hostile à l'imparfait. « Moi je n'aime que les choses du moment » avouait le frère de Suzanne dans *À nos amours* (1983), confession que l'on peut sans mal attribuer au cinéaste lui-même.

Serge Daney se plaignait de n'avoir aucune information sur l'imaginaire historique des jeunes cinéastes en activité. Avaient-ils des scènes originaires à inscrire dans l'histoire ? Se sentaient-ils, à un moment donné, capables de dépasser le cadre des mœurs contemporaines pour atteindre à des zones reculées dans le temps, si prégnantes au fond de leur inconscient ? Les soubresauts géopolitiques en Europe qui ont inauguré les années 1990, ainsi que l'approche d'un nouveau millénaire, ont sans doute réanimé l'esprit de quelques-uns sur cette question en les incitant à comprendre, de manière intuitive ou analytique, l'empreinte des grands événements historiques du siècle finissant. Au lendemain de l'effondrement du bloc communiste, Arnaud Desplechin signe avec *La Sentinelle* (1992), son premier long-métrage, une méditation tout en effusions somatiques et terreurs intimes sur le sentiment de culpabilité que la jeune génération éprouve vis-à-vis des crimes de ses aînés. Sur fond d'alliances diplomatiques par lesquelles l'Europe est sortie de la Seconde Guerre mondiale, le cinéaste insinue le malaise d'une jeunesse partagée entre la méconnaissance de l'histoire et une métaphysique de la honte. De nos jours, un fils de diplomate, Mathias

(Emmanuel Salinger), étudiant en médecine légale, revenu d'Allemagne pour achever ses études à Paris, découvre dans sa valise la tête fossilisée d'un transfuge soviétique datant de la Guerre Froide. Qui l'a mise là ? À qui appartenait-elle ? Comment assumer la responsabilité à titre individuel des vestiges d'une histoire collective aussi *encombrante* ? En examinant le mystérieux crâne dans son laboratoire, Mathias sonde en vérité sa propre identité au croisement du quotidien et de la mémoire diffuse, aux confluences de son état (physique et sentimental) et des États jadis en guerre. Très vite, le macabre trophée apparaît comme la clé de voûte d'une aventure intérieure au cœur des mille et un secrets mal gardés entre nations coupables et individus « innocents ». C'est un film qui raconte le brutal déniaisement d'un jeune homme sans histoires soudain rattrapé à son insu par la grande. Yalta et les frontières négociées entre l'Est et l'Ouest lui reviennent sous forme d'analogies concrètes, telles les cicatrices sur les corps à autopsier, la configuration de son appartement en cloisons asymétriques, qui tendent à apparenter son colocataire à un ennemi potentiel défendant son territoire, et surtout cette tête réduite qui hante sa conscience à la lumière de tous ces anonymes tombés pour la démocratisation du monde. Entre chronique amoureuse et film d'espionnage, *La Sentinelle* distille l'effroi d'un être « gris » brutalement contraint de se demander comment on fabrique un monde et comment on se le partage. Une condition entre toutes : sauver sa dignité sans quoi tout reste opaque et immémorial.

De l'histoire ancienne (2000), beau titre révélateur d'une démarche investigatrice, est également un premier long-métrage signé Orso Miret dont le propos touche aux ondes de perturbation psychologique que provoque un drame personnel dans une famille en deuil. Deux frères et une sœur se rassemblent autour de leur mère dépressive après la mort du père, un ancien résistant. Aussitôt, chaque membre de la famille va se mettre à réagir à sa manière, dans la résignation ou l'indignation. L'ambition du cinéaste est de parvenir à suggérer le passé historique à travers le passé familial. Tous les personnages entrent dans un conflit à la fois symbolique et moral qui les met dans une position paradoxale les uns envers les autres. Au lieu de les rapprocher, le travail de deuil les isole, accentue leurs différences et leurs différends, les maintient dans le doute de leur relation avec le défunt. Surtout chacun tente d'assumer avec une certaine angoisse le poids de l'héritage, celui laissé par le père et, à travers lui, celui de l'Histoire. Ces fils et cette fille représentent une génération qui se cogne aux zones d'ombres d'une mémoire plus profonde et passablement écornée, ce dont témoigne une narration morcelée, faite de béances et de non-dits. Aucun arrangement n'est permis, la douleur de la filiation s'éprouve comme une charge, une dépendance. Le père, la guerre, l'honneur d'une mémoire, oui mais après ? Le film ne livre aucune réponse, juste des sensations amères au détour d'un remords informulable.

Consacrer une première œuvre aux réminiscences d'un passé sans rémission, dont il n'est pas question de faire table rase mais bien au contraire un phare majeur d'où repartir en faveur d'autres repères tournés vers l'avenir, c'est le choix d'Emmanuel Finkiel, ancien assistant de Jean-Luc Godard et de Krysztof Kieslowski. *Voyages* (1999) décrit sous la forme du triptyque trois modes d'appréhension de la mémoire des camps, de l'exode et de l'exil. Trois portraits de femmes issues de cette génération de rescapés sont ici envisagés sous l'angle du *trajet*, géographique et mental, d'un retour à l'origine de la plus grande tragédie du XXe siècle : l'extermination des Juifs d'Europe. Le film propose alors trois traversées communes aux trois personnages féminins, dans la mesure où il s'agit pour chacune d'elles d'entrapercevoir les fantômes d'une horreur à échelle mondiale : soit par le déplacement physique à l'endroit même de l'innommable (le voyage en car organisé à Auschwitz puis à Varsovie dans le premier volet), soit par les retrouvailles chez elle d'une femme avec son père qu'elle croyait mort là-bas et dont elle met un moment en doute l'identité (le deuxième volet), soit enfin par le retour au pays des martyrs d'une vieille Israélienne de quatre-vingt-cinq ans qui ne reconnaît plus rien et découvre qu'à Tel-Aviv les Juifs ont déserté une place désormais occupée uniquement par les Israéliens (le dernier volet). Davantage qu'une œuvre à caractère platement commémoratif, *Voyages* substitue à l'évocation démonstrative des démons de l'Histoire leur imprégnation par petites touches métonymiques à la surface du présent. Nulle plainte ici, juste une économie de signes, de gestes et de silences qui murmure l'humilité d'une mémoire contenue en une même persévérance de vie. « On cesse d'être jeune lorsqu'on se rend compte qu'il ne sert à rien de dire une douleur » écrit Pavese dans *Le Métier de vivre*. Il est peu de dire que l'odyssée de ces trois septuagénaires en retient l'évidence.

En 2003, une étrange coïncidence entoura la sortie à deux mois d'intervalle de deux films ayant pour cadre fictionnel la débâcle de 1940, *Bon voyage* de Jean-Paul Rappeneau et *Les Égarés* d'André Téchiné. Deux styles opposés, l'un classique, l'autre plus poétique, deux options romanesques radicalement dissemblables, la première sur le mode du récit traditionnel bien structuré, la seconde sur celui de l'épure et du fantasme. Cependant l'un et l'autre semblent intervenir à un moment de crise en France. « Quelle est donc cette débâcle ? Où s'origine cette subite remontée de peur panique, ce sentiment de fin du monde ? Affolement du cinéma français de qualité à l'heure de l'effondrement de tous ses moyens traditionnels de financement ? Ou celui d'un pays en pleine convalescence post-21 avril ? » (Lalanne, 2003 : 51), s'interroge le critique Jean-Marc Lalanne. Rien de commun entre les deux films certes, sinon cet étonnant détour ponctuel par une période agitée de l'Histoire à travers laquelle l'auteur peut, inconsciemment ou non, refléter un état d'aujourd'hui. Il y aurait ainsi deux manières distinctes de revenir en arrière : l'indifférence culturelle d'une reconstitution figée et la pertinence d'une date réactualisée par le filtre d'un regard personnel grâce auquel elle contribue à nous faire comprendre le monde dans lequel nous sommes.

8 *Peut-on percer les secrets de famille ?*

Selon Jean Douchet, il n'y a « pas de dramaturgie sans conflit des trois temps : le passé pèse sur le présent, le présent est en crise et cette crise ne pourra être résolue que par un futur. Sans quoi pas d'histoire » (Douchet, 1989 : 51). En ce sens, la fibre intimiste si chère au cinéma français trouverait là un de ses ressorts privilégiés. Sous la pression de sentiments dont la mesure favorise la combinaison des trois temps cités, plus d'une histoire se noue autour d'un modèle classique de confrontation psychologique. On le sait, le cinéma français excelle à disséquer, *mezza voce* ou dans l'épanchement, les états d'âme de personnages bloqués par l'insatisfaction persistante d'un désir de plénitude, d'un idéal de vie. Quelque chose coince et le temps du film se verra octroyer la fonction d'un heureux ou décevant processus de réparation. Empruntant régulièrement au roman d'analyse sa matière dramatique, le cinéma d'auteur français s'aventure d'instinct du côté de l'enfoui et du secret, aux confins de scènes primitives dont la remontée, forcément bouleversante, accuse la faiblesse de personnages soudain inadaptés à leur environnement. Inutile d'aller chercher trop loin. Le familier suffit, c'est-à-dire la famille. Vieux comme le monde, le schéma du règlement de comptes familial innerve une bonne part des scénarios français. Et les années 1990 ont été particulièrement fertiles en la matière. Maintes explications peuvent être avancées, notamment celle déjà évoquée d'un déficit de repères stables au sein d'une civilisation mondialisée souvent résumée à la frénésie de son système et à la caducité précoce des modèles d'identification qu'elle fabrique à tour de bras. À ce marasme quotidiennement ressenti répond un certain nombre de films qui se proposent de conjurer l'érosion des structures traditionnelles de repérage symbolique à travers la fonction réparatrice des histoires de famille. S'y développe le besoin de cerner au plus près sa propre identité et les nuances d'une intégrité indispensable à tout rapport sinon solide du moins supportable au monde. S'il se révèle plus compliqué qu'avant de savoir exactement où on (en) est, pourquoi ne pas se donner l'occasion de se pencher sur le lieu d'où l'on vient ? Et pour le commun des mortels, ce lieu se nomme la famille. C'est elle qui fait singulièrement retour dans le champ d'une investigation intime menée à dessein de préserver un peu de contenance dans un monde où tant de choses se diluent. C'est le constat que dresse Carole Desbarats, ex-directrice des études à la Femis.

> En temps de crise, la famille rassure [...]. Notre début de siècle est marqué par un très net regain d'intérêt pour la famille. Après avoir été contestée pendant les décennies qui ont suivi 1968, elle serait du coup aujourd'hui méconnue, trésor de secrets, promesse d'explications, non du monde, mais d'un microcosme portatif qui nous préserve des deux infinis : entre d'un côté les systèmes téléologiques en faillite et, de l'autre, le gouffre fascinant et illusoire de la mise en équation du système humain par le séquençage de son génome, reste la famille, à portée immédiate de curiosité et dans laquelle nous pouvons trouver un champ clos où exercer notre sagacité. (Desbarats, 2001 : 31)

Ce fait marquant de la décennie s'est accompagné d'un autre, tout aussi révélateur, et auquel il est techniquement associé, celui de la diffusion accrue du documentaire dans les salles de cinéma. Sujet idéalement adapté à ce format, en raison de la légèreté matérielle et économique de celui-ci, la famille a souvent donné matière à des films à caractère volontiers autobiographique dont l'enjeu fut le même : combler par la prise de temps et de parole une part manquante, une béance affective trop longtemps creusée et s'employer à en faire partager au spectateur la portée universelle. On est là au cœur de l'expérience sensible dont la transmission n'a rien à voir avec la communication audiovisuelle. Face à la caméra, une parole se libère, proportionnelle à l'écoute qu'elle suscite. La captation de l'instant vrai que recherche en principe tout documentaire attaché à l'enregistrement partiel d'une réalité devient, à la lumière de ce thème, une condition à l'avènement du secret, ce « secret [qui] a pour corollaire la contrainte, proportionnelle au poids de ce qui est tu » (*ibid.* : 5). Dès lors, compte moins l'obtention d'une information exclusive, délivrée à un seul destinataire (le spectateur), qu'un patient travail d'approche du plus intime au point de s'inventer progressivement comme sujet à part entière sur la base catégorique du contact à l'autre (le *proche*; parent, ami, spectateur cette fois confident). Dans son diptyque consacré à la découverte de ses origines coréennes, *Nos traces silencieuses* (1999) et *Séparées* (2001), Sophie Bredier, accompagnée de la réalisatrice Myriam Aziza, propose en deux temps deux mouvements une très poignante quête identitaire placée sous le signe conflictuel de l'indélébile et de la hantise de l'effacement. Adoptée dès l'âge de quatre ans par une famille française, elle se fie, dans le premier film, aux cicatrices qu'elle porte sur le corps, uniques traces de sa toute petite enfance en Corée avant qu'elle n'arrive en France. Pour Sophie Bredier, ces petites parcelles de peau morte portent silencieusement témoignage d'une origine non pas perdue mais égarée. La cicatrice constitue alors le point d'achoppement inscrit dès le début de la vie (la naissance, les premiers pas) et contre lequel vient buter ce sentiment de privation d'un moment où la possibilité d'affirmer qui on est se grippe dans l'impossibilité de préciser d'où on vient. Tandis que, comme son titre l'indique, *Nos traces silencieuses* s'interroge sur ce qui, d'une origine inconnue, subsiste à même la peau, *Séparées* entreprend le voyage en terre natale (la Corée) pour y découvrir, comble du destin, que cette fois plus aucune trace civile de l'enfance de Sophie Bredier n'a été conservée. Partie là-bas dans l'espoir de retrouver ses parents biologiques, elle recueille au final quelques témoignages d'autres personnes ayant vécu la même expérience de l'abandon et du remords. Des marques d'existence corporelles examinées en terre d'adoption jusqu'à la disparition des signes physiques de l'enfance constatée en terre natale, ainsi se présente le trajet généalogique et cinématographique de Sophie Bredier.

Dans *Histoire d'un secret* (2003), Mariana Otero cherche à connaître la vérité sur la mort de sa mère en traversant les limbes d'une histoire familiale encore à élucider. La solution qu'elle propose pour éviter à son film de tomber dans la crispation narcissique est le recours à un imaginaire de récit de fantômes, où chaque révélation discrète serait comparée à la découverte d'une porte dérobée, d'un recoin obscur ou d'un tableau emprunté à l'univers d'Henry James. Au cours de ses entretiens avec ses proches, Mariana Otero avance dans le dédale des secrets de famille comme hantée par un mystère qui ne se laisse pas facilement percer. Son besoin de savoir, elle le mène à la manière d'une héroïne d'aventures fantastiques en s'exposant à la double émotion de l'effroi enfantin et de l'amertume infligée depuis tant d'années par l'ignorance et le doute. Ces « petites conversations familiales » (pour reprendre le titre de l'unique film d'Hélène Lapiower, tourné en 2000, sur ce même souci de mise en lumière du lien du sang) agissent comme des faisceaux de conscience fébrile au milieu de la brume des souvenirs. Aux antipodes de cette démarche, Frédéric Videau opte pour un dispositif plus direct en apparence. Avec *Le Fils de Jean-Claude Videau* (2001), titre on ne peut plus clair, son principal intérêt est de conjuguer, en une même approche sensible, interrogation sur l'appartenance à une classe sociale, incarnée par un père ouvrier en qui il a longtemps éprouvé la difficulté de se reconnaître, et fonction d'assumer enfin auprès de lui la représentation d'une donnée générationnelle, corrélative à cet écart : la notion de virilité et de masculinité en rupture avec les valeurs socialement transmises. Là, le documentaire favorise la création d'un espace de comportements à la hauteur de l'enjeu familial. Par petites touches, sans la contrainte de l'effet dramatique à tout prix, Frédéric Videau esquive la tyrannie de l'aveu sensationnel en aménageant progressivement les conditions réelles d'une réconciliation à l'intérieur d'un même plan de cinéma.

Pour tous ces jeunes réalisateurs, le film n'a rien de thérapeutique. Même si « la famille joue un rôle important d'amortisseur de la crise » (Théry, 2001 : 32), il n'est pas question d'en faire un usage strictement réservé à sa propre guérison. À chaque fois s'affirme l'exigence de partir de son expérience personnelle afin de voir dans quelle mesure celle-ci peut conduire à comprendre les autres et invite à opérer des connexions avec une infinité de manières complémentaires de vivre (dans) le monde. C'est cette force d'ouverture insoupçonnée, contemporaine d'une volonté de vaincre un certain malaise de civilisation, qui légitime la place du documentaire sur nos écrans et lui octroie un potentiel d'analyse fine sur nos actuelles conditions d'existence en société.

9 *Est-il nécessaire de tuer le père ?*

Décider de dénouer le nœud gordien de la famille dispense rarement d'une confrontation avec la figure du père. Il est de toute évidence celui dont on s'obstine à questionner la place en vue de mieux comprendre la sienne, dans la fiction elle-même aussi bien que dans le cinéma où l'on vient de naître. Malgré une tendance parfois utopique à s'inventer une famille désirable au comble de la faillite des repères traditionnels, la persistance du père n'a d'égale que l'endroit dont il procède. Cet endroit, nommons-le « origine de la création » et « parricide symbolique » le moyen d'y accéder. Quoi de plus normal, en ces temps propices à l'investissement affectif du complexe de filiation, que de convoquer l'espace œdipien au commencement d'une œuvre. Moins personnage autoritaire qu'incarnation d'une épreuve contrariée au terme de laquelle l'enfant trouve ses marques et s'apprête à grandir seul, le père représente souvent le ciment fondateur d'une démarche de cinéaste en devenir. Régler la question du père équivaut ainsi pour certains à parapher leur acte de naissance au cinéma.

En art, il est une théorie, du reste plus romantique que psychanalytique, qui consiste à dire qu'il n'y a pas de création sans mort du père. Quelques jeunes cinéastes, surtout les débutants, s'en sont inspirés, soit sous la forme de l'exorcisme, soit sous le signe de l'émancipation obtenue par résolution du sentiment de culpabilité. Pour son premier film, *Nord* (1992), Xavier Beauvois choisit précisément l'autobiographie en mettant en scène la double dimension du rapport père-fils. À Calais, une famille est rongée par l'alcoolisme du père et c'est au fils qu'incombe la lourde responsabilité de mettre fin à ce calvaire. Derrière cette trame naturaliste, Beauvois construit une tragédie autour de deux figures de père, celui de la fiction (Bernard Verley, également producteur du film) et celui, spirituel, de cinéma (Jean Douchet, à qui le film est dédié). Pour vaincre le foyer de la terreur incarné par le premier, il faut que le second en vienne à le remplacer physiquement dans le foyer familial. Mais ce n'est pas suffisant. Il appartient désormais au fils, Benoît (joué par nul autre que Beauvois lui-même), de tuer le père biologique et ainsi passer, selon les codes initiatiques, à un niveau d'existence supérieur. Personnage et cinéaste confondus ont besoin de ce rite funeste pour s'ouvrir à la vie d'homme. Dans *Nord*, la représentation du père repose sur un excès de présence. C'est un corps massif, dérangeant, que le fils et la mère souhaitent voir disparaître. C'est surtout le pôle d'attraction-répulsion autour duquel se joue la présence de l'auteur-acteur Beauvois. À chaque moment de crise entre le père et le fils correspond un mode d'intervention de Beauvois cinéaste en Beauvois personnage, l'un rejoignant l'autre dans le champ de l'action pour tenter de rétablir une situation menacée d'explosion. Il en va de son devoir de personnage et d'artiste. Affronter le père pour se mesurer au pire en faisant scrupuleusement don de sa personne renvoie pour Beauvois à une position morale qui concerne autant les clés mythologiques du scénario (Œdipe) que la sobriété suggestive de la mise en scène. L'importance primitive du père, Beauvois la soulignera huit ans plus tard dans *Selon Matthieu* (2000). Cette fois, le père meurt d'une injustice sociale (un licenciement abusif qui le conduit au suicide). Par vengeance, le fils décide d'enclencher une fiction trop grande pour lui auprès de la femme du patron responsable du drame. C'est *au nom du père* que le fils passe de la chronique ordinaire à l'aventure sentimentale perdue d'avance. La mort initiale du père devient par conséquent le mobile d'un retournement de la réalité en faveur d'une pure fiction individuelle menée sur le versant fantasmé de cette réalité (séduire la femme de l'ennemi). Là encore, l'ombre portée de la figure paternelle entraîne la projection de l'individu naïf hors de sa modeste condition du côté de la tragédie formatrice.

Au commencement était le père. Les débuts derrière la caméra de l'actrice Valeria Bruni-Tedeschi se sont révélés fidèles à cet adage, sous couvert également d'autobiographie. Dans *Il est plus facile pour un chameau* (2003), une jeune femme, Federica, se sent coupable d'être riche, plus précisément d'être *née riche*. Cette mauvaise conscience et le besoin corrélatif d'en découdre avec les parents s'expriment à travers l'agonie du père qui, hospitalisé, traduit en silence le dérèglement psychique de sa fille. Comment étouffer l'inné matériel en vertu d'une valorisation plus importante des qualités individuelles ? Voilà ce qui taraude Federica. À partir de cette question qui concerne directement la problématique tant évoquée de l'héritage (au double sens ici, juridique et généalogique), Valeria Bruni-Tedeschi excède la mort imminente du père de son statut d'événement secondaire pour en faire davantage un miroir à la culpabilité ressentie par son personnage. Sur le point de mourir, le père devient l'agent symbolique de la déliaison que ce sentiment provoque chez elle lors de rencontres impromptues ou de réunions familiales particulièrement tendues. Malade, il diagnostique le mauvais état de santé mentale de Federica qui souffre régulièrement de relations inabouties, toutes synonymes d'erreurs fréquentes. Avec beaucoup de pudeur et d'invention dans l'écriture, le film témoigne alors d'un souci de lier la disparition mi-redoutée mi-espérée du père au désir inconscient d'une réparation d'ordre culturel sans laquelle l'accès à maturité semble compromis. De nouveau s'impose le double mouvement de l'origine. L'origine d'une œuvre (un premier film) coïncide avec le traitement libérateur de l'origine comme sujet (débloquer par la fiction l'assignation au père).

C'est sur ce même principe de distance filiale que s'est amorcée la carrière de Jacques Audiard. Fils de Michel, il a aussitôt cherché à se défaire de ce lourd patronyme en misant sur l'état désaffecté d'un genre populaire auquel son père a souvent été associé : le polar. Loin de l'hommage respectueux rendu au cinéma de papa (!), les films de Jacques Audiard sapent les conventions du genre par des récits déconstruits, peuplés de personnages opaques et eux-mêmes désorientés. Il est permis de voir dans ce traitement ouvertement complexe d'histoires *a priori* classiques une volonté de se démarquer le plus possible de l'influence paternelle tout en feignant de conserver ses signes apparents. Dans son premier long-métrage, *Regarde les hommes tomber* (1994), il s'agit de transcender une banale histoire de vengeance dans le milieu des petits malfrats en une véritable introspection sur les ruines d'un lieu jadis occupé par le père. Bien plus qu'une variation autour de *gimmicks* maintes fois exploités dans le passé, le film est travaillé par les affres d'une légitimité à conquérir en toute indépendance.

> Jacques Audiard est trop lucide pour ne pas savoir qu'il arrive trop tard – les pères sont morts déjà et le genre a disparu – et il ne cherche aucunement à ressusciter quoi que ce soit. (Bouquet, 1994 : 65)

De manière sans doute appuyée, le cinéaste entend compenser ce retard en reprenant quelques composantes de la modernité (incommunicabilité, narration trouée, motivations floues) et en envisageant celles-ci comme des solutions immédiates au problème trop évident de l'héritage à assumer. Conscient qu'il n'est plus possible de réaliser des polars comme avant, Audiard reporte ce constat à des considérations plus intimes, du côté du passif parental. Ne plus être fidèle au genre-phare d'une époque révolue, c'est aussi cesser d'être redevable au père qui le représentait. Et ce jusque dans les scénarios eux-mêmes. *Regarde les hommes tomber* est entièrement fondé sur l'échec d'une filiation improbable entre deux malfrats de générations différentes. Dans *De battre mon cœur s'est arrêté* (2005), le jeune héros impliqué dans des histoires de corruption immobilière entame réellement son parcours rédempteur dans la musique dès la mort de son père. Pour Audiard, le père est plus qu'un personnage, il demeure la figure tutélaire qui, d'outre-tombe, innerve en secret les arcanes d'un récit d'apprentissage pour des fils en manque de repères.

Chez un autre jeune cinéaste révélé au milieu des années 1990, François Ozon, il n'est de fiction qu'en l'absence du père. Beaucoup de ses films, de *Regarde la mer* (1997) à *Huit femmes* (2002), octroient à ce retrait un sens dramatique déterminant. C'est en effet à l'appui de cette place manquante que l'histoire démarre, se complique ou vire parfois à la catastrophe (cf. *Sitcom* en 1998). Nié dans sa fonction structurante, première victime de sa mise à l'écart, il ne peut obéir à l'image protectrice qu'on attend de lui et c'est au film de manifester cette impuissance sous la forme d'événements transgressifs, grotesques ou horrifiques. Réduit le plus souvent à un objet de fantasme régressif (l'ogre dans *Les Amants criminels*, 1999) ou à une modalité de scénario un peu abstraite, le chef de famille n'a d'intérêt que supprimé, pas tant dans la réalité que dans l'hypothèse d'une condition à laquelle les autres personnages peuvent se livrer à l'expérience extrême du désir et de la jouissance. Ce postulat est particulièrement sensible dans ses premiers films, comme une manière de révéler une volonté un peu juvénile de s'affranchir aussitôt de toute autorité. Dans le cas d'Ozon, il convient d'éliminer le père pour que de cette situation naissent un désordre des sens et un ordre esthétique affirmé. Il y a là une autre disposition pour le moins provocante à considérer l'instance paternelle comme un drôle de passage obligé à la découverte d'une inspiration.

10 *Comment travaille le deuil ?*

Décliné à maintes reprises, tant au niveau familial qu'idéologique, le thème du deuil a été régulièrement tenu pour le mode d'analyse le plus approprié aux préoccupations générationnelles tournées vers le passé et ce qu'il en reste. Au regard des problèmes déjà évoqués de transmission et de prise en charge des enseignements d'hier, il apparaît parfois comme une variation subtile autour du sentiment de perte et d'abandon, une sonde intuitive capable d'exprimer à égalité la difficulté de supporter toute forme de déshérence et l'angoisse de l'incertitude face au monde qui change à toute allure et partant se dérobe aux significations. « Donnez-nous du deuil ! » demandait Serge Daney au cinéma vers la fin de sa vie, à l'ouverture de la décennie 1990. Vœu de toujours, si profondément formulé à l'endroit d'un cinéma qui selon lui avait, depuis le milieu des années 1970, renoncé à prendre ses responsabilités historiques et politiques en société, cet appel avait tout du cri d'alerte lancé en direction de ceux à qui revenait désormais de sauver le cinéma du recyclage audiovisuel. Daney entendait par là que, le siècle finissant lui aussi, le moment était venu pour la génération naissante de ressentir avec exactitude sa place dans le monde contemporain à l'aune de ce qui avait précédé et dont elle provenait, à la fois dans le cinéma et dans l'Histoire. Selon lui, les jeunes cinéastes, pour exister autrement que comme enfants gâtés par l'époque, se devaient de fournir des informations sur leurs propres scènes originaires, de signer leur entrée dans la longue histoire du cinéma français, en ayant conscience que pour bien avancer demain il fallait s'imprégner des choses défuntes. En cela, le deuil traduit mieux que tout l'intensité d'une telle morale. Il conjugue en émotions et en actes le devoir de fidélité à ce qui est cher et qui vient de disparaître (un proche, une idée, un idéal) et la soudaine vocation à réfléchir à de nouvelles orientations sur la base de cet événement douloureux. Qu'il soit le thème central du film ou sa tonalité émanant aussi bien du récit lui-même que de sa force d'évocation perçue en amont, le choix du deuil n'est pas indifférent. Il désigne l'épreuve existentielle qu'une génération traverse en titubant dans l'espoir de trouver à la fin une vérité essentielle et des raisons profondes de poursuivre sa vie (pour les personnages) et le cinéma (pour le metteur en scène).

Dans ce besoin d'identifier sa place dans le sillage indéfini des aînés (« L'histoire, c'est la passion des fils qui veulent comprendre les pères » disait Pasolini), le deuil fait volontiers figure de métaphore. La perte d'un proche et les réactions qu'elle provoque permettent souvent de décrire l'effritement d'un groupe ou la solitude d'un individu ne sachant plus à quelle conviction se fier. Évoquant un concept fort de la modernité cinématographique (la disparition), le deuil excelle à mettre en lumière un certain malaise social et sentimental jusque dans les méandres d'un récit incomplet, lacunaire, soustrait à la stabilité et au déchiffrement simpliste. C'est d'ailleurs au travers de ces failles narratives que se manifeste le mieux le souci, chez les jeunes cinéastes, de vouloir se repérer dans une histoire entamée depuis longtemps et dans laquelle ils titubent, à la recherche d'un peu de légitimité biographique. « Quand on fait un premier film, on cherche son identité, on essaie de se définir par rapport à son héritage » (Miret, 2001 : 19), explique Orso Miret, le réalisateur de *L'Histoire ancienne*. Beaucoup de premiers films se sont emparés en effet de ce thème grave, comme une façon de naître de la mort. Dans *La Vie des morts* (1991), Arnaud Desplechin analyse les infimes secousses disjonctives au sein d'une famille qui accuse, dans un mélange d'effroi et de lucidité, l'appréhension du pire, la mort par suicide d'un des siens. L'attente de la nouvelle place chaque membre de la famille dans une zone de conflit intérieur qui contrarie le besoin pourtant légitime d'être ensemble. L'incertitude autour d'un fait (va-t-il oui ou non s'en sortir ?) condense les incertitudes d'ordre existentiel auxquelles sont brutalement confrontés tous les personnages, en dépit des apparences conviviales. Le travail du deuil a déjà commencé sur la base du pressentiment. À l'image de l'arbre malade qu'on élague au début, la douleur sourde des personnages tient à la hantise de voir tomber une de leurs branches généalogiques et de se demander ensuite comment continuer à tenir droit les uns avec les autres. Ce tremblement psychologique se traduit alors en un montage elliptique, tout en ruptures et syncopes, ouvert à l'indéfini et au caractère énigmatique de l'existence. Élève dans la même promotion que Desplechin à l'Idhec en 1980, Pascale Ferran a parfaitement ressenti la pertinence de ce parti pris dans *Petits arrangements avec les morts* (1994), son premier long-métrage. Présenté sous la forme d'un triptyque, le film fait se succéder trois points de vue appartenant respectivement à trois membres d'une même famille frappée par le deuil (un enfant et deux adultes). Grâce à une écriture cinématographique savante, à la fois abstraite et extrêmement sensible aux détails du quotidien, Pascale Ferran invite à une méditation dérivative sur le temps et la mémoire, assez proche du cinéma d'Alain Resnais. *Flashs-back* intempestifs, trouées narratives, plans fonctionnant parfois comme des micro-cellules autonomes, courtes interventions scientifiques, la matière filmique très dense de *Petits arrangements...* vise à introduire de l'inquiétude et du mystère dans le cadre pourtant tranquille et ensoleillé d'une station balnéaire bretonne. L'intérêt de ce dispositif constructiviste est précisément de placer les personnages face au gouffre d'une mémoire escamotée par la peine. Tous se cognent plus ou moins frontalement à ses arcanes figurés par un montage en correspondances et qui agissent comme des taches aveugles impossibles à effacer. Tous achoppent sur la mort et la disparition que Ferran matérialise en un bloc obsédant ; un château de sable sur la plage, image de tombeau ou symbole de l'éphémère, marqueur de liaison entre les trois parties du film. Moins sujet dramatique que matériau esthétique, le deuil, en ce qu'il produit comme vide et manque dans la vie des personnages, trouve ici son mobile dans et entre les plans. Pour Ferran, un raccord est à même de signifier le sentiment d'une unité à jamais perdue, la précarité du lien à reconstruire.

L'expérience du doute, la soudaine relativité des principes de connaissance intime (corps et âme), historique ou scientifique qui caractérise l'emprise du deuil sont au cœur du cinéma d'Arnaud des Pallières. Dans ses courts comme dans ses longs métrages, dans ses documentaires comme dans ses fictions, sa grande préoccupation concerne le poids de la responsabilité des vivants face à une mémoire qui leur renvoie de plein fouet leur impuissance à conjurer le funeste destin des hommes. Après s'être approprié la terrible mémoire de la Shoah à travers l'inadmissible maintien après-guerre du camp de concentration de Drancy (*Drancy Avenir*, 1997), il signe avec *Adieu* (2004) une méditation sur le deuil conçu comme équivalent à l'exil. En parallèle avec le parcours en France d'un réfugié clandestin algérien, Des Pallières monte et conte l'histoire de trois frères réunis à la mort du quatrième et dont le père, profondément marqué par le drame, se réfugie dans un mutisme absolu. Désormais, personne ne sait où et comment se situer dans la douleur et dans la vie. Sous le choc de la disparition d'un des siens, la famille se heurte à la déroute de l'intelligible et le film, en adéquation avec cette brutale irruption dans l'obscurité des choses familières, multiplie les contacts impénétrables de la matière et de l'esprit, du père et du fils, de l'image et du son. Le recours au sacré dans l'ordre quotidien (le titre du film est signifiant) stigmatise l'épuisement de la foi, la vanité de celle-ci face à la solitude des êtres en proie aux illusions évaporées elles aussi, la difficulté enfin de tenir dans et à un territoire commun qui donne l'impression de vivre en soi-même l'épreuve d'un exil sans rémission. C'est tout le prix de l'expérimentation formelle engagée dans ce film. Au traitement saturé des composantes techniques et matérielles de sa texture, *Adieu* fait correspondre un phénomène de disjonction sourde par lequel la mélancolie s'empare de tout le monde. « La mélancolie est un sentiment de perte sans objet, d'où une douleur sans nom. » Cette définition de Freud s'adapte ici très bien au caractère inexprimable des événements. Chaque personnage est en effet incapable de nommer ce qu'il ressent ou croit ressentir vis-à-vis des autres. La mort lui a enlevé le peu de certitudes qui lui restait. Un trou noir, au propre comme au figuré, s'est creusé sous ses pieds et dans son esprit et nul ne semble pour l'instant avoir la force de le combler.

Pour son premier film, l'acteur Éric Caravaca s'est lui aussi senti investi de la nécessité d'en passer d'abord par le règlement de la question du deuil avant de continuer. Dans *Le Passager* (2006), un homme doit aller reconnaître le corps de son frère qui vient de se suicider. Il fait pour cela le déplacement dans le Sud de la France et descend dans un hôtel tenu par l'ancienne compagne du défunt. Vivent là un orphelin, sa marraine, gérante de l'hôtel et l'oncle du garçon. Au milieu de cette famille réduite et morcelée, le frère décide de taire les raisons de sa présence en ces lieux, sachant l'importance qu'avait le disparu dans la vie de chacun des membres aujourd'hui retranchés dans leur solitude. Cependant, à mesure qu'approche l'inhumation, les secrets affleurent à la surface de liens délicatement recréés. Entre la reconnaissance d'un corps (au début du film) et son inhumation (à la toute fin), à quelles conditions du dicible le deuil est-il partageable ? C'est à cette question que s'attache le récit. À l'approche de l'inhumation d'un corps correspond l'exhumation du passé, des souvenirs, des paroles trop longtemps contenues. C'est ce contre-balancement tout en nuances entre l'enfoui (corps et blessures) et la remontée de l'aveu, entre le lien défait et sa recomposition fragile, qui fait la beauté du *Passager*. Le thème du deuil contenu, valant comme mode d'approche de la place incertaine à occuper vis-à-vis de ceux à qui on ne sait dire le pire, est aussi traité *topographiquement*, à travers des zones dépeuplées, indécidables, entre chien et loup, dont la finalité première semble à présent vaine et oubliée, des lieux de retrait et de retranchement, de soustraction et de manque. Un hôtel sans clients, une piscine sans eau, une « vie sans talent » comme l'avait un jour écrit le disparu dans une lettre à son frère.

Mais il arrive parfois que le thème de la mort et de ses ondes endeuillées donne naissance à des œuvres à coloration légèrement fantastique, notamment lorsque le défunt prend les traits du revenant. *Sous le sable* de François Ozon (2001) repose exactement sur ce principe d'apparition fugitive, de l'ordre de la vision animée par le doute. Sans nouvelles de son mari depuis sa disparition mystérieuse sur une plage des Landes, une femme tente de refaire sa vie entre la résignation (son mari est bien mort) et l'incertitude (son corps n'a jamais été retrouvé). Au cœur de cette oscillation se joue le fantasme nécrophile d'une veuve par intermittence, partagée entre une réalité (l'absence physique du mari) et une subjectivité passagère (son image hallucinée au détour d'un couloir). Par ce principe de représentation équivoque, Ozon illustre l'irrationalité du deuil lorsque, privé de cause avérée, il entre en conflit avec le sens commun de la soumission aux conséquences. Devoir accepter dans la réalité sensible ce que celle-ci n'a pas encore attesté définitivement, c'est ce à quoi résiste le personnage interprété par Charlotte Rampling, dans un mélange de stupeur et de relâchement dérisoire. Sous un régime d'évocation différent, *Les Revenants* de Robin Campillo (2004), exploite l'iconographie fantastique (les morts-vivants) au service d'une allégorie sur la paix contrariée des âmes et sur le deuil cette fois envisagé sur le versant de l'aberration détournée. Le tour de force du film est de placer l'insolite du côté de l'ordinaire. C'est moins l'événement lui-même qui est invraisemblable (les morts reviennent chez eux sans aucune explication) que la situation sociale et politique qu'il provoque. Aucune panique, aucune terreur. Juste un constat. Face à ce flux d'« étrangers », comment s'organiser ? On discute en réunion municipale de la façon dont sera assuré leur hébergement, leur installation dans des camps de fortune, on réfléchit à leur possible intégration dans certains secteurs professionnels, etc. Bref, la normalité et le désordre échangent leurs tenants, l'urgence d'agir efficacement cohabite avec la mauvaise conscience paralysante des vivants. En comparant les revenants à des réfugiés et en assimilant la peur inhérente au genre à celle d'une solitude infinie, Campillo propose une coupe transversale des maux de notre époque à la frontière si ténue de la responsabilité et de la culpabilité.

11 *Le costume fait-il toujours le passé ?*

Outre le traitement intériorisé du passé à l'aune d'un présent relatif, demeure l'occupation dans le champ du cinéma français contemporain de la bonne vieille tradition du film à costumes. Cette méthode décorative de l'évocation historique, génératrice de ce qu'on appelle aussi « film d'époque » revient régulièrement satisfaire le goût du grand public et des producteurs épris de faste sur écran large. Flattant en général la richesse du patrimoine culturel français et l'exception du même nom, le film à costumes a l'honneur d'afficher la respectabilité de son ambition et la haute tenue de son résultat. Et de cela, hélas, sa réputation souffre. Persiste l'idée que son prix sera estimé en fonction de l'authenticité historique, de la fidélité à une époque scrupuleusement reconstituée à l'identique, sans quoi personne n'y croira. Pareille exigence tient lieu alors de priorité sur toute autre forme de liberté personnelle, une sorte de révérence obligée dont les méfaits consistent à enfermer celle-ci dans les pièges de l'académisme. Si l'on devait définir ces pièges, il faudrait commencer par dire qu'ils circonscrivent le travail du cinéaste dans une recréation en surfaces chatoyantes d'un monde révolu. Lorsque la forme et le contenu du film se replient mimétiquement sur les apparences de la réalité référentielle sans que jamais ne traverse l'ombre du présent et de ses enjeux, on est bien souvent face à une entreprise de muséification d'une période datée. L'académisme, c'est l'absence totale de personnalité artistique, la reproduction sclérosée d'un temps ancien dont le film s'arrange, avec les moyens conséquents, à faire semblant d'être le contemporain, sans aucune distance de regard. Un film à costumes prend souvent le risque d'être *corseté* lui aussi. Mais heureusement, des exceptions s'imposent, reconnaissables à leur façon de conjuguer le choix de la reconstitution à un commentaire sur aujourd'hui, en refusant de sacrifier le style personnel de leur auteur à la seule logique faisandée de l'adaptation, qu'elle soit historique, littéraire ou théâtrale.

L'autre risque du film à costumes concerne non seulement le décalage anachronique avec les tendances actuelles mais aussi, pour un cinéaste, l'écart pris avec son univers habituel. Parfaitement assumé, ce risque peut alors s'apparenter à un pari unique dans la progression de son œuvre, pari par lequel il vérifie ailleurs et autrement la cohérence de celle-ci. Le détour par ce « genre » si négativement connoté désigne, dans certains cas, une expérience à tenter au moins une fois en guise d'évaluation de sa propre évolution artistique. Chez les cinéastes les plus talentueux de la génération 1990, l'exercice est particulièrement profitable. Parmi eux, Patricia Mazuy, Olivier Assayas et Arnaud Desplechin ont franchi le pas avec brio grâce à un respect infaillible de leurs thèmes et de leur vision du monde. Sortis tous les trois la même année (2000), *Saint-Cyr*, *Les Destinées sentimentales* et *Esther Kahn* marquent, peut-être malgré eux, une étape importante dans la trajectoire de leur auteur. À des degrés divers, ils ont tout du saut dans l'inconnu motivé par la recherche de nouvelles intensités et de rythmes inédits. Comment préserver sa personnalité d'auteur à l'intérieur de contingences génériques et matérielles si contraignantes ? Comment défendre une création neuve contre les lois conservatrices de la reconstitution ? Ce sont là des défis que se sont lancés ces trois cinéastes, avec la même énergie et la même singularité.

Cinéaste tellurique, mélangeant ardemment le feu et la glace (*Peaux de vaches*, 1989 ; *Travolta et moi*, 1994 ; *Basse-Normandie*, 2004), Patricia Mazuy entreprend avec *Saint-Cyr* la transposition de son cher sujet (le cheminement à caractère initiatique de la pesanteur vers un semblant de grâce) à la fin du XVIIe siècle, à travers l'éducation anticonformiste que Madame de Maintenon (Isabelle Huppert), épouse secrète de Louis XIV, inflige aux jeunes filles de la noblesse ruinée par les guerres. Dans le décor austère de l'École de Saint-Cyr qu'elle vient de fonder, l'intraitable maîtresse cherche en réalité à faire de ses internes des femmes émancipées, jusqu'au jour où deux d'entre elles se dressent contre la sévérité de ses méthodes, dans un total débordement physique extrêmement provocant. Le propos de Mazuy est en tout point fidèle à ce qu'elle a toujours exploré dans ses films précédents : la violence de l'indiscipline, l'élan viscéral hors de la fange et de la contrainte vers l'hypothèse, pas toujours victorieuse, d'un nouveau départ, armé d'une indépendance gagnée de haute lutte. Dans cette perspective, loin de ses gages d'authenticité trop réducteurs, le costume symbolise ici le carcan inflexible qu'il faut déchirer pour sortir de soi et conquérir sa liberté. Il constitue le référent négatif contre lequel s'exerce un apprentissage farouchement individuel. D'objet de conditionnement disciplinaire, il devient au fil du récit l'attribut d'un affranchissement adolescent, par effets de rupture et de pression.

En adaptant *Les Destinées sentimentales*, un roman de Chardonne dont l'action se situe entre le début du XXe siècle et les années 1930, Olivier Assayas ne procède pas autrement. En dépit d'une méticulosité un peu raide dans le détail de la reconstitution, son écriture, tout en ellipses et dérapages contrôlés, tend à faire froisser la belle ouvrage vestimentaire sous les assauts affolés de désirs amoureux inavouables. De peur sans doute de voir les chromos de l'Histoire l'emporter sur la gamme des passions, Assayas digresse en permanence jusqu'au risque d'égarer (ou de lasser) le spectateur. Il alterne les rythmes, varie les échelles narratives et les mouvements de caméra, rejette en somme tout ce qui pourrait concourir à l'installation académique d'une forme romanesque vide et sans âme. En réalité, ce n'est pas le roman de Chardonne que le cinéaste adapte mais bien sa propre esthétique à l'univers décrit dans ce roman. Il n'y a par conséquent aucun intérêt à faire coïncider la qualité des images avec l'exactitude supposée de la reconstitution. Le plus important est la capacité de déplacement d'un style vers des contrées *a priori* incompatibles et, au final, absolument fécondes. C'est grâce à ce type de confiance en soi qu'un cinéaste et un film réussissent à se dérober souverainement à ce tombeau de l'art qu'est l'académisme.

Tout comme Patricia Mazuy, c'est avec le thème de l'apprentissage qu'Arnaud Desplechin aborde le film à costumes dans *Esther Kahn*, son quatrième film. Grand admirateur de François Truffaut dont il partage le goût immodéré pour les histoires foisonnantes, Desplechin accomplit, à l'instar de son modèle, un pur acte de cinéaste cinéphile en transportant son matériau à la fin du XIXe siècle, à la source du romanesque. *Esther Kahn*, c'est un peu ses *Deux Anglaises et le continent*, c'est-à-dire un moment de maturité qui reflète le sentiment d'être prêt à sortir de son territoire familier tout en le mesurant à un contexte historique à la fois totalement éloigné et secrètement analogue. Là encore, rien d'exotique dans la décision d'adapter une nouvelle d'Arthur Symons, située dans le Londres de la fin du XIXe siècle. Le désir procède au contraire d'un regard porté au présent sur une œuvre en train de se construire. Le but est simple et irréductible : raconter la même histoire dans un sillon et un sillage différents et voir ce que cela donne en termes de construction dramatique et surtout d'incarnation. À travers l'histoire d'une jeune fille d'émigrés juifs qui découvre dans le théâtre un mode d'existence absolue lui permettant enfin de s'exposer à l'autre et de grandir, Desplechin approfondit ses motifs de prédilection : la « peur de vivre pour rien », l'accès à la connaissance de soi au contact de la honte et de l'humiliation selon des rites d'arrachement initiatique, apprendre à éprouver considéré comme un acte de déchiffrement physique et mental. Dans *Esther Kahn*, l'extraction violente de la condition sociale du personnage par l'expérience théâtrale s'exprime aussi au travers de l'habit comme métaphore d'une réalité trop étroite. Sur scène et sous nos yeux, le corps d'Esther se forme, découvre de nouvelles postures, se projette dans un monde de signes et d'émotions qui lui donnent la force de s'appartenir complètement, à l'orée d'une humanité prête à l'accueillir. Comparée au départ à un petit animal apeuré (la référence à *L'Enfant sauvage* est évidente), elle opère une mutation impressionnante au rythme de ses corps-à-corps avec ce que lui offre la scène : l'altérité sublimée agissant sur elle comme la promesse d'un monde encore plus grand que sa soif de vivre. Sous des épaisseurs d'étoffes, le corps s'enivre de ce qui l'excède, il est la clé d'une vérité inassignable aux conformités sociales et au tribut payé à la misère depuis des générations. Il est clair que, pour Desplechin, une époque lointaine n'a de sens au cinéma que si elle est vectorisée par la saisie réaliste des événements du corps. Les tenir à distance au profit d'une visibilité globale des attraits historiques ne serait-il pas d'ailleurs un des aspects de l'attitude culturelle guindée, opposée à la vitalité artistique ?

Toutes proportions gardées, Patrice Chéreau déjoue lui aussi la rigidité du film à costumes en faisant craquer ses coutures sous le poids de l'existence criante du corps. Homme de théâtre reconnu, sensible à l'énergie physique de la mise en scène, il plonge dans l'Histoire par le biais de l'exsudation dérangeante du corps au sein d'une société qui se fait vœu de le nier. Chez lui, la transgression et la confusion passent automatiquement par ce qui déborde du corps, faisant de celui-ci une provocation à l'ordre établi. Dans *La Reine Margot* (1994) et *Gabrielle* (2005), l'enjeu est de faire vaciller la représentation d'une époque (le XVIe siècle pour le premier, le début du XXe siècle pour le second) par l'effondrement d'un corps révélé dans sa crudité. Tout ce qui transperce le costume (le sang, la sueur, les larmes) signifie qu'en dessous palpite l'invariant universel, le caillot de résistance élevé contre la puissance destructrice du temps. Face aux lois destinées à l'instrumentaliser, le corps ne clame sa bravoure que meurtri, sali ou défiguré. C'est là une autre manière d'envisager le vêtement codifié comme barrière temporelle à faire sauter coûte que coûte au nom de la liberté.

II
DES NOUVELLES DU LANGAGE

12 *La parole est-elle toujours un atout de séduction ?*

La chose est entendue de par le monde : le cinéma français est beau parleur. Hérité d'une tradition théâtrale et littéraire qui remonte au XVIIe siècle, ce goût du verbe s'est à maintes reprises illustré dès l'arrivée du parlant. Du réalisme poétique des années 1930 à la Qualité française des années 1940-1950 jusqu'aux grandes coulées verbales que l'on trouve chez certains auteurs phares des années 1970 (Eustache, Doillon, Blier), aucun démenti dans ce domaine ne fut apporté. Il y eut bien sûr, en quelques endroits de son histoire, des hoquets dommageables (le babil branché des années 1980, par exemple) mais cette réputation dans l'ensemble est sauve. Parler pour dire quelque chose continue d'être une des constantes du cinéma français, objet de tant de sarcasmes ou au contraire d'éloges. Cinéma bavard et précieux pour les uns, cinéma subtil et brillant pour les autres, le partage est souvent tranché sans toutefois occulter l'une des plus fameuses spécificités de notre production au service de laquelle s'éploie plus d'un dialogue, à savoir l'intimisme psychologique et l'expression des sentiments. Du plus au moins, de la prose soutenue au manque de voix tourné vers l'indicible, jamais le cinéma français ne s'est départi de cette pensée en mots, que ceux-ci soient couverts ou déliés.

Années 1990-2000. Qu'en est-il du statut de la parole dans un paysage cinématographique aussi fragmenté, aussi enclin à une relecture de ses bases formelles sur fond d'indistinction généralisée ? Comment exprimer intelligiblement une époque brouillée par la multitude de ses codes de communication ? En somme, le cinéma français a-t-il réappris à bien parler ? Pour y répondre, commençons peut-être par y adjoindre une autre question relative à une thématique récurrente par laquelle il a aussi imposé sa marque : a-t-il toujours autant d'aisance avec les codes de séduction ?

Là aussi, c'est connu. La parole au service de la séduction est elle-même une action à part entière. Amener quelqu'un à soi (définition étymologique de la séduction) implique une intention, un engagement parfois inconscient. C'est le propre de la culture française que d'utiliser brillamment les mots pour conférer à pareille attitude une efficacité en même temps qu'un style. Non dénuée des sortilèges conformes à ce que doit obtenir toute entreprise de séduction (attirance indescriptible et cœur qui tremble), la parole s'enroule et se déroule autour d'un enjeu d'ordre sentimental et procède d'un savant dosage de dénotation et de connotation. Bref, elle conquiert son propre rythme, détermine la temporalité d'une action qui est celle du langage. En la matière, un cinéaste demeure la référence absolue : Éric Rohmer. Au sommet de son art dans la décennie 1990 avec la série des *Contes des quatre saisons*, il est celui pour qui la parole est réellement le moteur de l'action, l'un des rares à avoir le mieux décliné les différents niveaux du langage à des fins strictement narratives et morales. Chez lui, un mot prononcé est souvent lourd de conséquences, il ne sert pas tant à caractériser les personnages qu'à activer le mécanisme du récit sous la forme combinée de l'anomalie et de la relance. La parole est ce qui rend soudain l'image faillible, équivoque. Elle contrarie son ordre en s'immisçant, impure, dans sa transparence. L'ouverture des quatre films de la série en témoigne parfaitement. Il faut au moins dix bonnes minutes d'exposition silencieuse avant que ne soient prononcés les premiers mots. Ainsi retardée, la parole est à la fois désirable et intruse. Sitôt retentie, elle « dérange » le calme apparent des premières images. C'est cet impact finement préparé qui fait d'elle l'équivalent d'une action dont le but est de faire plier méthodiquement la réalité ordinaire à son interprétation, sinon à son idéalisation. Performative, la parole rohmérienne produit tout à la fois du sens, un rythme narratif, une mise en scène en rapport directe avec l'idée de stratagème qu'inspirent les mouvements de séduction à l'œuvre dans les quatre films.

En 1990, un jeune cinéaste inaugure la décennie et sa carrière avec un long-métrage dont on a pu dire à la sortie qu'il s'inscrivait dans cette filiation en raison notamment d'un emploi très raffiné du langage. *La Discrète* de Christian Vincent, avec Fabrice Luchini, acteur éminemment rohmérien, et Judith Henry, est un conte moral autour des faux-semblants utilisés à dessein de vengeance amoureuse. Suite à une rupture, un jeune écrivain sans inspiration décide de se venger des femmes en séduisant la première venue. L'intention est claire : manipuler sentimentalement la victime jusqu'au point de rupture décidé par lui seul. Mais le plan échouera et les masques tomberont. Attribut d'une séduction calculée, la parole abondante de Luchini constitue au départ un instrument de domination propre à déjouer le moindre signe de sincérité même accidentelle. Mais c'est justement ce goût immodéré des mots qui le trahira. Il aura beau jeu de tricher avec les sentiments (faire croire à sa victime qu'il s'intéresse honnêtement à elle), son incapacité à tricher avec les mots le fera tomber dans son propre piège. À la fin, c'est le vrai du sentiment qui percera à jour le faux du projet. Tout est renversé et le silence aura le dernier mot. Comme une réponse tardive et antithétique au succès de *La Discrète*, Christian Vincent signe avec *La Séparation* (1994), d'après un court roman de Dan Franck, la chronique d'un couple défait dans laquelle, cette fois, la parole perd toute utilité. Un homme tente de comprendre l'infidélité déclarée de sa compagne. En s'adressant à elle dans le seul but de cerner ses motivations, il cherche en vain à tenir l'échange hors de l'irrémédiable. Vouloir parler exactement avec précision de la situation ne change rien à son état critique. Au contraire, cela ne fait que la dégrader davantage. Au-delà de la crise classique d'un couple, le film oppose deux régimes de langage, celui, allusif et économe de la femme, dont l'amant reste significativement hors-champ, et celui, plus heurté et insistant du conjoint qui essuie perpétuellement les échecs de son raisonnement. Dans *La Discrète*, parler avait une visée programmatique, très rationnelle, en vertu d'une séduction considérée comme tâche à accomplir. Ici, à l'inverse, parler stigmatise la perte de la séduction sur le mode de l'impossibilité d'aller jusqu'au bout du raisonnement.

À une époque où la séduction à l'écran passe plus volontiers par l'image émolliente destinée à pallier sans trop de regrets la carence des mots, le recours au dialogue ciselé a ceci d'agréable à entendre qu'il est de plus en plus singulier. Évoluant lui aussi sur des terres rohmériennes bien cultivées, Emmanuel Mouret s'est pour l'instant spécialisé dans la comédie de mœurs faussement placide dans laquelle exprimer un sentiment juste réclame de la persévérance, oblige à une série de détours et d'hésitations sans quoi nul lien ne tient. Naturellement sollicité, le texte prend chez lui des allures de test, avec tout ce que cela implique d'incertitudes et de maladresses. Dans *Vénus et Fleur* (2004), légendé Rohmer à chaque plan, et plus spécialement dans *Changement d'adresse* (2006), le jeune cinéaste dote la parole d'une étrange fonction : séduire par soustraction et temporisation, insister sur l'insignifiant dans l'espoir d'atteindre enfin l'essentiel, bref dire le moins pour gagner le plus. C'est particulièrement saisissant dans *Changement d'adresse* dont le récit s'ordonne sur les tergiversations d'un musicien timide, amoureux de sa jeune élève. Tout ce qui semble vain ou perdu pour le personnage (le temps en particulier) est comme relevé par le récit. Cette inversion proportionnelle se vérifie jusque dans l'usage d'une communication à double niveau antinomique. C'est simple, le musicien parle, son élève pas du tout. Même savoureuse, même gauche, la parole de l'un achoppe sur le mutisme de l'autre. À partir de là, la séduction se fait lente, dévie tout doucement de son objet et alimente un récit du détournement amoureux, assez proche des fameuses comédies du remariage américaines des années 1940. Exténué à force de ne recueillir que du silence, le discours du musicien (joué par le cinéaste lui-même) trouve *in fine* une alternative amoureuse auprès de sa colocataire qui, elle, tout en verve et malice, prête depuis le début à céder au charme du garçon, parvient à rétablir l'équilibre de la séduction par une parole enfin accordée. Rebondir après être tombé amoureux grâce à un sursaut du langage, c'est quelque chose que l'on retrouve dans les films de Truffaut interprétés par Jean-Pierre Léaud et auxquels *Changement d'adresse* fait plus d'une fois penser. Antoine Doinel est en effet un personnage qui se grise de paroles afin de donner consistance à ses fictions amoureuses, toutes peuplées de femmes aussi multiples que son art de les convoiter. Séduire par le discours est davantage chez lui qu'un objectif, c'est un mode de vie fait de joie et de souffrance sourde.

Arnaud Desplechin, encore lui, s'en est sûrement souvenu en écrivant le personnage de Paul Dédalus dans *Comment je me suis disputé… (ma vie sexuelle)*, certainement un des plus grands films *parlants* de ces vingt dernières années. Ample et profond, celui-ci se présente comme une étude à la fois sensible et analytique du discours amoureux envisagé, de manière presque barthésienne, par fragments et éclats. Dans la profusion des langages qui irriguent son récit stratifié (amoureux, philosophique, scientifique, religieux, etc.), *Comment...* noue une multiplicité de contacts qui agissent, pour son personnage principal, comme autant d'épreuves d'apprentissage et d'ouvertures au monde. Pris entre trois femmes dont il ne sait comment assumer la responsabilité affective, Paul Dédalus (Mathieu Amalric) use du langage autant pour séduire que pour analyser les possibles méfaits de la séduction (séduire oui mais après ?). En réalité, la parole intelligente qu'il pratique apparaît très vite comme le symptôme permanent d'une illusion de maîtrise. Obsédé par la nécessité de faire dès à présent le point sur son identité (il approche la trentaine), il croit pouvoir dominer ses sentiments en les soumettant systématiquement à des schémas de raisonnement tout aussi déstabilisants les uns que les autres. Plus il parle, c'est-à-dire plus il pense, plus le sens de sa vie intime lui échappe. C'est l'enjeu majeur de la parole dans le film : celle-ci ne sert pas seulement à se raconter ou à tenter de définir un sentiment, elle est pour Paul le moyen indispensable de s'accrocher à des repères tangibles sur le chemin qui le mènera aux portes de sa « vie d'homme ».

Un personnage voisin est apparu deux ans plus tard sous le nom d'Albert Jeanjean interprété par Denis Podalydès dans le film de son frère Bruno, *Dieu seul me voit* (1998). Il s'agit, là aussi, du portrait d'un jeune homme de notre temps, caractérisé par une même difficulté, certes moins vertigineuse, à faire les bons choix et à les assumer. Secoué lui aussi par trois cœurs féminins aux battements irréguliers, Albert Jeanjean, preneur de son à la bonté lunaire, se retrouve malgré lui dans des circonstances personnelles ou partagées en groupe qu'il est incapable de contrôler selon son désir, lequel d'ailleurs est rarement déterminé. Et ce n'est guère l'assurance d'une parole stratégique (avec les femmes notamment) qui lui permet de sortir de cet embarras quotidien. Afin d'éviter le risque de s'exposer au ridicule et au malaise (c'est quelqu'un de très sensible), Albert campe maladroitement sur deux positions comparables. Soit il soliloque à l'abri de tout jugement, soit il se réfugie derrière des lieux communs, des discours préconçus, au mépris de la plus élémentaire vérification. Lors de la présentation officielle d'un film tourné par la femme dont il tombera bientôt amoureux, Albert se plie, non sans gêne, aux conventions de la mondanité en dissimulant la perplexité dans laquelle le film l'a plongé. Intimidé par le charme de la réalisatrice, il lui est impossible de livrer sans bredouiller autre chose que des banalités consensuelles, se protégeant ainsi et du film à commenter et de la femme à séduire. Cette pleutrerie d'usage plutôt handicapante est le reflet d'un cas de conscience qui est un des traits du comportement moderne, le signe d'une place ambivalente à tenir en société par-delà le systématisme du langage commun.

13 *À quel prix abuse-t-on du langage ?*

Auteur entre autres d'un essai sur le cinéma d'Éric Rohmer (aux Éditions Cahiers du cinéma, 1991), Pascal Bonitzer remarque à quel point celui-ci fait de la séduction un rapport de forces dynamique à travers l'acte même de parler. Chez Rohmer, dit-il, il n'y a pas d'histoire hors quelqu'un pour la raconter et l'interpréter simultanément. Ajoutons dans ce sens que ses personnages ont comme principale hantise de ne pas *assez* se raconter, faute de quoi il leur est plus difficile d'avoir un ascendant moral ou sentimental sur la personne dont ils sont épris. Parler expose au risque du jugement mais aussi à la jouissance parfois amère de se savoir maître du langage au-delà du raisonnable. L'acte de parler a chez Rohmer partie liée avec la satisfaction d'un désir. Cesser de parler est impensable tant que le désir n'est pas satisfait et il arrive qu'un personnage, insatisfait de l'idée que le désir puisse aboutir et du même coup s'éteindre, continue à parler mais cette fois pour la forme, le plaisir de la lettre, dans une sorte d'ivresse solipsiste. Un revers existe : la maîtrise du langage qui confine à l'abus et produit un effet boomerang nommé vanité. À force de parler par souci de plaire à l'autre autant qu'à soi, le risque est grand de tomber dans les travers du « tel est pris qui croyait prendre ».

Dès son passage à la réalisation en 1995 (*Encore*, 1996), Pascal Bonitzer, ancien critique et scénariste réputé (pour André Téchiné, Raul Ruiz et surtout Jacques Rivette), s'est spécialisé dans la comédie lacanienne où le mot malheureux érigé en acte manqué détermine les enjeux déceptifs d'un homme qui, au contact de plusieurs femmes, ne sait comment cerner son désir. De même que chez Rohmer, le langage est utilisé comme un instrument pervers, au sens strict du détournement du sens premier de ce qui est dit tout en restant très littéral, au pied de la lettre. Son usage faussement éloquent, c'est-à-dire menacé à tout moment de contresens par les données d'une situation qui insidieusement se retourne contre lui, conduit les personnages masculins à être constamment déplacés par rapport à l'objet de leur désir. Et c'est ce déplacement progressif qui, à la longue, les effraie puis les exténue. Dans les films de Bonitzer, les héros sont tous des professionnels du langage ; professeur de philosophie dans *Encore*, journaliste et critique de cinéma dans *Rien sur Robert* (1999), journaliste communiste dans *Petites coupures*, éditeur et écrivain dans *Je pense à vous* (2006). Malgré, ou à cause, de leur maîtrise supposée du langage, ces personnages, tous enclins à en abuser, se retrouvent vite abusés par lui. Plus l'homme parle en fonction d'un but qu'il s'est intimement fixé (deux cas de figure dominent, parfois complémentaires l'un de l'autre : séduire ou expier), plus il rate sa cible, tourne en rond, se déplace, se décale, revient sur ses pas. Considéré au départ comme un atout, le langage devient alors une source de malentendus, le poinçon d'une pente légèrement dépressive sur laquelle l'homme s'abîme à force de passer à côté d'un événement *a priori* favorable pour lui. À cet égard, ce que Bonitzer retient de Rohmer est l'instabilité du texte, la circulation indéfinie des mots qui favorise l'échange tout en le tourmentant. Abuser du langage est tantôt le signe d'une autorité intellectuelle exercée à des fins de séduction, tantôt la marque d'une défaillance existentielle impossible à corriger, y compris dans la dérision.

Encore, librement inspiré du livre d'Althusser, *L'avenir dure longtemps*, raconte l'histoire d'Abel Vichac (Jackie Berroyer) un professeur de philosophie, quinquagénaire velléitaire lui aussi qui assume mal l'échec de son couple et se complaît dans la séduction molle auprès de ses étudiantes. Souffrant de ne pouvoir exactement s'engager dans ce qui semble être son désir, il n'a aucune prise sur les événements qu'il sollicite pourtant par la brillance de son discours. Comme son titre l'indique, *Encore* fait bien sûr référence à Lacan et à son fameux séminaire dans lequel il analyse la jouissance sexuelle comme une impasse et avance l'hypothèse, en guise de substitut, d'une jouissance textuelle obtenue par l'inconscient. Structuré selon lui comme un langage, l'inconscient est cet appareil de jouissance qui n'a d'efficacité que s'il dysfonctionne. Celui-ci est improbable sans la notion productive de ratage par laquelle l'homme construit son discours. Ainsi, on peut lire dans le texte de Lacan : « L'homme cherche une femme au titre de ce qui ne se situe que du discours mais il y a toujours chez elle quelque chose qui échappe au discours. » De manière presque littérale, Bonitzer adapte finement cette théorie en faisant de son personnage un homme *signifiant* qui éprouve la peur de l'insignifiance de son discours auprès des jeunes femmes qu'il séduit. Une séquence mémorable illustre parfaitement ce processus de dérèglement de l'appareil de jouissance textuelle, la séquence dite des « tartelettes ». Celle-ci est construite autour d'un pari intellectuel entre Abel et Aurore, une de ses étudiantes, centré sur le concept de la logique. L'enjeu secrètement consenti est celui de la séduction. Invité chez la jeune fille à prendre le thé en compagnie imprévue du petit ami de celle-ci, Abel passe par le biais du raisonnement pour l'épater et espérer la prendre dans ses bras. En prenant comme postulat le choix des tartelettes apportées par l'intrus, il se lance dans une théorie de la logique (chacun prendra tel gâteau selon une relation de dépendances nécessaires et suffisantes entre les idiosyncrasies respectives) au terme de laquelle il est sûr de gagner son pari (un baiser proposé par Aurore). Et ça marche en effet. Ici, le langage philosophique est clairement utilisé comme langage indirect de séduction. Telle est l'autorité doucement abusive d'Abel : il est sûr de gagner car il est sûr de la validité de son raisonnement. Seulement, et c'est là que le ratage intervient, la maîtrise de la logique est très vite affectée d'un corollaire négatif, en l'occurrence le regret. À peine a-t-il savouré sa petite victoire qu'Abel apprend qu'Aurore lui avait caché sa vraie identité par jeu initié avec sa colocataire (elle s'appelle en réalité Catherine). De triomphant, Abel passe au statut de jouet qui l'empêche en dernière instance de dominer la situation. Il y a dès lors un écart catastrophique entre la maîtrise certifiée du discours et le verdict amer de la situation qui au final la déjoue. Après avoir gagné en démontrant son raisonnement sur la base de la réalité objective (les tartelettes sous ses yeux), Abel finit par le regretter en découvrant trop tard qu'une réalité hors raisonnement lui avait échappé (l'identité dissimulée de son étudiante).

Ce mauvais sort du langage grippé dans sa trop belle assurance conditionne le comportement de Didier Temple (Fabrice Luchini), le critique malmené de *Rien sur Robert*. Depuis la parution d'un article assassin sur un film qu'il n'avait pas vu, Didier est harcelé par la mauvaise conscience. Cette petite infamie intellectuelle lui colle à la peau et tout son entourage ne manque pas de le lui signifier sur le terrain fatal pour lui de la littéralité. Avec cet article « malheureux », Temple a abusé de la lettre et se voit désormais abusé par elle à travers l'offensive de spécialistes du verbe encore plus subtils et féroces que lui. À l'usage complaisant et acoustico-décoratif de la lettre impunément privilégié par le personnage s'oppose le pied de la lettre de ses interlocuteurs qui agit à la fois comme un couperet sémantique et un rappel à la faute commise. Plus encore que dans le film précédent, la parole est le symptôme d'une paranoïa dialectique sans rémission. Le drame de Didier tient dans l'humiliation provoquée par la mise à nu permanente de son imposture. Lui qui a su si bien maquiller la vérité par l'habileté des mots, il est maintenant démasqué par tous ceux qui pratiquent le contraire de lui : une parole directe, sans détour ni dénégation. L'ensemble du récit s'articule alors autour de situations et de dialogues à la fois logiques et absurdes ayant pour même origine la faute individuelle que Temple peine à expier. C'est d'ailleurs sur un schéma similaire que repose la déroute sentimentale du personnage de Daniel Auteuil en proie à l'angoisse d'un désir jamais formulé au bon moment et face aux bonnes personnes. Dans *Petites coupures*, ses actions semblent en permanence dictées par des circonstances qui accueillent de travers la moindre de ses motivations. Là encore, le mot *raté*, obtenu dans l'écart inconciliable entre son sens premier et son interprétation détournée, sert de raccord narratif incongru dans une histoire de déchéance morale accélérée qui finit par toucher le corps tout entier. Qu'à ce défaut de langage s'attache l'écriture sans faille de Bonitzer est le secret d'un style paradoxal, entre neutralité de l'image et vaine neutralisation du sens.

14 *Peut-on guérir du lapsus ?*

En fait, les personnages de Bonitzer souffrent de ne pouvoir rattraper l'écart instantané qui existe entre la complaisance rhétorique et une réalité dure d'oreille qui annule indifféremment ses jolies tournures. Le précieux du sens écrit ou proféré tombe *illico* sous le coup d'une interlocution plus modeste qui lui renvoie sa foncière vanité. Parler avec brio est inutile lorsqu'en face nulle intimidation ne vient couronner l'exercice ; soigner son discours, même en petite forme, ne vaut rien s'il ne vaut que pour lui-même, s'il se résume à une parole intransitive vouée à l'insignifiance. C'est tout le problème du décalage souvent comique entre la voix savante et l'écoute profane, au point où les positions peu à peu s'inversent, où la voix seule sonne faux ou creux au contact d'une écoute plus juste car imperméable aux habiles effets de style. Ce mauvais pli fait partie des anomalies du langage dont le cinéma français s'est montré friand ces dernières années, sensible sans doute à une époque où l'excès de communication finit par oblitérer le tissu social et brouiller le sens des messages les plus simples. Il n'est pas étonnant qu'au retour considérable de l'hétérogène et du soupçon qui tend à relativiser notre rapport au monde actuel correspondent un dysfonctionnement du langage, une série d'accidents sémantiques et autres difficultés à (se faire) comprendre (de) l'autre.

Lorsqu'on parle d'anomalie, il faut entendre l'idée d'une déviation, d'un écart par rapport à une norme. L'anomalie renvoie à quelque chose qui cloche, qui retient l'attention autant qu'elle l'indispose. Elle fait figure d'accroc à la surface des choses lisibles. Au niveau du langage, l'anomalie se dit lapsus, l'équivalent de l'acte manqué par lequel une personne se retrouve maladroitement décalée par rapport à ce qu'elle avait l'intention de dire. L'emploi inconscient d'un mot pour un autre précarise le dialogue en entraînant son auteur bien au-delà du simple incident de langage, vers les limites parfois de l'irrationnel et de la folie douce. Petite cause, grands effets, telle pourrait être son équation narrative. Au cinéma, le lapsus est idéal pour donner matière à un récit combinatoire sur la base d'une causalité gentiment névrotique dont le mouvement repose sur une conversion du ratage (pour le personnage à la langue fourchue) en réussite (pour le récit qui en fait son moteur). Ainsi la psychanalyse a-t-elle fait son grand retour dans le cinéma français, notamment à travers des comédies grinçantes où le rire se coince autant que les mots-clés. Retour d'ailleurs proportionnel à la remise en question dont elle a pu faire l'objet à l'entrée du nouveau siècle. Tandis que d'aucuns s'interrogeaient sur la légitimité et la pertinence des enseignements freudiens à l'heure d'Internet, des auteurs s'en inspiraient pour construire des histoires de transfert de rôles et de détournements de fantasmes. De part et d'autre, un même regard s'est porté sur une discipline dont il convenait désormais de désacraliser la finalité interprétative. Moins figée dans les rouages d'une machine à suspense analytique, celle-ci aurait alors tout à gagner à être traitée avec désinvolture, du moins sans crispation théorique. À cette condition, tout la porterait à fonctionner comme révélateur de la désynchronisation contemporaine des relations sociales, si souvent en proie à l'inquiétude et à renouer de manière plus incisive avec le postulat politique.

> Le vrai retour, inattendu, imprévisible dans ses effets, c'est celui de la psychanalyse (entendue dans son acception la plus large) : comme ce qui remet en circulation, en les faisant vaciller, la langue, le sens, les affects et les gens. (Burdeau, 1998 : 46)

Logique du *double bind* et réactions en chaîne d'événements pris dans les ourlets du langage analysé structurent en effet quelques-uns de nos scénarios les plus subtils. Tout comme Pascal Bonitzer, son ancien collègue critique aux *Cahiers du cinéma* au début des années 1980, et grand spécialiste du genre, on l'a vu, Danièle Dubroux a gardé le souvenir des années de gauche radicale post-68 où l'on se gargarisait de lacanisme et de structuralisme. Derrière la caméra, elle s'est le plus souvent distinguée par un ton de comédie faisant appel à la perversité d'un langage à double fond dans lequel la banalité un peu absurde de la conversation dissimule en réalité de noirs secrets. Chez Dubroux, la narration obéit à un système d'imprégnation pathogène de l'inconscient sur des actions *a priori* ordinaires. Jamais envisagé de l'extérieur comme une sorte de commentaire surdéterminant le récit, l'inconscient se diffuse à ras de terre, selon le principe du bouche à oreille qui le propage tel un virus capable de faire glisser insidieusement la réalité vers des rivages obscurs et inquiétants. Après *Border line* (1992), film glaçant et implacable sur la dérive criminelle d'une femme en plein délire de filiation qu'aucune intervention psychanalytique n'était en mesure de comprendre, la cinéaste signe avec *Le Journal du séducteur* (1996) une comédie à cerveau ouvert, empreinte d'ironie bunuelienne dans laquelle elle débusque ce que Deleuze nomme les « points de démence » de ses personnages. En partant du livre éponyme de Kierkegaard, véritable fluide obsédant qui passe de main en main en contaminant l'esprit de ses lecteurs d'une fièvre irrémissible, elle décline elle aussi le thème de la séduction sous l'angle de la possession et de la bipolarité. L'influence du texte sur ceux qui commettent malgré eux l'imprudence d'en faire aussitôt l'expérience irrigue un récit entre fantastique feutré et marivaudage saugrenu. Si bien que la moindre parole dite, anodine ou chargée, détient un statut ambigu. Est-elle innocente ou bien est-ce une émanation inconsciente de ce qui est écrit, auquel cas elle serait une menace pour qui l'interprète *de travers* ? Difficile de savoir avec certitude dans la mesure où tout fonctionne sur le mode du contre-transfert (!) et sur ses multiples effets de détournement. Contre-transfert du livre sur le film, du livre sur le journal intime écrit par Sébastien (Mathieu Amalric), un autre séducteur plus maladroit que Johannes, le personnage de Kierkegaard, mais qui s'obstine à vouloir appliquer son plan de conquête auprès de la mère de sa copine, contre-transfert enfin dont se sent victime le psychanalyste du film vis-à-vis de sa patiente, Claire (Chiara Mastroaianni), étudiante en psychologie à qui Grégoire (Melvil Poupaud), étudiant lui en philosophie, vient de prêter l'ouvrage magique. Sous ce régime d'incidences souterraines, Dubroux invente des dialogues allusifs dans lesquels les défauts d'éloquence (lapsus et sophismes), au lieu de contrarier les événements, leur donnent un caractère insolite propice à toutes les digressions. Davantage qu'une fantaisie lugubre, *Le Journal du séducteur* est en fait un amusant traité d'inversion de la logique par la production même du message. Lorsque Claire, au début du film, arrive en retard à son cours de psychologie sur la communication, on entend sa professeur exposer ce qui sera la rhétorique ambivalente exploitée par la cinéaste :

> Le sujet profère son message sous une forme inversée. En effet, beaucoup de choses dans le discours se formulent par l'autre comme les dix commandements qui se formulent à la place de l'autre. « Tu ne tueras point. » Pour le formuler, il faut que ce soit l'autre qui m'assigne ma place. Les dix commandements respectent cette structure de la communication. Ce sont avant tout les commandements de la parole. Cette figure du surmoi qui ordonne, qui commande sous la forme d'un *tu*.

C'est ce qui se passe dans tous les films de Dubroux. La parole commande la narration, la mise en scène, les personnages au service d'une curiosité toujours mêlée de suspicion par laquelle l'action avance entre chien et loup. À un degré moins convaincant, les films suivants (*L'Examen de minuit*, 1998 ; *Éros thérapie*, 2004) privilégient néanmoins ce système de translation verbale, à un niveau de littéralité tel que chaque personnage ne parvient jamais à se défaire de la place que l'autre lui assigne tout en s'y substituant par égoïsme, jalousie, traîtrise ou au contraire amour sincère. Dès que quelqu'un se croit maître de son discours en disant *je*, il est sans le savoir détourné de son objet par l'autre qui bon an mal an s'en empare. On est bel et bien en terrain lacanien, là où font bon ménage le dire et le (non) savoir, le sujet parlant et l'objet parlé que l'autre annule ou dénature. D'où les ratés persévérants de ces drôles d'oiseaux rares que sont les personnages de Danièle Dubroux.

La psychanalyse a beau être décriée pour ses grilles de lecture excessives, force est de reconnaître qu'elle fait bien parler le cinéma français, qu'elle lui donne *de quoi* parler. Paradoxe productif du mot à l'état de symptôme distribué entre personnages justement *border line* et d'une mécanique de dialogue parfaitement huilée sur la base d'imperceptibles glissements de langage. Autre paradoxe plus culturel : à la différence par exemple des Anglo-Saxons où, à l'exception de Woody Allen, ces tournures connotatives investissent des scénarios plutôt dramatiques, en France elles se partagent généralement mieux dans le registre de la comédie, genre idéal pour destituer les vieilles déterminations psychanalytiques trop encombrantes. C'est à l'intérieur de formes populaires comme le vaudeville que la glose savante, ainsi vulgarisée en sous-entendus, circule le plus librement. En témoigne le cinéma de Jeanne Labrune. Après avoir débuté dans la gravité (*Sans un cri*, 1991 ; *Si je t'aime, prends garde à toi*, 1998), celle-ci a radicalement changé de ton en réalisant une trilogie « fantaisiste » aux titres sans équivoque, *Ça ira mieux demain* (1999), *C'est le bouquet* (2002) et *Cause toujours...* (2003). Tous trois s'inspirent de la *screwball comedy* américaine des années 1930-1940, avec certes moins de panache mais en respectant les trois conventions fondamentales : finesse des dialogues, rythme soutenu et absurdité des situations obtenue par croisements réguliers de personnages contrastés et gentiment décalés. Obéissant au principe du film choral, ses comédies diagnostiquent, non sans une certaine bonhomie, l'individualisme ambiant, responsable de maladies difficilement curables comme les névroses conjugales, les pulsions suicidaires, les angoisses sexuelles, etc. Pour les personnages, la seule solution, hélas passagère, consiste à parler, quitte à ne rien dire, dans les méandres d'une logorrhée qui, détachée de toute forme de pensée, n'est que pur réflexe pathologique. Ils se laissent entraîner dans le sillage des mots sans se rendre compte que leur destinataire n'est pas forcément le mieux placé pour les comprendre. Ils parlent pour parler, disent ce qu'il semble convenu de dire, autant dire pas grand-chose, c'est pour eux une manière illusoire de créer du lien à défaut d'être réellement convaincu de ce qu'il recherche en l'autre. Cela se traduit, dans le dialogue, par de savoureux contre-pieds, des contresens qui mettent à nu la défaillance chronique de ces gens pourtant aisés mais si mal à l'aise dans leur vie de tous les jours. Au récit alors de profiter de leurs travers de langage pour s'agencer selon une loi sous-jacente d'associations intimes.

Chez une autre cinéaste « cérébrale », Sophie Fillières, ce modèle de consécution logomachique s'articule autour d'une dérive du sens mais à un niveau d'écriture plus retors et autrement plus étrange. Dans ses trois films à ce jour, *Grande Petite* (1994), *Aïe* (2000) et *Gentille* (2005), comédies au gingembre associant la bizarrerie des attitudes à une même impasse existentielle, la cinéaste cherche à mettre en scène une parole dont la déficience très marquée provient de son incapacité à être la dépositaire d'une pensée aux abois, toujours à distance critique d'une action à réaliser rationnellement. Sous leurs allures de marivaudage sourdement agité, les films de Sophie Fillières côtoient l'absurde en grimaçant, en jouant l'appel de la fiction à travers un dispositif verbal qui consiste à gripper le passage à l'acte par toute une série de malentendus. Mais retarder le moment d'agir pour soi ne relève jamais d'une disposition psychologiquement analysable. L'explication se situe dans le fossé de plus en plus délicat à assumer entre la pensée et la parole, entre le dire et le faire, compromis l'un par l'autre. C'est dans son entêtement à explorer ce fossé que le récit tente d'aménager ses repères sans toutefois pouvoir s'y appuyer fermement. Il y a toujours un peu d'angoisse à appréhender cette zone indécidable où le faux menace à chaque instant l'équilibre du personnage, de la phrase ou de la scène. Faux-semblant, faux rythme, faux bond, autant de failles qui structurent des scénarios de l'inconstance psychique dont le mérite est de tendre à l'époque le portrait oblique de son désarroi ordinaire.

15 *Qu'est-ce que parler à perdre haleine ?*

Courir après le mot idoine de peur que la raison ne vacille définitivement, courir après pour ne pas sombrer dans le vide, tel est le mouvement spiral de la parole auquel s'attache le cinéma de Sophie Fillières. C'est sans doute par affinités de regard que nous retrouvons celle-ci au scénario d'un film singulier, totalement en phase avec la précarité sentimentale de la jeunesse d'aujourd'hui, *Oublie-moi* (1995) de Noémie Lvovsky, co-écrit également par Marc Cholodenko, écrivain et scénariste de Philippe Garrel. Premier long-métrage d'une ex-étudiante de la Fémis, *Oublie-moi* est entièrement construit sur la primauté d'une parole ivre, exténuée à force de résister à la rudesse d'une réalité qui systématiquement la repousse et l'abandonne. Là, il ne suffit plus de courir après les mots qui redressent, les mots qui redonnent contenance, mais de courir tout court, poussé par eux, à perdre haleine. L'histoire tient en deux lignes. Nathalie, une jeune femme de 27 ans (Valéria Bruni-Tedeschi, renversante), refuse de l'homme qu'elle aime, Éric (Laurent Grévill), la décision de rompre avec elle, tout comme elle refuse de répondre à l'amour de son copain du moment, Antoine (Emmanuel Salinger). Ballottée entre les deux, elle s'approche sans réelle conviction de Fabrice (Philippe Torreton), le copain de sa meilleure amie, Christelle (Emmanuelle Devos). Dans ce télescopage sentimental, le risque est grand de se retrouver totalement seul. À première vue, rien de très neuf sous le ciel des amours contrariées. Tout semble correspondre aux schémas relationnels typiques du jeune cinéma français. Mais l'essentiel est ailleurs, du côté d'une parole que rien n'endigue, redoublée par les déplacements incessants d'un personnage au diapason de ce qu'elle traque : la vérité du sentiment *sur le moment*. Nathalie ne fait rien d'autre. Sans état civil déterminé ni signe d'appartenance à un milieu social particulier, elle imprime à la durée globale du film son obstination à vouloir à tout prix, y compris celui de son intégrité de femme *folle d'amour*, interroger sa place vis-à-vis des autres. Toute l'action du film, âpre et sèche, repose ainsi sur les assauts d'une demande répétée à bout d'énergie ; demande d'amour, demande d'explication, demande de demande. Affolement d'une parole qui, par désespoir, s'abstrait de tout contenu pour ne plus résonner que comme preuve d'existence *a minima*. Nathalie a un besoin éperdu de sentir l'autre, c'est-à-dire d'accéder, même par effraction, à ses sentiments pour elle. Éperdue d'amour sans nom, elle se livre à corps perdu dans des échanges irréversibles. Plus elle force le passage du sens, moins elle y parvient. Mais là se situe son unique point de réel. En dehors de l'interlocuteur, nul salut. Nul extérieur capable de la rassurer. Aucun répit. Chaque scène est pour elle le moment de repartir à l'attaque afin de maintenir coûte que coûte un semblant de communication. *Oublie-moi*, d'ailleurs, s'ouvre et se clôt au téléphone. D'un bout à l'autre, le fil ne doit pas être rompu sans quoi Nathalie disparaît. Tour à tour handicap et atout de survie, la parole unit (dans la scène) autant qu'elle disjoint (dans la vie des personnages). Hors d'elle-même, elle confine à un automatisme langagier proche du ping-pong verbal, aux rebonds quasi nuls. L'originalité du film tient dans l'invention d'un dialogue syncopé, parfois sur un mode phatique et tautologique, entre deux personnages exclusivement (exceptées deux scènes avec Christelle, Fabrice et Nathalie, l'une dans le métro, l'autre dans une chambre). Aucune logorrhée ici déferlant sur des personnages prompts à se raconter. Sur ce point, c'est un échec complet. Nathalie et les autres ne parlent pas pour faire de leur vie un récit (le contraire de Desplechin ou d'Eustache auxquels on pense pourtant à une ou deux reprises lors de plans directement inspirés de *La Maman et la Putain*). Ils parlent en quête de ce qu'ils ont (encore) à se dire, seule condition à leur raison d'être ensemble dans l'instant de la scène, jamais au-delà. C'est pourquoi la parole excède largement sa fonction de véhicule des sentiments pour constituer le point d'ancrage de la mise en scène. Prenons pour exemple le moment où Nathalie revient à la charge auprès d'Éric qui vient de lui annoncer leur rupture. Cette séquence fonctionne en deux temps bien distincts, séparés selon une logique de postures du corps. Dans le premier temps, Nathalie monte chez Éric pour établir un contact par la parole (« On peut parler ? On peut s'expliquer ? »). Mais elle reste à la porte, dans la cage d'escalier, littéralement *au seuil* de sa demande. Éric ne répond pas ou bien par la négative. Ne pas la faire rentrer chez lui signifie ne pas la faire accéder à sa demande. Nathalie comprend cela instantanément et d'un seul coup décide de se taire. Arrive le second temps amorcé par l'invitation d'Éric à aller prendre un café en bas de chez lui. Là, au café, Noémie Lvovsky opère un renversement des places. Cette fois, c'est Éric qui parle et Nathalie qui ne dit mot. Ce décalage par rapport au premier temps est accentué par la distance que matérialise une table entre eux ainsi que par la différence de positions (Éric assis, Nathalie debout face à lui). La discussion impossible est aussitôt stigmatisée par des corps en porte-à-faux. Ils ne sont pas à la même échelle dans la scène. On voit bien à la lumière de celle-ci que la parole ne sert absolument pas le discours amoureux. Elle le réduit en pièces au contraire, l'autopsie jusqu'au vertige. Mais c'est sa volonté de ne pas la croire irrémédiable qui pousse Nathalie à encore plus d'insistance masochiste, aux limites de l'hystérie. Sa maladie ne se soigne pas, elle est juste la version extrême de son désir d'être *exacte*, y compris dans le déni d'elle-même, au bon endroit et à distance cruciale de l'autre. Dès ce premier film, tendu et intransigeant, Noémie Lvovsky s'est présentée comme la parfaite héritière d'une lignée de cinéastes reconnus pour leur souci d'octroyer à la parole viscérale une capacité d'ouverture sur le vertige des sentiments, comme Jacques Doillon ou Maurice Pialat. De cette parole entendue comme force de frappe découle un intimisme complètement décanté, loin du réalisme sociologique. Dans ses films suivants, Noémie Lvovsky, également comédienne, parviendra à styliser davantage cette diction à la fois rapide et heurtée dans des fictions résolument tournées vers l'expression insolite des accidents ordinaires de la vie (*La Vie ne me fait pas peur*, 1999 ; *Les Sentiments*, 2003 ; *Faut que ça danse*, 2007).

En 1998 sortait un autre film absolument central dans cette logique de dépense morbide de la parole. Son titre, *L'Ennui*. Son auteur, Cédric Kahn, jeune cinéaste de trente ans dont c'est le troisième long-métrage après *Bar des rails* (1992) et *Trop de bonheur* (1994). Librement adapté d'un roman d'Alberto Moravia écrit en 1960, *L'Ennui* raconte l'histoire passionnelle de Martin (Charles Berling), professeur de philosophie et de Cécilia (Sophie Guillemin), la jeune modèle d'un peintre obsédé par le nu. Il s'agit, ni plus ni moins, de la rencontre fiévreuse de deux aspects dominants du cinéma français, à savoir une parole ininterrompue et un corps épanoui, aussi bien disponible à la caméra qu'au raisonnement. Lancé sur la corde raide du désir insatiable, tant sexuel que textuel, le film constitue le lieu d'affrontement de la pensée et de la réalité crue, du besoin acharné de la saisir par le raisonnement et des multiples résistances physiques de celle-ci à toute tentative de déchiffrement. En cela, Cédric Kahn est fidèle à l'existentialisme de Moravia. Mais, il accentue la sublimation intellectuelle d'un objet de désir par l'emploi d'une logorrhée obsessionnelle, seule maîtresse de l'action. Plus Martin harcèle de questions Cécilia, commente chacun de ses gestes en vue d'une possession de son corps, plus celle-ci s'y dérobe avec innocence. La parole surabondante est alors vouée à l'épuisement physique (l'accident final qui rompt le mouvement effréné de Martin) et fantasmatique (la projection du visage de Cécilia sur celui d'une prostituée, responsable de cet arrêt brutal). Dans ce cas également, parler à en perdre la raison débouche sur un vide existentiel paradoxal car la hantise de Martin de ne pouvoir maîtriser par *le* sens une réalité qui, elle au contraire, est entièrement gouvernée par *les* sens de Cécilia, se traduit par une pulsion du langage destinée au départ à cerner l'inconnu mais qui très vite se transforme en pulsion du désastre. À l'opposé du verbe rayonnant, révélateur d'une clarté d'esprit attachée à une certaine tradition du cinéma français, sa prééminence témoigne ici d'un mal-être profond. Exclusif, son déluge est à prendre au pied de la lettre, le long d'une pente dépressive de plus en plus marquée. Néanmoins, et c'est là tout le paradoxe, le caractère infernal de la claustration psychique n'entame pas la vitalité du mot, celle-ci étant relayée par une caméra fébrile et un montage synchrone avec le comportement tumultueux des personnages.

16 *Qu'espérer du mutisme ?*

Depuis quelques années, on observe une tendance controversée : un cinéma français frappé d'aphonie, des films dans lesquels parler ne semble plus la priorité, où la salive est devenue denrée rare après des lustres de prodigalité générique. S'en féliciter ou s'en plaindre désignent ainsi deux positions critiques qui alimentent un certain nombre de réflexions récentes, en particulier sur la remise en question de l'art de dialoguer conjointe à une crise potentielle de l'art de la narration. Comment analyser cette régulière extinction de voix du cinéma français ? D'abord, il apparaît assez nettement que le grand thème moderne de l'incommunicabilité a connu un regain de traitement, parfois galvaudé, proportionnel aux supposés méfaits de la communication mondialisée (les fameuses solitudes *high-tech* sous l'empire d'Internet). Un peu partout gronde un même lamento : plus de contacts pour moins d'échanges, plus de toiles pour moins de regards, plus de mots tapés en catimini (*e-mails* et SMS) pour moins de mots murmurés. Il semblerait qu'à mesure que foisonnent les moyens de diffusion la tentation du mutisme se précise, qu'à l'inflation communicationnelle corresponde, en une forme de résistance passive, un déficit de la parole. De sorte que dans cette prégnance contemporaine du « beaucoup de bruit pour rien », le « rien » évoque au choix le silence salutaire ou victime dont une légère correction de l'expression shakespearienne inciterait à légitimer le profit. Et si en effet ce « beaucoup de bruit » s'exerçait *en faveur* du « rien », nuance par laquelle il serait possible de considérer le mutisme comme une alternative relationnelle plus élémentaire ?

Étrange en tout cas de voir combien la profusion des messages et des liens virtuels a entraîné un retour à l'archaïsme du silence et à des occurrences du cinéma muet. Défaite régressive ou au contraire folle audace, le mutisme représente de toute évidence une option esthétique et morale très tranchante dont l'efficacité risque toutefois d'être émoussée si elle devait un jour être banalisée en catégorie stylistique. Au festival de Cannes, en 1993, Alain Cavalier avait secoué tout le monde en présentant en compétition officielle, *Libera me*, un film sans paroles découpé au rasoir sur fond gris uniforme et construit comme une suite de tableaux animés autour de la Résistance, de la torture et de la tyrannie. La radicalité du dispositif (inserts et souffles courts, corps immobiles et bruits d'objets amplifiés) concourt à faire de ce film sur la Résistance une œuvre *de résistance* à la cacophonie ambiante et à la surenchère audiovisuelle. Revenir à cette sorte de primitivisme cinématographique n'équivaut pour autant à aucune crispation réactionnaire. C'est au contraire l'affirmation d'une posture à la fois poétique et politique, certes asphyxiante mais indubitablement limpide. Au fil de rituels lugubres aussi dérangeants que métaphoriquement implacables, la négation absolue du parlant se fait nature morte, la bouche cousue cri étouffé et non moins strident. C'est la raison pour laquelle *Libera me* demeure, dans le champ du cinéma français, un geste rare, impossible à reproduire. Le mutisme n'y engage aucune revendication, n'y insinue aucun slogan humanitaire. Bien plus s'impose-t-il comme un élément d'austérité parfaitement adapté au formalisme sans concessions du projet.

Alors, cesser de parler, pour quoi faire ? Qu'espérer obtenir d'un tel retrait ? Au début de l'année 2005, pas moins de cinq films ont suggéré des réponses variées et relativement complémentaires. *De battre mon cœur s'est arrêté* de Jacques Audiard, *La Petite Chartreuse* de Jean-Pierre Denis, *Les Mots bleus* d'Alain Corneau, *Les Yeux clairs* de Jérôme Bonnell et *L'Intrus* de Claire Denis ont à leur façon (excepté peut-être ce dernier film, nous y reviendrons) thématisé la soustraction du langage en signe de réinvention par le bas, par l'origine, d'un dialogue indécodable. Tous, au-delà de leur histoire respective, qualifient le silence comme ultime refuge face aux nuisances du monde. Utopie sans doute, paix provisoire sûrement, le choix de se taire désigne autant une attitude de renoncement plus ou moins bénéfique qu'une impuissance pathologique à se comprendre soi-même dans une réalité passablement entropique. Dans le film de Jacques Audiard, Tom (Romain Duris), agent immobilier volontiers impliqué dans de sales coups, trouve soudain matière à rédemption dans la musique grâce à la sagesse d'un professeur de piano d'origine chinoise qui ne parle pas un mot de français. Ne pouvant échanger oralement, tous deux vont entrer, parallèlement à la trajectoire obscure de Tom, dans une relation purement auditive, loin du vacarme et de la peur. Sous les attraits du film noir chevillé à son double programme de crasse morale et de grâce sentimentale, le cinéaste (et son scénariste, Tonino Bénaquista) laisse affleurer l'espoir d'un repli salvateur dans un art si pur qu'il peut – et doit – se passer de mots. De toute évidence, ce sujet préoccupe Jacques Audiard, lui qui, dans son film précédent, *Sur mes lèvres* (2001), avait déjà traité l'ambivalente rencontre d'un mauvais garçon repenti et d'une innocente sanctifiée par le biais de sa... surdité ! Il n'est du reste pas exclu de penser qu'à travers le motif de la parole suspendue, le fils de Michel ait trouvé un élément de rupture œdipienne avec la spécialité de ce dernier, un parfait antidote au dialogue massif, ciselé à la virgule près, se taillant régulièrement la part du lion.

La Petite Chartreuse et *Les Mots bleus* partagent eux un même personnage de fillette recluse dans ses profonds silences suite à un accident avéré (dans le premier) ou mystérieux (dans le second). Difficile, là aussi, de ne pas considérer une telle coïncidence comme le symptôme d'une inadaptation accrue à un environnement social suffisamment dur pour désormais briser l'ingénuité de l'enfance. Bien sûr, la naïveté d'un tel propos pourrait prêter à sourire tant son universalité semble dépasser l'amer constat d'aujourd'hui. Il n'en reste pas moins que l'accent mis à deux reprises sur cette parole d'enfant éteinte a quelque chose d'intrigant. Dans le film de Jean-Pierre Denis, celle-ci est la conséquence immédiate d'un accident de voiture dont a été victime une petite fille de 10 ans. Rongé par la culpabilité, l'auteur du drame décide alors de l'aider à recouvrer ce bien si précieux en faisant de son abnégation le prix d'un nouveau parcours sacrificiel jusqu'au sommet du rachat (le film se termine en haut d'une montagne enneigée, Golgotha bienvenu le long duquel le fautif sauvera le sujet de sa faute). Sous couvert de rééducation suivie, le film fait du mutisme le reflet figé d'une mauvaise conscience individuelle, bien plus qu'une singularité productive en termes d'imaginaire. Il en est de même dans *Les Mots bleus*. Aussi handicapée par la parole que sa petite fille, laquelle depuis des années n'a jamais sorti un son de sa bouche, une jeune femme bredouille ses sentiments, s'affole au moment de devoir dire l'indicible, perd ses moyens devant le mur de reproches tacites que représente le visage fermé de sa gamine. S'expose *grosso modo* le même schéma d'appropriation de la peine que dans le film de Denis : le mutisme de l'enfant frappe tout autant l'adulte sous le signe de la responsabilité insoutenable car inconciliable avec le secret que ce mutisme contient en lui. Dans les deux cas, le dedans exprimé par ce qui est tu résonne en conflit avec un dehors irrémédiablement hostile, rattrapable uniquement *in extremis*, à la faveur d'une grâce accordée dans la mort ou le pardon.

Ce partage dedans/dehors détermine la structure narrative des *Yeux clairs*, deuxième long-métrage de Jérôme Bonnell après *Le Chignon d'Olga* (2001). Première partie : Fanny (Nathalie Boutefeu), une jeune fille instable, anormalement nerveuse, cohabite avec son frère et sa belle-sœur dans une grande maison dans l'Eure et Loir. Vivre à trois est compliqué dans la mesure où l'incompatibilité d'humeur est en permanence accentuée par des menaces de crises d'hystérie. À tout moment, au détour d'une phrase ou d'une pièce, le drame psychologique peut éclater. Fanny, bombe à retardement aussi gracile qu'inquiétante, parle beaucoup mais mal, ses mots incontrôlés fissurent le confort domestique. La rupture définitive n'est jamais loin. Lorsqu'elle survient, elle amorce la deuxième partie du film sous l'effet d'une fuite de l'héroïne hors de la maison, lancée sur des routes de campagne à la recherche du passé de son père dont elle apprend qu'il a vécu en Allemagne un amour inconnu. En chemin, elle rencontre Oskar (Lars Rudolph), un homme des bois vivant de calme et de pêche, dans une cabane en bordure de route. Nouveau décor, nouvelle temporalité. À la tension familiale succède la détente buissonnière (détente qui n'est pas la décontraction mais le résultat d'un relâchement narratif). À l'imminence du vacarme se substitue la pause *andante*. Surtout, la sensualité des corps remplace avantageusement les saillies verbales de la première partie. Entre Fanny et Oskar, nulle compréhension par la voix car ils ne parlent pas la même langue. Cette fois, l'usage du silence ne souligne aucune déficience dans la mesure où il importe pour Fanny de se défaire de la pression jusque-là exercée par les phrases désobligeantes de son frère. À la différence des précédents films évoqués, le mutisme est une forme d'exutoire, la promesse d'une ouverture sur un monde paisible capable enfin de colmater les brèches psychiques d'une personne à qui il manquait l'essentiel (un passé, un souvenir de père, une histoire) pour pouvoir avancer un peu plus loin. Dans sa seconde partie baignée de lumière et de nature frémissante, *Les Yeux clairs* ne laisse planer aucun doute sur les bienfaits d'une parole évaporée, en rétention provisoire, non loin d'une prudence qui consiste à signifier que rien n'est résolu pour autant.

Aux antipodes de la thématisation et de la métaphore, Claire Denis opte pour un engloutissement de la parole au sein d'une matière formelle et corporelle de plus en plus impénétrable. Souffles rauques, borborygmes, froissements de peaux les unes contre les autres, se sont désormais emparés de la bande-son de ses films. Certes, chez elle, la sensorialité et l'impensé l'ont toujours emporté sur le discours. Mais ce qui au départ s'apparentait à un contrepoint subtil aux enjeux dramatiques correspond depuis quelques années à un refus systématique. Citant régulièrement le cinéma d'Ozu comme une de ses plus grandes inspirations, Claire Denis fonde plus que jamais son écriture sur une poétique du bruissement et de la connotation. Davantage affirmée qu'à ses débuts, la référence au cinéma muet lui permet d'échapper au réalisme conventionnellement prononcé par le dialogue courant et par conséquent de décrire, sur un mode plus imaginaire et justement primitif, les mouvements erratiques de l'homme à l'écart de la civilisation. Les amants de *Vendredi soir* (2003) doivent s'extraire du trafic urbain pour pouvoir vivre, dans la solitude d'une chambre d'hôtel, un désir sexuel sans lendemain ni commentaire. Louis Trebor, le personnage au cœur greffé de *L'Intrus*, d'après un récit de Jean-Luc Nancy, doit bondir de ses récifs mythologiques du Jura jusqu'aux plages immenses de Polynésie, c'est-à-dire par-dessus l'hémisphère nord, pour espérer retrouver la trace d'un second fils trop longtemps ignoré. Pour Claire Denis, prendre physiquement ses distances avec l'ordinaire de la communication passe obligatoirement par toute une gamme de respirations soustraites à l'intelligible. Il faut enfouir la parole sous l'enveloppe de corps opaques, non pour la déclarer inutile en ces territoires de fictions inconnus mais bien pour en faire l'écho lointain et contemplatif d'un état de nature par lequel l'homme confie sa fin aux puissances de l'origine.

17 *Quels accents produit la banlieue ?*

Au milieu des années 1990, le cinéma français s'est à plusieurs reprises déplacé en banlieue pour y saisir quelques-uns des foyers d'une crise sociale en partie instrumentalisée par une droite nouvellement élue. On a pu ainsi voir une grande majorité de films se porter responsable d'un regard plus juste sur la vie dans les cités que la vision tronquée véhiculée par les médias (cet aspect fera l'objet d'une question dans le chapitre IV). Mais d'autres, moins revendicatifs sans doute, ont fait montre d'une sensibilité plus fine à l'une des caractéristiques de la banlieue, notamment chez les jeunes : le langage. De l'inclination démagogique qui consiste à leur donner la parole sous couvert d'intérêt médiatique et politique, des cinéastes se sont distingués de manière littérale par une attention portée justement à une parole non pas donnée mais rendue. Pour ceux-là, il importe moins de témoigner avec réalisme de comportements au vu d'une société qui peu ou prou les jugerait que de s'attacher à ce qui leur appartient en propre, en l'occurrence une façon totalement singulière de s'exprimer et de créer du lien par la parole. Saisir l'élan d'une parole mutante, incroyablement libre et énergique, là où parler relève presque de l'endurance physique, voilà énoncé un enjeu de cinéma spécifique, loin de toute démarche opportuniste.

Dans la bouche des petits frères intrépides, vivant dans le refus de se concevoir séparés les uns des autres, les mots claquent, se heurtent et s'inventent en un tempo débridé. Mélange de renversements sémantiques, de verlan et d'argot renouvelé, leur vocabulaire constitue un véritable marqueur d'appartenance à une communauté soudée autour de petits rituels quotidiens (se rassembler pour discuter, écouter de la musique, jouer au foot, etc.). La tchatche dite « des banlieues » repose sur une rythmique particulière dont la visée n'est pas tant de dialoguer, au sens traditionnel du terme, que de s'assurer, sitôt déclenché par elle, que le courant passe bien entre les membres de la communauté. Cette parole ultra rapide, contemporaine du hip-hop et du rap, s'apparente alors à un conducteur, au sens électrique du terme, chargé d'animer intensément un groupe déterminé (les adolescents principalement). Il y a là une puissance d'immédiateté de la parole qui ne s'embarrasse d'aucune médiation formelle. Telle une onde convulsive, celle-ci se fait son dominant au milieu des turbulences sociales, garant d'une mobilité extrême que le cinéma épouse volontiers, tant sur le plan du récit que de la mise en scène. Quelques films sont parvenus à dépasser le présupposé sociologique en vertu d'un intérêt pour le caractère hybride du langage des cités. Plutôt que de stigmatiser un mal social à travers l'unique désœuvrement des jeunes, ces films ont préféré enregistrer l'émergence de nouvelles vocalises urbaines en essayant de voir en quoi elles déterminent une grande part de leur vitalité.

Grand cinéaste de la parole et de l'adolescence, Jacques Doillon s'est logiquement tourné vers cette population en procédant à une subtile infiltration de ses thèmes éternels dans l'architecture des cités. Honnête, sans aucune condescendance, il a cherché à établir une sorte d'égalité de traitement entre un temps et des enjeux de scénario communs à tous ses films et des contingences de vie propres aux lieux investis. Évidemment, loin de lui l'idée de racheter la simplification du rendu télévisuel de cette tranche sociale par la noblesse du cinéma. Son souci est ailleurs, du côté de ce qu'il a toujours cherché à traquer, à savoir ce qui communique, même mal, entre les êtres. Tractations de sentiments chères à son cinéma et trafics en tous genres s'unissent en faveur de fictions d'apprentissage menées avec tendresse et respect, où prendre la parole de gré ou de force engage beaucoup de soi-même. *Le Petit Criminel* (1990) s'articule autour d'une série de négociations psychologiques entre un jeune adolescent difficile vivant dans une banlieue du Sud de la France et un flic déboussolé qu'il vient de prendre en otage afin de rejoindre une sœur dont on lui avait jusqu'ici caché l'existence. Au-delà de sa trame de *road-movie* en huis clos, ce que le film documente très bien est le contraste d'intonation entre le jeu sobre et « professionnel » de Richard Anconina (le flic) et la gouaille amateur du jeune Gérald Thomassin dont c'est le premier rôle. Bien plus qu'une opposition de caractères, Doillon privilégie assez nettement tout un régime de dissonances vocales parfaitement adaptées à une situation dramatique essentiellement fondée sur un cycle d'arrangements et de contreparties affectives. La parole s'y exerce vraiment comme une valeur d'échange âprement discutée au prix de laquelle s'établit progressivement une compréhension de l'autre et de ses motivations. C'est en 1999 que Jacques Doillon radicalise ce travail de captation des voix si syncopées de la banlieue, dans *Petits Frères*, un film tourné dans le 93 avec des pré-adolescents des quartiers. À partir de menus faits inscrits dans le quotidien de ces jeunes (parties de Play-station, promenades du pitbull, prises de bec avec les grands frères) et mis en perspective d'une histoire de sentiments inavoués sur fond de combats de chiens, Doillon fonde toute sa mise en scène sur des critères de rapidité ; rapidité de déplacement, rapidité de décision, rapidité d'élocution saccadée. Chez lui, parler sans discontinuer est toujours un moteur d'énonciation narrative. En filmant la vitalité adolescente dans son décor de béton et de verdure parcimonieuse, il extrait une matière verbale bigarrée propre non seulement à caractériser les personnages mais surtout à transformer l'apparente banalité de la situation en un *staccato* des rues particulièrement détonant. En fait, restituer pareil débit n'a de sens que si celui-ci invite à soumettre la durée et la densité de chaque scène à ses potentialités rythmiques, de sorte que l'action physique soit à la fois précédée et relayée par l'action verbale.

Nul mieux que *L'Esquive* d'Abdellatif Kechiche (2004) n'a réussi à mixer une bande-son lexicale aussi protéiforme et aussi tonique. À partir de deux types d'oralité parfaitement dissemblables, la prose de Marivaux et le langage *speedé* des banlieues, le film expérimente une nouvelle puissance perlocutoire, entre performance et raffinement. L'argument tient en peu de mots : une bande de copains prépare avec l'école une représentation du *Jeu de l'amour et du hasard* de Marivaux. Parmi eux, Krimo (Osman Elkharraz), le plus timide, tente de profiter du texte pour déclarer sa flamme à la plus délurée de toutes, Lydia (Sara Forestier). De la zone au collège, filles et garçons font passer leurs sentiments en contrebande dans la broderie du discours ancien en entretenant en un même élan la collision de la tradition et de la joute oratoire caractérisée. Muni d'une caméra DV, épousant la fringante spontanéité de ces jeunes épris de théâtre, Kechiche affiche clairement un principe d'hétérogénéité sonore qui n'est pas sans rappeler, malgré un niveau d'ambition et de représentation plus modeste et politiquement moins violent, le *Othon* de Danièle Huillet et Jean-Marie Straub (1969), adaptation provocante et radicale d'une pièce de Corneille, tournée en plein air sur les hauteurs de Rome, avec en contrebas les rumeurs de la circulation urbaine de l'époque. Lorsque les petits héros de *L'Esquive* répètent leur texte aux pieds des HLM, les nombreux effets de rupture provoqués par l'absence de transition entre Marivaux et les jurons évoquent parfois la stridence linguistique des Straub dont la témérité artistique et politique consistait à creuser le fossé entre le passé culturel et le présent de l'inculturation consumériste. De cette violente fracture (diction monocorde en haut, bruits motorisés de la ville en bas), les célèbres dissidents du cinéma faisaient surgir le chiasme irrécupérable entre le sens (l'esprit de Corneille) et la cacophonie (le contemporain nuisible à force d'être sourd). À un degré moindre, il y a dans *L'Esquive* une similitude à faire se heurter un référent théâtral et un sabir « banlieue » utilisé cette fois à des fins d'expression amoureuse. Grâce à Marivaux, Krimo tente de surmonter son trac devant celle qu'il aime en secret. Incapable de dire ce qu'il ressent dans sa propre langue, laquelle est trop exposée aux plus convenues des déceptions (« se prendre un râteau », comme on dit), il voit dans ce texte du XVIIIe siècle l'opportunité de séduire Lydia de façon dérobée et sensible. L'enjeu est d'autant plus de taille qu'il dépend d'un drôle de paradoxe : puisqu'il est impossible d'exprimer vraiment ses sentiments dans un langage vrai, c'est-à-dire de tous les jours, essayons de le faire par le truchement improbable d'un discours d'un autre âge. Aucune naïveté ni pédagogisme sournois dans cette croyance. Le croisement des deux dictions innerve un dispositif topographique dont les variations motivées par l'impétuosité malicieuse des adolescents métaphorisent leur condition sociale. Pas moins de trois lieux communiquent en vue de figurer l'hypothèse d'un transport des énergies, notamment celle qui permet de *sortir de soi* (selon l'injonction de la professeur à l'attention de Krimo). Il y a d'abord le théâtre, métaphore de la cité en tant que territoire divisé, ensuite la scène comme lieu d'appartenance à une communauté rassemblée, enfin les coulisses perçues comme foyer possible d'exclusion. Ce partage topographique se vérifie principalement lors des répétitions dans la cour de la cité. Kechiche fait de celle-ci un plateau de théâtre en surimprimant les sentiments contenus dans le texte sur ceux, latents, de Lydia et Krimo. Dans ces moments filmés en continuité, en faveur d'éclats digressifs soustraits à l'intérêt objectif des répétitions, se mêlent deux façons d'exprimer le sentiment et la séduction, l'une déclamatoire, l'autre irruptive et saillante. Le passage intempestif de l'une à l'autre intègre et exclut tour à tour les protagonistes selon les mouvements du cœur que le ton et la tenue du corps trahissent avec plus ou moins d'à-propos. Là est la clé du langage dans *L'Esquive* : le maintien d'une porosité entre deux formes verbales *samplées* en fonction de la contiguïté de sentiments amoureux mis en jeu de part et d'autre. Tout est affaire de dramaturgie instinctive qui évite au film la complaisance du prélèvement décoratif et manichéen de ces échantillons de voix si régulièrement caricaturées.

18 *Par quelle préciosité faire entendre des voix ?*

Sur l'autre rive du verbe français, rive si reculée qu'on la croirait semblable à un îlot des premiers temps, se distingue un cinéma rare et exigeant dans lequel parler est un art ou du moins participe d'une haute idée de l'art. À distance des accents familiers résonne un timbre différent, clair et rigoureux, à l'image d'un cinéma qui fait vœu de ne pas obligatoirement s'en tenir à l'époque, en vertu d'une démarche dédiée à la célébration des arts nobles. Homme de théâtre renommé, Eugène Green a su imposer en trois films un style dépouillé aux antipodes de la production courante, alliant ascèse formelle et ironie à l'endroit du commerce des idéaux. *Toutes les nuits* (2001), *Le Monde vivant* (2003) et *Le Pont des Arts* (2004) frappent par leur inactualité revendiquée sous la forme d'une écriture radicale dont la source flagrante se nomme Robert Bresson. Au maître du cinématographe, Green emprunte la compacité du plan, le goût des portes entrouvertes comme lieu d'oscillation et d'incertitude, la sensibilité à une présence de l'invisible chèrement gagné par de jeunes personnages en mal d'existence. Tous trois semblent appartenir à un autre âge, à un temps épargné du vacarme du marché. À tel point d'ailleurs que Green ne se prive pas de moquer l'institution (politique et culturelle essentiellement) dans ce qu'elle a de plus vil et de plus injuste à l'égard de gens épris d'absolu. Pour lui, l'ennemi c'est la loi trop visible et trop audible des maîtres contre laquelle l'ultime salut est le saut dans les puissances de l'ineffable et de l'amour insoumis à la vulgarité matérielle. Et cela doit s'entendre et se faire entendre par la grâce de voix blanches, seules à même de « réchauffer » par contraste avec « les dialogues tièdes », pour reprendre les termes de Bresson dans ses *Notes sur le cinématographe*.

Davantage que les deux précédents, *Le Pont des Arts* confie aux voix la faculté de traduire cette opposition entre la bassesse des notables de l'art et la dignité romantique de ceux pour qui l'art rime avec pureté. Sous l'influence du baroque, musique et philosophie mêlées, le film conte l'itinéraire croisé de deux personnages qui ne se connaissent pas mais dont la disparition inattendue de l'un hantera passionnément l'esprit de l'autre. Sur la rive gauche de Paris d'avant l'ère culturelle inaugurée par Jack Lang et symbolisée par la Fête de la musique, Sarah (Natacha Régnier), chanteuse lyrique, est tyrannisée par un maître de musique spécialiste du baroque surnommé l'Innommable (Denis Podalydès en parodie de William Christie) à cause de sa méchanceté et de son infatuation aveugle. Pendant ce temps, Pascal (Adrien Michaux), étudiant en philosophie légèrement désabusé quoiqu'avide de découvertes littéraires, cherche un sens à sa vie, plus exactement un sens à *la* vie. Poussée à bout par l'Innommable après une séance de répétition particulièrement humiliante du *Lamento de la Nymphe* de Monteverdi, Sarah se jette dans les eaux de la Seine. Désormais, à son corps survit son chant qu'un beau jour Pascal découvre sur vinyle, figé par l'émotion, convaincu alors d'entendre la beauté pour la première fois. C'est aussitôt dans l'attente d'une rencontre baroque avec la disparue sur le Pont des Arts que le jeune homme se met à suivre, parfois jusqu'au mimétisme extrême (lui-même tentera de se suicider), le chemin de son accomplissement. *Baroque* signifie en l'occurrence la fusion en pleine lumière de deux corps contradictoires, l'un vivant l'autre mort, d'où naît l'ultime et absolue réalité, celle qui se confond avec l'au-delà arraché à l'intelligence par trop dédaigneuse des hommes. Pour Green, parler, même dire, n'a pas plus d'importance que l'intonation avec laquelle une pensée s'exprime. Encore une fois, c'est la voix, chant et oralité, qui l'emporte en vérité sur le contenu, c'est à l'oreille, bien plus qu'à l'entendement, que s'offre la beauté du sentiment. Pour preuve, le souci du cinéaste d'être fidèle à la diction du théâtre baroque en respectant dans chaque dialogue toutes les liaisons. Maniéré *a priori*, ce choix phonétique restitue le principe baroque tout en le ramenant à une forme d'intemporalité parfaitement adaptée au sujet du film dans la mesure où nous est racontée une histoire d'amour spirituel aux limites du fantastique, ayant pour principale ponctuation la présence fantomale de la voix. Dans un monde où s'exerce souvent crapuleusement le contrôle matérialiste de la culture, (faire) entendre des voix comme en un lieu hanté est le prodige de l'art *a fortiori* baroque (et non bourgeois, le film insiste sur cette différence), prodige sacré par lequel l'être se sauve du néant tapi derrière les apparences respectables. Retenant les leçons de Bresson pour qui la voix de ses modèles devait suffire à porter l'émotion sans la compromettre dans l'artificialité d'un ton dramatique, Eugène Green caractérise ses personnages par un partage des voix très significatif. Aux « mauvais » d'entre eux, les odieux patrons de l'art toujours prêts à pactiser avec les politiciens, reviennent les accents grotesques et emphatiques dignes du pire théâtre bourgeois, aux « bons » angéliques la douceur et le soupir cristallin. Mais ce qui compte, au-delà de cette distribution quelque peu manichéenne, c'est l'intention de faire du mot une détonation du silence, une note perchée à l'âme fébrile des vivants. Ainsi en alchimie paroles et musique peuvent-elles tendre à une même tentative d'élévation indécidable entre deux rives, la pesanteur et la grâce, l'ici-bas et l'outre-monde.

19 *Comment le babil télévisuel s'invite-t-il dans les films ?*

À l'opposé du parler chic, on trouve une catégorie du parler toc née des noces incestueuses de la télévision et du cinéma. Depuis près de vingt ans, la participation indispensable des chaînes de télévision, en particulier Canal+, dans le montage financier des films a entraîné, pour le meilleur et pour le pire, la production de drôles d'objets conçus comme des continuations des formes audiovisuelles dominantes. Le pire est hélas le plus répandu, facilement résumable à la façon dont le petit écran squatte le grand en le soumettant à un formatage complet des scénarios et des styles. Cela se traduit par un effet de domestication des scènes écrites pour être consommées sur place à la manière de sketches télévisés mis bout à bout sans aucune cohérence scénaristique. Le meilleur se situe lui du côté d'une étrange affinité au nom de laquelle cinéma et télévision se livrent à un partage égal de leurs attraits en faveur d'une nouvelle allure esthétique. C'est généralement la comédie qui constitue le moyen de transport idéal du petit salon vers la salle obscure. À ce titre, une génération de transfuges s'est, depuis une dizaine d'années, imposée avec succès. Des Nuls à Jamel Debbouze, d'Édouard Baer aux Robins des bois, tous révélés par Canal+ (ce n'est pas un hasard), on observe une percée sur grand écran des comiques labellisés dont le nom se retrouve souvent dans les meilleurs scores du box-office. Leur apport est d'inégale importance mais ils ont incontestablement exporté une autre manière de faire mouche auprès du public grâce à une conception du gag plus verbale que physique. Formés à l'école du délire solipsiste et de l'absurde parfois improvisé, tous ces acteurs sont parvenus, au-delà de leurs disparités, à constituer un groupe identifiable sur la base d'une même propension à dérégler par une logorrhée improbable les protocoles du spectacle. Passés au cinéma, ils n'ont fait que recycler leur faconde devenue publicité en misant sur des projets destinés à la mettre en valeur. Ce n'est pas pour rien que dans des films comme *Astérix et Obélix : Mission Cléopâtre* (2002) ou *RRRrrr!!!* (2003), tous deux réalisés par Alain Chabat, ex-membre des Nuls, et interprétés par la fine fleur des comiques issus de la chaîne cryptée, sans parler des sombres navets commis par d'autres produits du service public comme Kad et Olivier (*Un ticket pour l'espace* d'Éric Lartigau, 2006), Éric et Ramzy (*La Tour Montparnasse infernale* de Charles Nemes, 2001) ou encore Michaël Youn (*Les Onze Commandements* de François Desagnat, 2004), les seules choses retenues sont une réplique, une tirade, une intonation, bien plus qu'une histoire vite rangée au rayon accessoire. De cette concurrence pas toujours loyale naît le constat qu'aux paramètres choyés du premier degré du cinéma (une histoire, de vrais personnages, un regard singulier sur le monde) se substitue un troisième d'essence cathodique, parfaitement suffisant.

En vérité, l'ancrage cinématographique de la culture télévisuelle sur son versant comique n'est intéressant que si du cinéma elle sauvegarde un peu de noblesse, en scellant avec lui une sorte de compromis à la fois théorique et stimulant, de sorte que l'un rattrape l'autre ou lui dispute la préséance à l'intérieur du dispositif narratif, voire même d'un dialogue entier. C'est précisément dans le domaine du langage que cinéma et télévision s'arrangent pour produire des situations cocasses et inattendues, lorsque le babil vulgaire et primesautier typique des émissions de divertissement contamine légèrement le phrasé plus sobre de la fiction traditionnelle. En découlent une expression efficace en termes d'incongruité (le contact sporadique de l'élégance et du trivial) et un art consommé de la dissonance dont on sait combien elle peut être matière à rire. Le meilleur exemple de cet alliage verbal détonant pourrait être le film de Michel Hazanavicius, *OSS 117 : Le Caire, nid d'espions* (2006). Déjà auteur de *Mes amis* (2002), comédie satirique sur le monde des sitcoms à la française, Hazanavicius propose, avec cette reprise du personnage créé au milieu des années 1950 par Jean Bruce, une étonnante variation sur les différents registres de discours empruntés au cinéma et à la télévision, respectivement associés au passé (le divertissement d'espionnage des années 1960 symbolisé par la série des James Bond) et au présent (le fameux sens de la repartie hérité des Nuls dont l'ancien collaborateur,

Jean-François Halin, signe le scénario du film). Interprété par Jean Dujardin, acteur formé au *one-man-show* et surtout aux sketches d'*Un gars, une fille* sur France 2, le célèbre agent double, lancé dans des aventures aussi dangereuses que grotesques, représente à lui seul un concentré de paradoxes dont le premier consiste à faire tenir en un même discours le sérieux de la forme (articulation et diction impeccables) et la nullité du fond (aphorismes creux et tautologies appuyées), ces attributs pouvant allégrement s'inverser au cours de n'importe quelle conversation. Dans *OSS 117*, une fois n'est pas coutume, l'histoire ne pèse pas lourd. La mission confiée au séduisant espion (retrouver au Caire les meurtriers de son meilleur ami, agent double lui aussi, et déjouer les plans d'une secte hostile) succombe vite à sa bêtise pourtant régulièrement nuancée par une suprême facilité à assimiler la langue et les rites du pays. En fait, le rire provient moins d'une habileté à gérer les péripéties et les quiproquos que de la façon dont le héros les commente par excès de codification. Tout ici repose sur une distribution permanente des codes à usage si manifestement contradictoire qu'ils en deviennent inopérants. On y retrouve en tous points identiques les codes de représentation rococo des *007* d'antan et de certains films d'espionnage d'Hitchcock comme *L'Homme qui en savait trop* (1956) et surtout des codes de langage dont l'omniprésence occupe tous les niveaux d'énonciation : langage codé des réseaux d'infiltration des services secrets avec numéros d'identité et mots de passe, voix atone de Dujardin imitant le doublage français des acteurs hollywoodiens des années 1950, enfin tics de langage introduits au début ou en milieu de phrase par une soudaine décontraction tout droit venue des sketches d'*Un gars, une fille*. La force comique de *OSS 117* tient à la conjugaison de ces codes par laquelle le parler exagérément « cinéma » côtoie le ton désinvolte de la télé. Ainsi une simple question « Comment est votre blanquette ? » suivie de l'invariable réponse « La blanquette est bonne » peut-elle en quelques secondes glisser du code secret à l'expression de la banalité la plus prosaïque. Plus d'une fois, une action « comme au cinéma » se voit fréquemment court-circuitée par une réaction voisine des *gimmicks* de saynètes pré-JT. En témoigne la meilleure scène du film au cours de laquelle le héros est invité à partager un narguilé avec un haut dignitaire égyptien. Entamée comme une scène de genre avec accent de diplomatie feutré et promise, grâce à l'arôme dégagé par la pipe orientale, à une paix « *constructive* », la conversation des deux hommes dégénère vite en une montée opiacée de la gouaille sitcom à la surface lisse des conventions de la fiction. À cet instant, la télé fait tache dans la tapisserie du cinéma.

Loin de l'exercice laborieux de la parodie qui consiste en général à reproduire au troisième degré un habillage formel éculé, *OSS 117* place ses intérêts comiques dans la communion de deux cultures dites basses, celle du spectacle hollywoodien de grande tenue, auquel il rend scrupuleusement hommage par une plasticité et une élocution analogues, et celle de la télévision à grande échelle commerciale. Là fonctionne son burlesque verbal inédit : entre le discours de séduction en Technicolor et les bonnes blagues de la lucarne.

III
ÉTATS DE CORPS

20 *Pour quelles fictions le corps fait-il bloc?*

Là où la parole tend à manquer, le corps fait masse, ouverture ou obstruction. À sa charge de nouer le sens de ce qui ne se dit plus ou à mi-mots. Au sortir des années 1980, période, on l'a dit, si éprise d'imageries séduisantes et de silhouettes allégées, le cinéma français se remit à appeler de ses vœux un supplément de présence physique, un peu plus d'être-au-monde en réponse sans doute aux mutations géopolitiques accélérées, liées entre autres à l'écroulement du bloc communiste et subséquemment à l'hégémonie capitaliste. Face à l'ambivalence d'une place à occuper dans une époque de nouveau soumise à d'impérieuses questions d'identité et de repérage idéologique, plusieurs tentatives de réinvestissement du corps à l'écran permirent de resituer celui-ci à l'interface sensible d'un environnement indéterminé. Moins codifié que la parole, le corps est redevenu symptomatique de l'état moral et affectif de l'individu d'aujourd'hui, invitant même à penser que le corporéisme par lequel s'était définie la société moderne des années 1960 (passage d'une société de production à une société de consommation et de loisirs, réappropriation par les femmes de leur corps) pouvait également servir à caractériser l'entrée dans une ère de revalorisation parfois abusive des puissances physiques.

À la différence du langage capable d'interpréter le monde en instaurant vis-à-vis de lui une distance critique par le biais du commentaire, le corps constitue l'attestation ontologique d'une coprésence de l'homme et du monde, selon un principe d'immanence bien connu par lequel s'éprouve l'insoutenable pesanteur de l'être. Héritière d'un cinéma naturaliste irréfragable incarné par Maurice Pialat et plus anciennement Jean Renoir, cinéastes pour qui le fond des choses, pulsions et blessures indélébiles, dépouille l'homme de ses illusions au profit d'une plus grande lucidité sur lui-même, une certaine frange du « jeune cinéma français » a revendiqué sa préférence pour la captation brute du contact des corps au mépris parfois radical des conventions narratives. Dans ce cas, le sens du film ne passe plus prioritairement par ce qui est dit entre les personnages mais par ce qui fragmentairement les excède, ce qui les frôle ou les heurte au rythme des sens plongés dans ce que Deleuze nommait *l'impensé*, c'est-à-dire dans la vie. En définitive, cette attention accrue au corps sans la médiation de la rhétorique désigne un autre attachement à l'apport de la Nouvelle Vague et que Pialat, quoique n'y appartenant pas, a renouvelé en le replaçant à des niveaux de cruauté et de scepticisme inégalés. Il s'agit du partage résolument moderne entre nécessité de raconter et nécessité d'enregistrer autre chose que ce qui est déduit du scénario. Filmer un corps hors de son instrumentalisation narrative définissait l'élan de gens comme Renoir, Jean Vigo, et plus tard Godard et Rozier. Aujourd'hui encore, cet élan est perçu comme l'une des tâches du cinéma moderne, ce moment historique où le corps jusque-là confiné dans l'esprit et la lettre se mit à vouloir réclamer sa part de soupçon, du doute un peu de bénéfice, par-delà les lois du langage. Le cinéma moderne, promu par les Nouvelles Vagues européennes, sonna la fin du fameux dualisme en réexposant le corps à égalité de la pensée, faisant de lui un obstacle au raisonnement, une butée provocante contre laquelle s'abîme le désir d'explication (c'est tout le drame du *Mépris* de Jean-Luc Godard, 1963). Pour beaucoup, l'irruption de la Nouvelle Vague française est intimement liée à un nouveau regard porté sur les corps. Il en résulta une autre façon de concevoir le récit cinématographique entre ce qui devait encore relever du fait narratif et ce qui désormais devait reposer sur la condensation du temps ressenti en un état de corps absolument imprescriptible à l'écriture du scénario. Comme l'analyse la cinéaste Claire Denis,

> [...] le cinéma de la Nouvelle Vague a clairement indiqué deux camps : celui de la fiction et celui des personnages. À partir de la Nouvelle Vague, les personnages ne sont plus réduits au cours de la fiction, purs produits de la mécanisation du récit. Ils ont une existence indépendante, ils sont plus forts que la nécessité de fictionner. Cela existait un peu avant. Dans *La Bête humaine*, les pulsions qui animent le personnage de Gabin sont plus fortes que le scénario. Les films que j'aime aujourd'hui sont ceux où les personnages ont cette opacité et cette capacité à dépasser le cadre de leur histoire. (Denis, 1998 : 70)

Il est peu de dire que le cinéma français de ces quinze dernières années s'est souvenu de ce principe de neutralisation du récit favorisé par le caractère occlusif du corps (des personnages), par son hostilité à la simplification psychologique. Livré à son impudeur, il n'est plus le véhicule de l'histoire à raconter mais plutôt sa pierre d'achoppement, son angle mort. Il est ce sous quoi l'histoire et son ordre horizontal se dérobent pour laisser place à une somme de mouvements affectifs régulièrement dédiés à la présence frontale et chaotique. Imposé comme le chiffre d'une altérité indéfinie, souvent contrariée, le corps primordial provoque l'altération des lois communes de la vraisemblance et de la succession logique des événements. C'est à ce titre aussi qu'il se confond avec une certaine définition du cinéma moderne. En lui et ses limites autant que ses débordements se reconnaît un art de la déchirure et de la syncope propre aux grandes avancées formelles. C'est à travers lui aussi que l'on comprend à quel point Maurice Pialat demeure une référence pour toute une génération, de Cédric Kahn à Xavier Giannoli. Malgré lui sans doute, il aura légué une manière de confier au corps la possibilité de traduire les grandes désorientations de l'individu aux prises avec un contexte social et sentimental particulièrement précaire. Corps qui se cognent à l'encoignure d'une vie sans repères fiables, qui s'abandonnent à d'autres corps, qui titubent à l'arête de plans arrachés à une uniformité trompeuse, là se joue la continuation pialatienne. Chez lui, restituer le plus exactement possible une expérience de vie ne pouvait se faire que par blocs insécables et effets de tassement. La technique devait s'effacer derrière la primauté du poids de l'acteur que le scénario, selon la bonne vieille commodité de l'enchaînement causal, ne pouvait suffire à déplacer. Moins qu'à la somme cohérente des actions au regard de l'histoire, c'est au montage perméable et poétique qu'appartenait de mettre en relief la rudesse des corps et d'exprimer leur déséquilibre fondamental. Jamais tributaire de la caractérisation du personnage, le corps chez Pialat est un conducteur d'énergie en même temps qu'un concentré d'affects entravant sans toutefois le trahir l'avènement du sentiment.

Citée plus haut, Claire Denis est une cinéaste fascinée par le développement kinésique de la fiction. Bien qu'elle tienne cette notion à distance dans tout ce qu'elle a de plus conventionnel, en particulier au niveau de la dramatisation systématique, elle l'admet *in fine* comme matière à condensation physique. Il n'est pas nécessaire que la fiction provienne d'une histoire racontée de manière linéaire. S'il en reste quelque chose dans ses films, c'est uniquement par sédimentation de couches affectives et fantasmatiques où toucher vaut mieux que parler, où regarder compte autant qu'énoncer un état. À son endroit, il serait plus juste d'affirmer que la fiction se gagne progressivement comme une réalité qui prendrait forme sous nos yeux au rythme des corps mus par l'indécidable. Bien que très différente de Pialat, elle partage avec lui l'idée que corps et espace (lieux et plans) sont des affaires de volumes qui coexistent en une même puissance d'attraction. Mais elle s'en démarque totalement dans son refus de plus en plus manifeste de céder aux faux-semblants du réalisme. Celle que Serge Daney qualifiait de cinéaste « géo » (par opposition aux pratiquants fidèles de l'histoire) est aujourd'hui la seule en France à mêler incarnation et recherche plastique. La seule aussi, du moins la plus franche, à élire la marge comme foyer d'accueil du corps à l'état brut. C'est à l'écart des normes sociales et des regards extérieurs que ses personnages livrent leurs corps aux instincts interdits. Hors la loi, hors psychologie, le corps échappe à la transparence et occupe tout l'écran. En zone de clandestinité (hangars dans *S'en fout la mort*, 1990 ; boîtes de nuit et toits d'immeubles dans *J'ai pas sommeil*, 1994 ; maison vide en banlieue parisienne déserte dans *Trouble Every Day*, 2001 ; chambre d'hôtel la nuit dans *Vendredi soir*, 2002), il accède directement à un primitivisme *arty* que Claire Denis exacerbe par l'usage d'une caméra très près des peaux, surfaces frémissantes de ses acteurs fétiches (et fétichisés), Grégoire Colin, Béatrice Dalle, Alex Descas ou encore Richard Courcet. « La prise de corps, c'est vraiment la seule chose qui m'intéresse. C'est assez intimidant surtout quand c'est le corps des hommes » avoue-t-elle. Avec la complicité de sa chef opératrice, Agnès Godard, elle fait du corps masculin un objet érotique et énigmatique par lequel exsude un désir moins individuel que substantiel, élevé à l'échelle esthétique en tant qu'élément structurant et musical. Le désir des corps, *entre les corps*, ne relève pas ici d'une thématique déclinée en épisodes successifs mais d'une exploration de l'intime en stases contemplatives.

Auteur d'un beau portrait de la cinéaste pour la collection « Cinéma de notre temps » (*Claire Denis, la vagabonde*, 1995), Sébastien Lifshitz retient d'elle cette attirance pour des personnages exclus, exilés en eux-mêmes, n'ayant comme indices de leur existence que le fruit d'expériences physiques sans lendemain. On retrouve dans *Les Corps ouverts* (1997), *Presque rien* (1999) ou *Wild Side* (2004) le thème de la marginalité du désir vécue aussi bien comme une chance de jouir de l'autre sans détour que comme une impasse amoureuse. À l'instar de Claire Denis, Sébastien Lifshitz procède par soustraction du sens au profit du geste charnel. Laconique, son cinéma n'articule rien, ni discours, ni pensée, ni séquences entre elles, toutes vouées à une même autonomie pointilliste. Il fuit les contraintes de la justification des choses pour une immédiateté matérielle à laquelle les personnages résistent tout en y aspirant irrésistiblement. En fait, Lifshitz compose ses films comme il traite ses corps ouverts : par morceaux, fragments ultra-sensibles attrapés au vol suspendu du temps. Lui non plus ne cherche pas à s'acquitter du devoir de raconter une histoire. Réduite à l'état d'hypothèse, celle-ci ne subsiste qu'en filigrane, cédant sa place à un prélèvement d'instants lacunaires dont l'apparente neutralité est le gage d'une compacité physique imprenable. De nouveau, c'est au corps et à rien d'autre d'investir la marge et d'en combler la vacance supposée.

La marge, Jean-François Stévenin, cinéaste, la connaît. Comparé à celui de John Cassavetes, son cinéma, riche de trois films mémorables à ce jour (*Passe-montagne*, 1978 ; *Double messieurs*, 1986, et *Mischka*, 2001), est exemplaire d'une approche fusionnelle du corps et de la matière. Telluriques, plongées au cœur des éléments et des sensations, ses aventures humaines autant que cinématographiques sont parcourues de flux énergétiques motivés par un profond désir de créer, même provisoirement, même maladroitement, du lien, du groupe, des grappes d'hommes et de femmes au hasard des chemins de traverse. Ici plus qu'ailleurs, le corps fait bloc, dans l'invention de postures insolites, totalement inassimilables à un mode civilisé du comportement. Faire bloc comme on le dit d'un mouvement solidaire, tel est le souci « démocratique » de Stévenin. D'où son besoin de quitter au plus vite l'ornière du social pour des terres plus hirsutes, plus rocailleuses, propices au partage sans mesure d'une humanité errante; les massifs du Jura dans *Passe-montagne*, les environs de Grenoble et le mont Aiguille dans *Double messieurs*, la campagne auxerroise de *Mischka*. Son credo est limpide : il faut littéralement prendre la tangente afin de voir là-bas si grâce à l'autre, cet inconnu, on y est pour de bon. Relief parmi ceux, minéraux, des espaces traversés, le corps se déplace par secousses et propulsions au gré de séquences aléatoires dans lesquelles le champ de la caméra se fait à la fois magnétique et projectif. Saisis en deçà de l'individuation (on sait peu de chose d'eux, sinon leur entière disponibilité à ce qui advient), les personnages de Stévenin ne répondent à aucune orientation psychologique déterminée. Ils entrent dans le film comme dans une auberge où il fait bon s'asseoir, même si la chaise est de guingois. Peu importe où ils vont, ce qu'ils font et pourquoi ils le font car l'essentiel repose sur une logique pathique de leur rencontre irrégulière. C'est cette foi en l'inconditionné qui permet au cinéaste de les conduire à éprouver physiquement, presque viscéralement, leur raison d'être *ensemble*.

21 *Comment l'adolescence donne-t-elle corps au cinéma français?*

Depuis son entrée remarquée dans le cinéma au milieu des années 1950, principalement aux États-Unis, l'adolescent n'a cessé d'être apparenté à un corps dérangeant, celui qu'à juste titre on a aussitôt identifié comme symbole de modernité. Par définition indocile, sujet à transformation physique et morale, l'adolescent a idéalement prêté son corps au renouvellement de l'écriture cinématographique. En Europe et ailleurs, le fait s'est confirmé : l'âge ingrat déchire les coutures académiques. Forme idoine de l'éducation et de la discipline, l'académisme est antinomique avec la volonté largement partagée de faire de l'adolescence un état critique, s'affirmant socialement et affectivement dans une certaine idée de l'émancipation. Aussi est-il commun d'admettre qu'à cette génération incomplète correspond un art de l'ellipse et de la béance apte à produire une « vitesse à l'arrêt » qui est la marque de sa vitalité paradoxale. En France, un réflexe consiste à prendre l'adolescence non comme sujet (avec un regard sur) mais comme ensemble de postures et de rythmes irréguliers. D'une manière générale, l'adolescent ne se laisse pas si facilement contenir dans un point de vue strictement sociologique. Sa résistance à la conformité sociale symbolisée, entre autres, par le modèle parental inspire souvent aux cinéastes un traitement basé sur le refus du psychologisme et de la démonstration moralisatrice en faveur d'une approche plus tactile des corps. Voilà pourquoi le cinéma français aime tant cet âge intermédiaire car la mutation que celui-ci induit constitue un événement saillant qui réclame l'usage d'un réalisme cru, sans concessions. À chaque époque ses portraits adolescents. À celle qui nous préoccupe, particulièrement marquée par une réactualisation des défauts de l'ancrage social sur fond de crise d'identité, répond logiquement une fréquence d'apparition de ce personnage brut, objet parfait d'inadaptation volontaire ou résignée à un monde qu'il ne reconnaît pas conforme à ses désirs. Impossible à formuler autrement que dans l'affect, la précarité de cette situation se traduit par l'ambivalence fragile du site le plus imprenable qui soit : le corps, avec sa gaucherie et son orgueil.

En ce domaine aussi, Maurice Pialat reste la figure centrale dont se sont réclamés plusieurs cinéastes sensibles à l'expérience de l'adolescence. Des réminiscences de *Passe ton bac d'abord* et *À nos amours* ponctuent en effet quelques-uns des films les plus marquants sur ce thème. Dès 1990, avec *L'Amour*, son premier long-métrage, Philippe Faucon impose un cinéma à fleur de peau sur les atermoiements d'adolescents de province vivant des situations en apparence très ordinaires : séduction, disputes, amours secrètes trahies à la dérobée, approches maladroites, désirs mal assumés, etc. Simplement, au lieu de les aborder à l'échelle d'un scénario de l'élucidation morale, Faucon les envisage comme un recueil de moments de vérité librement associés selon les humeurs du temps qui passe. Ses films suivants, *Sabine* (1992), *Muriel fait le désespoir de ses parents* (1994), tous deux interprétés par la remarquable Catherine Klein, *Mes dix-sept ans* (1996) et *Samia* (2001) se présentent comme des chroniques sèches sur le mélange de candeur et d'effroi indicible qui animent des adolescents en quête d'un vrai sentiment d'existence. Sans apitoiement ni dolorisme, Philippe Faucon refuse le constat accablant et démagogique de leur mal-être si souvent érigé en spectacle de l'hystérie. Contre l'effusion verbale, il opte pour une concision radicale (ses films excèdent rarement une heure vingt) qui lui permet de conserver du corps sa fonction de poinçon du quotidien. À cet endroit, le réel n'est pas chose acquise, on ne s'y installe pas à la manière d'une évidence. Au contact du corps qui s'y confronte, il se fait aspérité tenace dont il incombe aux adolescents de faire l'apprentissage sans capituler. C'est la raison pour laquelle le cinéaste ne se range pas derrière des scénarios balisés. Pour lui, l'adolescence ne se raconte pas, elle s'expose par fragments au risque de l'irrésolu.

Le trait contre le discours, le cru contre le cuit, ces partis pris sont aussi ceux des premiers films de Cédric Kahn, ancien assistant de Maurice Pialat (justement) sur le tournage de *Sous le soleil de Satan* en 1987. Pour ce jeune auteur plein de fièvre, une action est inséparable de l'obsession qui la provoque. Ralentie ou accélérée, engourdie ou propulsée, l'action dépend toujours d'un corps happé dans un mouvement digressif. « J'adore les histoires qui déraillent », avait-il déclaré au moment de la sortie de *Bar des rails* (1992), son premier long-métrage. De fait, rien ne lui plaît tant que ce qui se dérègle entre des êtres mal assortis au départ, pas d'autre pierre angulaire à ce dérèglement que la façon dont l'agir contrarie le dire en permanence, lorsque le corps fermé renvoie dans les cordes de l'irrationnel les sursauts désespérés de la parole. Chronique d'une passion sans issue entre un adolescent et une jeune célibataire de trente ans, *Bar des rails* emprunte au climat d'un quartier résidentiel du Nord de la France sa brume et son désert froid. Prenant soin d'évacuer toute information sur le passé et les motivations de ses personnages, Cédric Kahn ne se concentre que sur leurs hésitations et leurs maladresses afin de cerner au plus près l'ambiguïté d'une attirance sexuelle sans nom. Au diapason des faux-fuyants du garçon face à une jeune femme aussi immature que lui dans la conduite de son désir, le cinéaste privilégie le geste en retard, le réalisme des accrocs charnels dans l'échine d'un récit laconique aussi égaré que ses personnages. Suite compacte de temps synchrones avec une errance affective décrite au fusain, *Bar des rails* montre une adolescence butée, se heurtant à l'annulation concrète des différences avec des adultes tout aussi démunis sentimentalement. Après ce premier film, rugueux et peu aimable, Cédric Kahn creuse avec le suivant, *Trop de bonheur* (1994), le sillon d'une adolescence offerte au désir incertain. Réalisé dans le cadre d'une collection de films (*Tous les garçons et les filles de leur âge*) initiée en 1993 par Arte et Chantal Poupaud, dont le principe était de demander à des cinéastes plus ou moins reconnus de raconter en fiction leur jeunesse, le film, intitulé *Bonheur* pour la version TV, accompagne sous le soleil du Midi un groupe d'adolescents dans leurs premiers vrais battements de cœurs. Mais ces cœurs bientôt cognent au lieu de battre, cognent parfois au mauvais endroit et au mauvais moment. S'y confirme l'intérêt de Kahn pour ce qui au mieux évolue de travers dans la relation, au pire stagne jusque dans la chute suicidaire. Comme pour tous les films de la collection (soit *Le Chêne et le Roseau* d'André Téchiné – plus connu dans sa version cinéma sous le titre *Les Roseaux sauvages* –, *Travolta et moi* de Patricia Mazuy, *US Go home* de Claire Denis, *La Page blanche* d'Olivier Assayas – *L'Eau froide* pour la version cinéma –, *Paix et amour* de Laurence Ferreira Barbosa, *Portrait d'une jeune fille de la fin des années 1960* de Chantal Akerman, *L'Incruste* d'Émilie Deleuze et *Frères* d'Olivier Dahan), *Trop de bonheur* obéit à certaines figures imposées (présence de l'eau, une scène de fête) ayant pour motif la découverte initiatique du plaisir, tantôt au cœur d'une clairière gorgée de soleil, tantôt dans l'exiguïté d'un espace domestique débarrassé des parents. Au plus loin de la moralisation qui subordonne souvent les scénarios de la « première fois », le film s'identifie complètement aux états physiques qu'il emporte; fluctuant, troublant, vaporeux, entre souffrance sourde et fausse plénitude.

Le corps adolescent résiste, on le sait, au scénario linéaire. Volontiers insoumis, il refuse de se laisser enfermer dans un paradigme usuel qui serait trop limité pour lui. C'est pourquoi la plupart des films français préfèrent le lancer dans les filets aléatoires du temps suspendu plutôt que d'essayer de le contenir dans un récit écrit à la virgule près. Un film néanmoins fait exception, le premier d'Antony Cordier, intitulé *Douches froides* et sorti en 2005. Un jeune lycéen, Mickaël (Johan Libéreau), passe le bac tout en se préparant à une compétition européenne de judo en compagnie de Clément (Pierre Perrier), du même âge que lui mais de classe plus aisée. Entre eux, Vanessa (Salomé Stévenin), la petite amie de Mickaël, introduit le partage du plaisir sexuel au risque d'une jalousie qui n'explosera que plus tard. La subtilité de *Douches froides* tient à l'articulation très serrée de cette triple épreuve : scolaire, sportive et sexuelle, chacune d'elle pouvant être lue comme une projection des deux autres. Du judo au plaisir sexuel, le corps est évidemment sollicité comme un centre de gravité en perpétuel déplacement, pôle d'affrontement sous le poids duquel les distinctions entre adversaires s'effacent pour ne laisser voir qu'un foyer de muscles et de soupirs, appariement de forces physiques qui rend caduc tout point de vue moral sur les personnages. La belle idée de Cordier est d'avoir accordé la progression narrative à l'obligation de Mickaël de perdre sept kilos en deux mois en vue de la compétition, et partant de filer la métaphore de la perte au niveau amoureux. Plus Mickaël perd du poids, plus il perd Vanessa qui s'éloigne vers des expériences soudain plus excitantes (belle scène de triolisme sur un tatami avec glissement de la prise de judo vers l'étreinte sexuelle). Au déséquilibre technique de l'adversaire répond un déséquilibre amoureux fatalement obtenu par un trio de corps en situation d'attirance non calculée. C'est dans l'intervalle de ces deux extrêmes concomitants, entre les règles strictes et non négociables de la discipline sportive et le mouvement irrésistible du plaisir pour lui-même, que *Douches froides* débusque l'étrangeté de sa chorégraphie intime.

22 *Comment agissent les anticorps dans la fiction ?*

« Rien ne vaut un corps souffrant car cette souffrance le met en alerte » (Azoury, 1999 : 72). Cette remarque du critique Philippe Azoury à propos des films de David Cronenberg témoigne de quelle intensité un état limite du corps, tel celui provoqué par la maladie, est en mesure de mettre en alerte le cinéma. Plus qu'aucune autre modalité d'incarnation, la maladie intensifie la présence du corps, atteint tous les regards en le lestant de l'imminence de la disparition, condition par laquelle il polarise tous les enjeux. Il y aurait, en gros, deux modes de traitement de la maladie au cinéma, impliquant chacun la question de la distance juste vis-à-vis d'elle. Le premier, méthodique et « clinique », consiste à se tenir légèrement en retrait du sujet afin de privilégier un récit subordonné au principe scientifique du diagnostic délivré par étapes. Dans ce cas, la maladie est envisagée comme un dossier, le corps comme une étude et c'est la réserve d'un point de vue extérieur qui court le risque d'une pudeur voisine d'une certaine frilosité. La seconde, sans doute plus dérangeante, consiste à considérer la maladie comme événement maximal de l'intimité, lieu inexorable de l'attirance et de la répulsion. En ces termes, le point de vue se fait endogène, à même le corps, dans les plis de la peau dégradée. Le risque peut alors être d'une autre nature, celui d'un abus de regard porté sur le spectacle de la mort à petit feu, cet abus que l'on nomme si facilement obscénité alors que celle-ci, on le sait depuis Henry Miller, est capable, en certaines conditions, d'avoir pour valeur la mise à nu de l'interdit en faveur d'une vérité élémentaire et sans métaphore. Selon cette dernière occurrence, la maladie est ce qui affecte autant l'intégrité du corps humain que le corps même de la fiction. De la sorte, elle assume l'exclusivité dramatique qui tend à ramener à un même niveau d'infection toutes les composantes du film, personnages, récit, mise en scène, sans toutefois signifier qu'à la mauvaise santé corresponde une petite forme cinématographique. Simplement, plutôt que de la prendre objectivement en charge, le cinéma s'expose à devenir lui-même corruptible.

La maladie contraint le corps à faire l'épreuve de sa nature périssable. Sous l'assaut de ses symptômes, celui-ci se retrouve dénué de sa transparence protectrice, voué désormais à subir la douleur de ses limites qu'un tel état stigmatise. C'est une des raisons pour lesquelles il n'est pas commode d'y adapter une histoire et qu'à cette aune deux catégories de films se font jour. Il y a ceux qui racontent l'histoire d'une maladie sous couvert de réalisme psychologique et d'esthétique immunisée (images lisses, scénario compassionnel) et il y a ceux qui la montrent par identification formelle aux dégâts qu'elle entraîne et au contact desquels le film s'apparente à son tour à un organisme déficient, avec montage fébrile et scènes comparables à des micro-cellules virales. Cinéaste de l'épanchement somatique, hérité de son travail au théâtre, Patrice Chéreau a toujours cherché à pousser le corps jusque dans ses derniers retranchements. Pas un de ses personnages qui ne soit confronté à la nécessité de lutter contre sa vulnérabilité fondamentale, ce par quoi tout passe et tout bloque. Penser l'autre (le panser aussi), c'est tenter de se mettre à sa place dans un rapport charnel mimétique et brutal. Toute passion humaine, tout sentiment que l'homme éprouve au comble de sa déroute se traduit viscéralement par les manifestations ultimes du corps, dans le sexe (souvent) et dans le sang (parfois). Dans *La Reine Margot* (1994), le corps ruisselant de sang du roi Charles IX (Jean-Hugues Anglade) n'est pas à lire au premier degré de l'empoisonnement dont il a été victime mais plutôt comme le symptôme tragique de l'enfer du pouvoir et de la trahison familiale. Pour Chéreau, le corps s'expose à sa nudité, limite sordide au-delà de laquelle ne subsistent que désolation et néant. Tous ses films depuis *L'Homme blessé* (1983) reposent sur des histoires qui lui permettent d'entrer de plain-pied dans l'intimité du corps. Et c'est notamment avec *Son frère* (2003), tourné pour la télévision (Arte en l'occurrence), que le cinéaste utilise la maladie non comme sonde à caractère sociologique mais comme moyen d'exacerbation du lien fraternel jusqu'alors défait. Luc (Éric Caravaca) et Thomas (Bruno Todeschini) sont deux frères qui n'entretiennent plus de relations depuis longtemps en raison sans doute de leurs nombreuses différences de caractères et de statuts. L'un, le cadet, est instituteur, l'autre est infographiste, l'un est homosexuel, l'autre pas. Jusqu'au jour où Thomas débarque chez son frère pour lui apprendre qu'une maladie du sang est en train de le ronger, une sale histoire de plaquettes détruites et qui ne se renouvellent pas. Désormais, pour Luc, la question sera moins d'assister son frère à l'hôpital ou chez lui par obéissance à un minimum d'éthique familiale que de le découvrir en se rapprochant de son corps « en alerte ». À distance de lui pendant des années, Luc se met, à partir d'un état critique du corps, à le connaître, à tenter de le comprendre tactilement. Tout le mouvement du film donne à voir une progression inversement proportionnelle de la maladie et du rapprochement de ce qui fut jadis tenu éloigné. Plus le corps de Thomas s'affaiblit dangereusement, plus le contact charnel se généralise en mode immédiat de connaissance de l'autre. En témoigne la scène purement informelle où, dans un couloir d'hôpital, égaré dans ses pensées, Luc croise un malade sous perfusion dans un état quasi identique à celui de son frère : torse cicatrisé, peur du pire, refus d'un nouvel acharnement opératoire. Samuel (Robinson Stévenin), ce patient de hasard, lui montre son corps diminué et Luc aussitôt, sans mot dire, lui prend le bras, le touche, se rapproche de lui. Quelques secondes après, Samuel s'éloigne doucement avant de disparaître au fond du couloir. On ne le reverra plus. Avec une caméra au plus près de la peau marquée, prolongement parfait de la main qui caresse et substitut de la parole dans l'acte de faire connaissance, Chéreau indique à la fois le primat du corps sur le jugement et son corrélat équivoque. La maladie renvoie autant à ce qui ronge qu'à la façon dont on la regarde. Chez Chéreau, le regard toujours se fait chair, regarder et toucher sont indissociables. C'est pourquoi ici regarder la maladie en face, la considérer dans ce qu'elle a de plus effrayant et de plus troublant équivaut à traverser toute une gamme de gestes délicats (sexuels, amoureux, médicaux) que le montage s'emploie régulièrement à faire communiquer. Dans *Son frère*, l'option de filmer la maladie de l'intérieur avec précision est fidèle à la démarche d'un artiste pour qui la présence lourde de l'acteur demeure le point d'ancrage de toute représentation de l'intimité.

Sorte de *Jules et Jim* inversé, *Les Corps impatients* (2003), premier long-métrage de Xavier Gianolli, mise sur le supplément d'altérité que la maladie et la présence perpétuelle d'un tiers apportent à un couple au pied du mur de son existence. Charlotte (Laura Smet), une jeune fille de 20 ans, est atteinte d'un cancer au poumon. Tandis qu'elle se retranche dans la pénombre d'une vie à présent menacée, son petit ami Paul (Nicolas Duvauchelle) éprouve deux urgences antinomiques, l'urgence sanitaire qui incite à l'abnégation amoureuse (prendre soin d'elle) et l'urgence de la jeunesse à croquer maintenant (entamer une relation de pur plaisir avec Ninon, la cousine en parfaite santé de Charlotte). Autrement dit, plonger ou filer. Entre la mauvaise et la bonne santé, entre différents types d'examens, les médicaux (ceux de Charlotte) et les scolaires (ceux de Paul), le film ne choisit pas, préférant à l'alternance mesurée crise/rémission le heurt hétérogène de blocs de tensions soumises à l'horizon de la mort. Là encore, la maladie ne relève pas prioritairement d'une injustice biologique. Elle apparaît plus nettement comme une injustice qui frappe l'âge des possibles. Au lieu de s'abandonner éperdument aux plaisirs de leur jeunesse, les personnages s'épuisent dans la souffrance d'un corps déjà perdu. Même si, identifiée, la maladie excède les signes de sa classification pour ne diagnostiquer qu'un état individuel dans un monde qui rétrécit sous l'influence de sa dégradation. Tout le contraire du *Temps qui reste* de François Ozon (2005), chronique sans aspérités d'un jeune homme odieux et égoïste que l'annonce d'une tumeur au cerveau va subitement conduire à s'ouvrir aux autres jusqu'à une improbable harmonie cosmique. En ce sens, le titre du film est ambigu. Il ne s'agit pas du temps qui reste à vivre mais celui à considérer enfin que le monde est beau et que les gens peuvent avoir besoin de vous. Dans ce film, au bout du compte assez immoral, la maladie ne sert pas à témoigner de la précarité du lien mais à abréger le cynisme du personnage par la voie de la rédemption. Ne pas abréger les souffrances, par ailleurs étonnamment éteintes, mais les maintenir sous silence afin de faire de la maladie un antidote opportun à la méchanceté d'un homme aveuglé (il est photographe de mode donc habitué aux flashs) par sa réussite.

23 *Comment le cinéma français traite-t-il le sida ?*

Unanimement considéré comme un fléau majeur de la dernière partie du XXe siècle, le sida fut au cinéma, comme ailleurs, envisagé de deux manières : comme un fait de société et comme l'une des formes les plus terribles de la tragédie millénariste. Apparue au début des années 1980, cette pandémie a marqué toute une génération, celle que les sociologues ont dès lors baptisée de son nom. C'est au début des années 1990 que le cinéma s'empara vraiment du sujet en variant les traitements. Déjà en 1986, Léos Carax proposait avec *Mauvais sang* (titre éloquent) une approche poétique et métaphorique du virus nommé STBO et contracté par tous ceux « qui font l'amour sans amour ». Depuis, quel que soit l'angle sous lequel on aborde la question, naturaliste ou romantique, documentaire ou fictionnelle, le sida à l'écran suscite bien des polémiques. Trop brûlant pour les uns, trop impudique pour les autres, la systématisation du débat moral autour de ce cas s'explique plus largement par l'éternel tabou qui entoure la représentation du corps condamné. Outre ce mélange de crispation morale et de nécessité de témoigner d'un mal collectif, il convient de reconnaître qu'au cours des années 1990 le sida a frappé d'une contemporanéité exemplaire les films soucieux d'en traduire l'impact sur notre façon d'appréhender la vie, l'amour et la mort. À chacun se posait sensiblement la même question synonyme de point de vue : faire un film sur le sida ou, à travers le sida, faire un film sur notre temps ? Il semblerait qu'à cette dernière hypothèse une majorité se fut attachée, allant jusqu'à substituer au syndrome sociologique du « film sur » le postulat plus consubstantiel du « film avec ». C'est le cas du plus emblématique des films français de cette époque, celui qu'à raison on qualifia de « film d'une génération », *Les Nuits fauves* (1992), premier et unique long-métrage du regretté Cyril Collard, jeune romancier d'une trentaine d'années et ancien assistant de Maurice Pialat. Adaptation d'un de ses ouvrages, *Les Nuits fauves* parvient à dépasser la caution autobiographique (l'auteur, lui-même séropositif, interprète le personnage principal), grâce à l'invention d'un rythme tout à fait singulier qui consiste à assimiler la maladie à une intensité de flux sanguins certes empoisonnés mais aptes surtout à embrasser une somme discordante d'expériences physiques, toutes prises sans ordre ni préférence. Fuyant toutes les hiérarchies, toutes les échelles, aussi bien stylistiques (clip, réalisme cru, lenteur et vitesse s'y cognent à coup de montages convulsifs) que morales (aucune notion de culpabilité ne vient contrarier l'énergie vitale du film), Cyril Collard fait de la maladie le moteur à réaction d'un échange impératif avec l'autre dans toute sa diversité. Peu pour lui d'en faire une machine à mortifier les corps et les êtres. Ce qui compte est de jouir coûte que coûte d'une variété de rencontres avant qu'il ne soit trop tard, et ce quelles que soient les directions, quels que soient les partenaires (de jeu et de drague). L'élan de Jean, le personnage principal, provient de sa détermination à conjurer la peine que lui inflige la maladie. Ainsi, il ne choisit pas. Bisexuel, il se laisse emporter par les soubresauts du plaisir sans chercher à en fixer le prix, au grand désarroi de celle qui l'aime. En définitive, c'est dans leur refus de céder au vrai péril de la passivité liée à l'attente de la mort que cinéaste et personnage se confondent. À la normalisation impossible d'une vie installée, l'un et l'autre opposent le saut dans le grand bassin des ruptures vivifiantes, mouvement brut et saccadé que l'usage intensif du faux raccord achève de rendre essentiel. Véritable figure de style vilipendée par les avocats du « bon goût », le faux raccord est ici le garant cohérent du débordement physique indispensable à cette esthétique de la stridence. À travers ce procédé, c'est moins l'action qui prime que son excès hors de ses gonds, du côté de la saute d'humeur et de l'affect incontrôlable. Pour résumer, disons que *Les Nuits fauves* n'enregistre pas la « mort au travail » selon un processus inexorable de disparition mais *la vie en sursis* où chaque plan agit moins comme pas de plus vers la mort que comme fragment de vie sauvée, arraché en vrac à la fatalité.

Il en est tout autrement de *N'oublie pas que tu vas mourir* (1995) de Xavier Beauvois, autre version plus décantée de la maladie considérée cette fois comme embrayeur de fiction. À distance consanguine de Benoît, l'étudiant séropositif qu'il incarne, Beauvois se démarque par conséquent de Collard par une dialectique formelle incluant cette limite identificatoire. N'étant lui nullement malade, il dissocie son corps sain de cinéaste de celui infecté de son personnage en élaborant sa dramaturgie selon un écart progressif entre la permanence d'un état épargné derrière la caméra et la disparition irrémédiable stigmatisée dans le champ de la fiction. Cette fois-ci, l'autobiographie étant inopérante, la fusion cinéaste/personnage tombe d'elle-même. À mesure que Benoît approche de sa fin, Beauvois prononce avec une sobriété égale son éloignement vis-à-vis de lui, du moins sa non-assistance à personne en danger (définition que donna Serge Daney à la position du metteur en scène face à son acteur). Bien entendu, rien dans cette apparente neutralité n'est à déduire d'une quelconque indifférence suspecte. Le projet du cinéaste ne vise pas l'empathie mais l'implication mi-romanesque mi-journalistique d'un corps en voie d'extinction au cœur d'un monde et d'une histoire qui le dépassent. Au départ jeune homme de bonne famille plein d'ambitions, prêt à suivre une ligne de vie et de réussite toute tracée, Benoît va réagir à une séropositivité improbable pour lui (nul ne sait comment il a été contaminé) par une incorporation du concept d'aventure menée sans défense ni orgueil (il finira soldat hébété à Sarajevo). C'est ainsi que d'individu figé dans le cliché d'une jeunesse malade de son temps, Benoît passe au statut de personnage tragique dont la maladie échappe à une socialisation de la douleur pour devenir une puissance initiatique. Incapable de soutenir l'image d'un personnage malade identifié comme tel et par conséquent de céder au chantage du psychodrame, Xavier Beauvois opte, à partir de cette donnée scénaristique, pour une nonchalance un peu fantomatique, une opacité physique vouée davantage à l'effacement qu'à la mort annoncée. En réalité, au lieu d'agir comme clôture ou repli propice à la commisération, le sida ouvre Benoît à une traversée des sens inspirée des grands destins romantiques, entre dépense dyonisiaque (ici à Amsterdam au pays de la drogue et du sexe tarifé) et exaltation apollinienne (là à Rome, avec la rencontre de la beauté et de l'amour). Ne s'apitoyant jamais sur son sort, évitant toute hystérie explicative sur son état (personne n'est au courant de sa maladie, sinon le spectateur), le personnage échappe à l'identification psychologique et à la bonne conscience pour ne plus être qu'un corps presque bressonnien entièrement projeté vers un destin plus ample, rien moins que celui de son époque. Bien plus que le chroniqueur intime du drame du sida, Beauvois se fait le chantre d'une question essentielle à sa génération : comment s'inscrire physiquement et géographiquement dans une Europe meurtrie, comment s'y faire une place et par quels moyens de fiction l'éprouver ? Là où en son temps Rossellini répondait par le biais d'une superposition du collectif et de l'individuel, offerte à une révélation finale plus ou moins rédemptrice, Beauvois s'acquitte de cette exigence morale en filmant l'état du monde par le cheminement tout aussi indicible d'un état du corps.

24 *Le cinéma français a-t-il le goût du sang ?*

Durant ces « années sida », grande fut la tentation de lier métaphoriquement maladie et déroute générationnelle sur fond de bilan de santé sociale des plus préoccupants. Aussi, sous l'effet de ce réflexe théorique, la moindre goutte de sang perlée à l'écran était-elle susceptible d'évoquer *illico* les ravages du VIH. On sait, depuis le mythe du vampire, combien le sang en art est généralement mauvais, support primaire de la mort répandue à grande échelle. Tache ou déluge, il possède un imaginaire suffisamment grand pour qu'à son apparition soit volontiers conférée une signification plastique et symbolique aux antipodes de son ostentation fétichiste. En ce sens, recourir à l'imagerie sanglante pour figurer le péril sanguin est une hypothèse à la fois esthétique et thématique que le cinéma américain en particulier s'emploie comme nul autre à construire. Sa pratique régulière des genres réputés insensibles à la vue du sang comme le cinéma « gore », le cinéma fantastique ou le thriller lui permet naturellement d'en user les ressources cinégéniques, au point parfois d'y laisser s'infiltrer un commentaire sur l'époque malade. Inutile de dire qu'en France, le sang ne coule pas autant, sinon dans des productions « à l'américaine » où il n'est qu'un code de représentation parmi d'autres. En raison sans doute d'un ADN plus propice au garrot qu'à l'effusion, notre cinéma n'entretient guère d'affinités avec l'hémoglobine. Lorsque par hasard cela arrive, ce n'est pas dans un souci d'exploitation mercantile destinée à rivaliser avec le cinéma Outre-Atlantique. Les quelques (jeunes) cinéastes à s'être montrés au contraire plutôt à l'aise avec cet « accessoire » sont ceux qui ont justement tenté leur chance aux États-Unis (Alexandre Aja, Florent-Emilio Siri, Matthieu Kassovitz). Les autres, plus rares, moins portés sur cette fascination qui consiste à ne voir dans l'utilisation du sang qu'un moyen d'appartenir à un cinéma fétichisé à outrance, cherchent à représenter le liquide écarlate comme exacerbation organique d'un malaise sociétal. Le sang, c'est ce que recouvre l'enveloppe corporelle, c'est l'envers d'un tissu d'apparences limitées, le dérivé obscur d'un comportement automatisé par les conventions tel que l'ont analysé les grandes théories naturalistes à l'aune des pulsions refoulées. Deux films sortis au début de la décennie 2000, sont allés très loin dans l'extase morbide par laquelle l'individu, de gré ou de force, se retire du monde, à l'endroit d'une confrontation exclusive avec son corps différemment affecté. D'un côté, le corps se déchire sous l'effet vorace d'une maladie mystérieuse, de l'autre il réagit impulsivement à un principe de réalité et de sensation. Tous deux sont l'œuvre d'une cinéaste, *Trouble Every Day* de Claire Denis (2001) et *Dans ma peau* de Marina de Van (2002). Chacun parvient à soumettre la vision éminemment dérangeante du sang à un point de vue personnel sur le conditionnement déterministe de l'être humain, déterminisme atavique et pathologique pour le premier, déterminisme social et conjugal pour le second.

Fidèle à son style contemplatif, Claire Denis déjoue tous les ressorts du film d'horreur au profit d'une tension climatique qui tient davantage à la raréfaction d'indices spécifiques qu'à leur épaississement mesuré. Comme à son habitude, la cinéaste mise sur l'instinct et l'instant plutôt que sur l'explication des phénomènes. De nouveau, le contenu compte moins que ce qui s'en extrait en volutes sensorielles, toujours la forme prime sur le fond, avec toutefois cette nuance qui consiste à moins désigner le fond que les profondeurs, l'origine d'un mal inconnu par lequel l'amour est condamné à d'atroces pulsions cannibales et le malade à une solitude tout aussi terrible. Quelques personnages hagards hantent le film, aucun lien tangible ne semble les réunir, sinon l'influence indéfinissable d'une maladie vaudou dont on n'a que de vagues hypothèses. En voyage de noces à Paris, Shane Brown (Vincent Gallo), un Américain souffrant de troubles organiques, cherche à contacter un scientifique en neurologie qui a, du jour au lendemain, quitté son laboratoire sans donner de nouvelles. À la périphérie, dans une banlieue pavillonnaire, Coré (Béatrice Dalle) est retenue cloîtrée par son mari Léo (Alex Descas), le professeur disparu de la circulation. Motif : sous l'effet de ce mal sans nom, elle dévore, en plein orgasme, ses partenaires sexuels. C'est ce qui à distance la lie à Shane, lui-même atteint de cette pathologie meurtrière à laquelle il désire plus que tout mettre un terme. À la fin, les deux condamnés, dont on apprend qu'ils furent jadis attirés l'un par l'autre, se retrouvent pour une ultime étreinte, une strangulation d'amour fou et désespéré.

Dans l'ombre de Georges Franju et Jacques Tourneur, *Trouble Every Day* est une incursion sur les rivages opaques du primitif, terreur et cinéma confondus, là où le sens et la raison cèdent leur place à la sensation, à la peur du vide et du silence. Errant dans l'intemporalité d'une image entre chien et loup, les personnages (peut-être serait-il plus juste de les qualifier d'ombres) apparaissent comme des proies potentielles. Dès lors, nul besoin d'appuyer la fiction mécanique de l'horreur. L'image seule, légèrement flottante, et ce qui rôde autour d'elle suffisent à accueillir l'avènement de son envers terrifiant. Pour preuve de l'économie narrative de Claire Denis, deux scènes « gore » uniquement lacèrent le film, deux scènes d'amour *dévorant* indispensables au regard de l'histoire et logiquement les plus marquantes par leur durée et leur sauvagerie. Toutefois, nulle complaisance ne préside à leur mise en scène. Au-delà de leur épouvante radicalité négociée en plan-séquence (rien ne nous est épargné, ni les cris, ni les contorsions de douleur), ces deux moments sont dignes d'être comparés à des cérémonies sacrificielles d'un autre temps où le sang versé a valeur de rite passionnel aux confins de l'absolue dépossession de soi. Bien entendu, malgré la sève horrifique de ces racines du mal, il ne nous est pas interdit de renvoyer l'association du sang et de la maladie à une lecture contemporaine de notre société si exposée aux dérives génétiques. Mais si l'on se place dans la perspective du travail de Claire Denis, il est préférable de considérer cette soudaine hémorragie comme le pic ultime d'une exploration au scalpel du corps, le plus haut degré de pénétration de la chair une fois retournée la surface protectrice de la peau.

Dans ma peau, lui, dissocie complètement le scandale sanguinolent de toute référence à une quelconque malédiction mortifère. L'action se déroule de nos jours avec pour personnage principal une jeune femme promise à un bel avenir professionnel (elle est directrice d'études dans un institut de marketing) et conjugal (son mari, banquier, est sur le point d'acheter pour eux un appartement plus conforme à leur nouveau standing de vie). Suite à un accident somme toute anodin survenu au cours d'une soirée mondaine (elle tombe dans un trou au fond d'un jardin en plein chantier), Esther – c'est son nom – découvre sa jambe arrachée mais surtout une absence totale de sensation de douleur. Fascinée, elle se livre bientôt à des pulsions d'automutilation à l'écart de son lieu de travail ou bien chez elle à tout moment. S'entailler, s'écorcher, boire son sang, devient alors sa seule activité au point de conserver les traces de son expérience (photos de la chair scarifiée, lambeaux de peau dans le formol) à la manière d'un *body-art* clandestin. Au-delà des images-chocs, le propos du film est bien plus politique qu'il n'y parait. Esther est une femme qui mystérieusement prend conscience que son corps est aujourd'hui disposé à devenir le maillon central d'un puissant système de productivité et par conséquent un motif parfaitement dessiné dans le tissu du conformisme social. Sitôt mise en situation de représentation sur la scène du pouvoir, elle ressent l'impérieuse nécessité de ne pas y succomber et de faire de son corps l'unique critère *figuratif* de son identité (d'où le *body-art* final poussé jusque dans la division même de l'image en *split screen*). Vite lasse de respecter les dehors de la sociabilité, elle se réfugie en coulisses, dedans sa peau. Son corps déchiré, mutilé, le sang ruisselant pour elle-même apparaissent en réalité comme des réactions d'opposition à l'entreprise de négation de l'individu au service du pouvoir et de la consommation, quelque chose comme un excès de somatisation au contact des bienséances aliénantes. La bonne idée du film, son originalité, est que l'anormal ne soit pas localisé dans un ailleurs névrotique mais exprimé comme une allergie à la norme. Les pulsions incompréhensibles d'Esther n'ont rien de secret (elle en parle sans problème à sa copine), elles tiennent plus à l'affirmation vaguement marxiste d'un corps en phase terminale de réappropriation, au mépris d'un modèle de conduite qui explicitement ne tolère aucun écart. Tout le film repose ainsi sur un équilibre maintenu sans hystérie entre les nouveaux penchants morbides d'Esther et son milieu impeccablement structuré (métier, mari, relations), de sorte que le sang à volonté s'abstrait du spectacle de l'obscène pour devenir la clé d'une riposte transgressive réellement impressionnante.

25 *Le sexe est-il faible en France ?*

« De toute façon, le cinéma c'est les femmes », déclarait le cinéaste japonais Nagisa Oshima dans les années 1970. Une telle assertion pourrait vite passer pour péremptoire n'était la clairvoyance légendaire d'un artiste sur le rôle essentiel de la femme dans ses films et dans le monde tel qu'il l'a toujours vu. Toujours est-il que son aphorisme, illustré d'ailleurs dans la question précédente, a retrouvé en France une singulière actualité. Quoiqu'on pense de la pertinence d'une catégorisation sexuelle des films, il s'est trouvé que l'un des faits marquants des années 1990 fut la montée en puissance des femmes derrière la caméra. Aujourd'hui, contrairement à ce qui se passe en politique, il ne viendrait à l'idée de personne de leur faire un procès en incompétence tant leur place incontestée dans le cinéma français témoigne d'une certaine parité qualitative, tous domaines confondus. N'existe heureusement aucune spécialisation dans tel ou tel registre en fonction du sexe de qui filme, pas plus qu'il n'existe de sujets réservés aux hommes ou aux femmes. Toutefois, bon nombre d'observateurs ont de concert relevé une différence d'investissement intime dans un champ en particulier, le seul à vrai dire capable de la pointer avec plus ou moins de vigueur, celui de la représentation de la sexualité. Naturellement, cela ne date pas d'hier. Les années 1970 furent en cela décisives grâce à de jeunes cinéastes téméraires comme Chantal Akerman, Catherine Breillat ou Christine Pascal, toutes bien décidées à assumer sans esprit revanchard la vérité de leurs émotions sexuelles. On n'hésita pas à parler d'audace, à dire qu'en ces contrées brûlantes de la représentation les femmes osaient davantage que les hommes. S'agissait-il pour elles d'une volonté idéologique de réhabiliter l'image du féminin à rebours du vieux fantasme masculin ou bien de profiter de la permissivité de l'époque pour créer en toute liberté un espace de regard et de corps sans autre référent que leur propre expérience d'artiste ? Les deux sans doute, même si la seconde option l'emporte largement, trente ans après, sur la première.

En fin de siècle, nous avons assisté à un renouvellement du culte du corps indirectement relayé par la diffusion massive d'images sexuelles de plus en plus *hard via* le web, le câble et la téléphonie mobile. Nulle surprise à voir, dans ce contexte, les écrans de cinéma devenir plus que jamais le réceptacle de l'atomisation complète d'un des plus vieux tabous du monde. C'est à ce moment opportun, quoique sans incidence directe sur leur inspiration, que des réalisatrices ont de nouveau occupé le terrain de l'intimité exacerbée, avec souvent pour résultat des commentaires passionnés. Ainsi, comme le souligne le journaliste Olivier Séguret,

> on ne peut que constater que ce sont plutôt les femmes qui font bouger les limites externes du cinéma et repoussent avec constance les frontières de ce qu'il est possible de filmer (ou pas encore) puis démontrer (ou pas encore). On notera aussi ce curieux basculement sémantique relevé ici ou là, à propos de Breillat ou Rouän notamment, par lequel le cul filmé par les hommes relèverait de l'honnêteté et du courage tandis que chez les femmes ce ne serait qu'hystérie et impudeur. (Séguret, 1997 : 26)

Marque de misogynie ou de scepticisme, le basculement évoqué indiquerait-il une tendance à l'insolence nécessaire de la part des femmes pour corriger le traitement masculin et par trop réducteur de leur imaginaire sexuel ? En tout état de cause, la diversité des points de vue sur le sujet rend contre-productive la tentation d'établir de grandes généralités autour de la supposée hardiesse des femmes. Toutes n'ont évidemment pas la même sensibilité, chacune possède son écriture, son style, sa propre nécessité intérieure. En déduire une mouvance, un mot d'ordre fédérateur que la critique résume régulièrement à de la provocation, est par conséquent absurde. L'époque n'est plus à la concertation ni à l'offensive féministe. Il n'y a plus à obtenir quoi que ce soit d'une revendication en ce domaine. Les femmes font leur film, un point c'est tout. Que leur franchise de cinéaste se manifeste plus crûment dans l'approche de la sexualité est une réalité intéressante à analyser mais insuffisante pour y déceler un parti.

Quoi qu'il en soit, difficile d'ignorer que le cinéma français doit à certaines réalisatrices la particularité d'aller assez loin dans l'explicitation d'un *sexus vivendi* intégral et intégré. D'entre toutes, Catherine Breillat a montré la voie en réalisant des films dont l'objet invariable est la construction initiatique de l'identité sexuelle menée par des personnages féminins aux confins de la souffrance féconde. De *Parfait Amour!* (1996) à *Anatomie de l'enfer* (2003) en passant par *Romance* (1999) ou *À ma sœur!* (2001), la cinéaste la plus « dangereuse » du cinéma français (pour reprendre le qualificatif que lui avaient attribué les *Cahiers du cinéma* en février 1991) n'a cessé de concevoir la mise en scène de l'épreuve sexuelle à la manière d'un rituel dont les variations de plus en plus extrêmes débouchent sur l'accomplissement de l'être féminin. C'est au terme d'un cheminement rigoureux et stoïque que la femme conquiert la certitude d'appartenir à un corps enfin libéré des dogmes de possession phallocratiques, fût-ce dans la mort réelle ou symbolique. Certes, l'obstination de cette démarche a maintes fois suscité la désapprobation mais elle a eu le mérite de motiver bien des entreprises similaires sous le signe permanent de l'affrontement à un désir insoupçonnable. En 1997, Anne Fontaine signe *Nettoyage à sec*, l'histoire d'un couple de gérants de pressing qui, du jour au lendemain, voient leur sexualité jusqu'alors refoulée, se révéler enfin dans les bras d'un jeune artiste transformiste de passage dans leur ville (Belfort). Reprenant le postulat « miraculeux » du *Théorème* de Pasolini, Anne Fontaine cherche en vain à incarner la confusion des genres en une suite de confrontations psychologiques qui dissimulent mal le profond puritanisme de l'ensemble. L'intrusion violente du jeune homme dans le couple apporte en définitive un vice utile grâce auquel la conjugalité récupérera à la fin un peu de contenance désabusée mais tellement riche d'enseignements. Là se pose en réalité l'éternel problème de la distance juste entre la pudeur du regard et l'impudeur requise pour l'exhibition frontale du corps mis en jeu. Comme si le risque de plonger dans l'abîme de la représentation du sexe devait être désamorcé par un alibi d'une autre nature, culturel, sociologique ou religieux. En un mot réaliste. C'est le piège dans lequel sont justement tombés des films comme *Si je t'aime prends garde à toi* de Jeanne Labrune (1998) ou *Post coïtum animal triste* de Brigitte Rouän (1997). Au départ bien campés sur l'affirmation d'une crudité dans la description des comportements sexuels, aucun finalement ne parvient à se défaire de la sacro-sainte étude de mœurs bien française qui retient les corps au-dessus du vide au lieu de les projeter dans une temporalité intense du désir physique. Piège à demi évité par Pascale Ferran dans *Lady Chatterley* (2006), dans la mesure où l'intérêt du film est d'ouvrir au cœur de la nature verdoyante l'espace évolutif d'un désir sensuel offert à la découverte de l'Autre et du plaisir des corps. C'est alors tout l'espace matériel du film qui, comme chez Murnau, vibre de l'émotion intérieure du personnage sous l'influence de franchissements successifs, de la demeure bourgeoise au foyer reculé du frisson érotique.

À l'extrémité de ces approches paradoxalement « douces », un cas particulièrement dérangeant a fait date, au vu duquel l'idée que les femmes étaient plus intrépides que leurs confrères dans la prise en charge cinématographique du sexe a pris un tour décisif. Ce cas a pour titre *Baise-moi*, sorti en juin 2000 et retiré de l'affiche un mois après sur décision du Conseil d'État qui l'affubla d'un classement X immédiatement disqualifiant. Co-réalisé par la romancière Virginie Despentes et l'ex-hardeuse Coralie Trin thi, *Baise-moi* est un météore *trash* qui raconte la cavale sanglante de deux *desperadas* unies par un même dégoût de la vie et des hommes. Filmé en DV, il opte pour l'excès à tous les étages : exécutions sauvages, viols atroces, copulations frénétiques, le tout montré sans ambages dans un même mouvement de dépense et de brutalité, à un degré tel que les scènes sexuelles, traitées à égalité dans l'économie narrative avec les scènes de meurtre, empruntent à l'esthétique du X (gros plans de pénétrations intercalés). Quoi qu'on pense du film, il convient de reconnaître qu'il constitue un exemple indépassable de cette propension des réalisatrices à faire reculer les limites de la représentation du sexe, indépendamment du caractère profondément militant de son geste formel. Honni ou (minoritairement) admiré, *Baise-moi* confirme que, dans le domaine de la plus farouche intimité, les femmes puisent de quoi imposer une personnalité incomparable.

26 *Ne pas le dissimuler le rend-il plus fort ?*

Moins pour ses qualités que pour son actualité, *Baise-moi* a fait débat. Objet de tous les rejets, il indigna tous ceux pour qui, au cinéma comme ailleurs, il y a des limites à ne pas franchir. Il faut dire que ses partis pris témoignaient d'une envie de secouer les mécanismes de défense du spectateur en le plaçant frontalement devant l'explosion d'un interdit à la peau dure : du sexe non simulé dans un film non pornographique. À ce titre, certains y ont vu comme une nouveauté fatalement exposée aux protestations les plus vives. Dans un article du *Monde* daté du 7 juin 2000, Jean-François Rauger estime, non sans emphase, que le film de Virginie Despentes constitue « une sorte de révolution copernicienne dans l'expression cinématographique », insistant sur le dosage inédit jusqu'alors de scènes *hard* et de scènes de violence, les unes apparaissant aussi peu « exceptionnelles » que les autres à l'échelle narrative du film. Éloge sous la plume du critique, ce constat, sans être consensuel, a le mérite d'attirer l'attention sur la récente tendance à l'ostentation sexuelle dans quelques films d'auteur.

À n'en point douter, la fin des années 1990 a salué le retour indiscret de ce qu'on pourrait appeler un état-limite de la figuration du sexe au sein d'un cinéma non répertorié au rayon pornographique. En 1998, *Les Idiots* de Lars von Trier, cinéaste danois reconnu, avait fait parler de lui, notamment avec une scène très explicite de copulation collective. En adéquation avec le projet de l'auteur de redonner au cinéma une virginité (entendez une immédiateté primitive débarrassée de tout ce qui selon lui le dénature, à savoir la dramaturgie, l'artificialité des éclairages, le jeu d'acteur, etc.), l'intrusion d'un plan à caractère pornographique tend évidemment à retourner le regard du spectateur sur lui-même. Occupant une place qui d'ordinaire n'est pas la sienne, car confisquée sur les étagères du X, cette image renvoie le spectateur à sa position de regardant, car c'est peut-être la seule qui puisse à ce point lui faire prendre conscience qu'il la regarde dans une salle de cinéma au milieu d'autres spectateurs, hors de son usage généralement privé. Dans sa fulgurance même, l'insert « anatomique » fait d'un seul coup vaciller la barrière protectrice qui existe entre la transparence des moyens de la fiction et le spectateur dans la salle qui a besoin de cette transparence pour croire à ce qui est *cinématographiquement réel*. Dans cette scène explicite des *Idiots*, Jean-Michel Frodon établit une sorte d'équivalence avec le fameux regard-caméra d'Harriet Anderson dans *Monika* d'Ingmar Bergman (1953).

> À nouveau, une image – regard braqué vers l'objectif, pénétration – qui n'a rien d'inédit se voit dotée d'un statut théorique central. À nouveau, enfreignant un interdit, elle met en crise le regard du spectateur. (Frodon, 2000 : 32)

En d'autres termes, la fonction de cette image est de ne plus dire que ce que voit le spectateur est cinématographiquement réel mais *réel tout court*, d'un réel phénoménologique plus fort que le cinéma lui-même, capable de le dépasser et de l'interroger. Face caméra, c'est autant l'actrice que le personnage qui regarde, c'est autant le cinéaste que le spectateur qui est regardé. Frappée de plein fouet dans son intégrité, la fiction se déchire, rendue béante par cette sublime perforation dialectique. Il en est presque de même, en dépit des différences infinies de propos et de pensée, pour le plan de sexe non simulé. Tout à coup, en tant qu'apogée d'enregistrement élémentaire du réel, conforme au vœu d'un retour idéaliste, quoique peu sincère, aux origines du cinéma, cette image met à nu le dispositif cinématographique en le réduisant à une totale objectivité mécanique. Rien d'autre n'est à considérer que la chose *supra*-visible, crûment inséparable du corps auquel elle appartient, sans médiation ni sous-texte.

Le phénomène est important car il met en lumière certaines mutations sociales en rapport avec la mise à disposition généralisée de l'intimité à l'échelle du marché. Tout est accessible, y compris ce que l'on prenait il n y a pas si longtemps encore pour la plus préservée des choses secrètes. Comme l'analyse encore Jean-Michel Frodon,

> Après la création du X, la vidéo, Jack Lang, le minitel rose, et plus tard, les chaînes thématiques et Internet se sont chargés d'éloigner toujours davantage la représentation d'organes sexuels en action de l'ensemble du cinéma. S'il y revient désormais, c'est un peu comme le retour d'un refoulé à un moment où les auteurs revendiquent une plus grande permissivité, et beaucoup pour des motifs touchant davantage à l'état du cinéma et de son histoire esthétique. (*ibid.* : 32)

Plus de sexe dans la société marchande signifie plus de sexe montré à l'écran. C'est là une équation plausible par laquelle il est permis d'évaluer le statut à la fois sporadique et théoriquement intéressant (dans le meilleur des cas) du plan le plus juridiquement embarrassant qui soit. En France, il semblerait que cette nouvelle familiarité esthétique, bien qu'évidemment très minoritaire, ait dans l'ensemble réussi à éviter le procès en obscénité. Est-ce là le propre du cinéma d'auteur français que de parvenir à conserver, même dans ses plus vifs retranchements, la distance où se loge la singularité d'un regard qui n'a rien de mercantile ? Sa signature subsiste-t-elle dans l'insert réputé infamant à l'endroit de sa respectabilité ? Il y aurait deux hypothèses. Soit ce plan trouve naturellement résidence dans des fictions ayant pour projet d'éprouver violemment les limites de la représentation de l'acte sexuel (*Baise-moi*, *Romance* de Catherine Breillat, 1999), soit il apparaît économe, simple appareil, comme une fugitive percée optique dans la représentation d'un acte totalement dépouillé.

Illustrant le premier cas de figure, *Baise-moi* impose trivialement sa spécificité. Cause de toutes les foudres : l'absence totale de suggestion dans le filmage des scènes sexuelles. Toutes particulièrement vigoureuses et désespérées, celles-ci sont comme jetées dans un abîme de destruction, à égalité sordide avec les autres. Point de salut en ce monde infesté d'hommes (c'est le propos ultra-féministe et peu subtil du film), point de recul pour ces deux filles écœurées par leur sort de misère, bien décidées à brûler leurs dernières cartouches dans le sang et le stupre. Nées de leur ivresse macabre, les scènes *hard* sont symptomatiques de l'excès qui les agite, au point que s'y distingue une certaine logique qui ne tempère pas pour autant la complaisance mais lui donne *in extremis* valeur de désastre. Dès lors, par un effet de sidération à la mesure de la brutalité ostentatoire qui gouverne le film, le référent pornographique excède la scène et devient le motif privilégié du paroxysme suicidaire, l'à-pic d'une dérive affranchie de toute morale.

Dans l'autre cas, la fugacité de l'image estampillée X se niche ailleurs, dans l'intervalle du minimal (l'acte primaire sans amour) et du maximal (la puissance de focalisation visuelle). À l'état de fragment ou de fétiche, pareille excroissance de la scène sexuelle est à même de valider une démarche qui consiste à désigner comme identiques travail des corps et travail du cinéma selon un geste purement matérialiste. Moins audace mal placée qu'injonction à voir le cru d'une pratique courante, le sexe plein écran renverse les données pornographiques pour en faire les marqueurs ponctuels d'un retour assumé au plus basique de l'expérience humaine. À un endroit de *La Vie de Jésus* (1997), son premier long-métrage, Bruno Dumont intercale un plan très court de pénétration à l'amorce d'un coït champêtre. L'impact de ce plan coïncide en réalité avec la volonté, confirmée depuis par le cinéaste des Flandres, de s'approcher le plus près possible du prosaïsme des comportements dans l'espoir de déceler chez des personnages à la lisière de l'animalité une part de vérité ontologique. Cette attraction par les profondeurs archaïques de l'homme que le sexe exhibé serait en mesure d'exprimer judicieusement, nous la retrouvons également dans *Pola X* de Léos Carax (1999) – le X du titre n'ayant rien à voir avec la classification du même nom puisqu'il s'agit de la transcription du 10 romain en référence aux dix chapitres de *Pierre ou les ambiguïtés* de Herman Melville dont le film est tiré. Film spectral rongé de racines malades, de boue et de feuilles mortes, *Pola X* présente des corps en lutte viscérale contre le néant. N'existant que meurtris, ils errent entre veille et cauchemar. Au cours d'une étreinte sexuelle entre Guillaume Depardieu et Katerina Golubeva, Carax glisse subrepticement la bouche de l'une gobant le sexe de l'autre le long de courbes indistinctes, plongées dans une pénombre immémoriale. La certification en plan rapproché de l'emboîtement de la bouche et du sexe, alliée à une atmosphère de cendres, vise de toute évidence à rendre suffocante la pente régressive d'un couple dont rien n'escamote l'amour infernal et surtout pas l'incongruité d'une ellipse pudibonde.

Mais c'est peut-être dans *Le Pornographe* de Bertrand Bonello (2001) que le surgissement d'une image de sexe non simulé affiche le plus de pertinence au regard de son contenu. Dans cette histoire qui relate les dernières heures d'activité d'un réalisateur de films pornographiques sur le retour (Jean-Pierre Léaud), la présence d'une scène sans équivoque jouée par deux *hardeurs* réputés (Ovidie et Titof) trouve son intérêt à l'intersection de la méthode (comment tourner une action aussi pauvre ? comment s'y positionnent les acteurs ?) et du regard (à quelle distance se tenir par rapport à ce moment de trouble et de gêne partagés ?). Dans cette scène exceptionnelle du *Pornographe*, la distance est à la fois morale et physique. Où se placer par rapport aux acteurs (c'est la question du réalisateur joué par Léaud) ? D'où filmer dans l'intervalle scénographique entre le point de vue du personnage et l'action des *hardeurs* (c'est la question de Bonello) ? Enfin, où se situer moralement par rapport à la scène elle-même (c'est celle du spectateur) ? Triple distance qui règle la dynamique d'une scène filmée en plan d'ensemble et qui réintroduit une dimension parfaitement absente du porno puisque, dans le porno, la notion de distance est purement sacrifiée au profit d'une focalisation omnipotente. Il y a donc là, dans cette combinatoire de regards mobilisés, une triangulation captivante qui apporte une solution à la transposition cinématographique du sexe brut.

27 *Pourquoi danser maintenant ?*

Ce n'est pas sa faute mais le cinéma français n'a jamais eu le pas très sûr. Ce n'est pas sa faute ni son affaire, encore moins son regret. Question de culture tout simplement. Trop ancré dans le théâtre et le réalisme, il ne s'est que trop rarement montré capable de s'en démarquer par les voies risquées de la chorégraphie et du chant. Ces voies-là, nul n'ignore qu'elles sont les moins facilement adaptables du cinéma américain, éternel champion de la catégorie, là où il est connu que danser n'est ni une parenthèse enchantée, ni une façon comme une autre de céder volontiers aux lois du spectacle mais bien un art de séduire, de raconter, d'exprimer une idée ou un sentiment par la grâce de corps subitement délestés des conventions du langage, bref un défi de mise en scène au regard duquel se devine la santé de deux états concomitants, celui de la production et celui du pays. En France, il y eut bien quelques tentatives non négligeables d'assimilation de la chorégraphie au récit cinématographique, toutes situées du reste dans des périodes de renouvellement esthétique. Les fameuses avant-gardes des années 1920, grâce à la célérité du montage photogénique, surent inventer un rythme visuel comparable aux flux les plus extatiques du corps sous l'effet de la passion (on pense au cinéma de Jean Epstein, de René Clair ou aux premiers films de Jean Grémillon). Et bien entendu, fidèle au tournant qu'elle amorça dans l'histoire du cinéma, la Nouvelle Vague s'illustra, de temps en temps, par la joie quelque peu mélancolique de reproduire certaines variations de la comédie musicale hollywoodienne tout en sachant que leur relecture, en dehors de tout second degré, avait peu de chances d'être partagée et de survivre à l'âge d'or de la cinéphilie des années 1960. Jean-Luc Godard (dans *Une Femme est une femme* en 1964 et *Pierrot le fou* en 1965) et surtout Jacques Demy l'auront parfaitement compris, même si ce dernier a persévéré avec panache au point de devenir une référence à lui tout seul, un nom cité en permanence sitôt qu'un film français se met à danser et à chanter. Hollywood l'avait enseigné : dès qu'il fait beau dans le pays, il fait beau dans les films. En temps de relative accalmie et de prospérité économique et sociale, notamment au lendemain des deux guerres mondiales, le cinéma bat à nouveau la mesure et retrouve une certaine euphorie.

Alors, au cours de la dernière décennie du XXe siècle, y avait-il de quoi danser ? C'est précisément d'un éminent mousquetaire de la Nouvelle Vague qu'est venue l'affirmative : Jacques Rivette, le plus cinéphile d'entre tous et l'un des plus sensibles à l'évolution du contemporain. En 1995, avec *Haut, bas, fragile*, il invente une nouvelle aventure parisienne en forme de jeu de pistes pour trois jeunes femmes en quête d'origine, une sorte de variation autour de *Céline et Julie vont en bateau*, l'un de ses plus grands films réalisé en 1973. Ici, Céline et Julie se prénomment Louise (Marianne Denicourt), Ninon (Nathalie Richard) et Ida (Laurence Côte). Louise revient à la vie après cinq ans passés dans le coma, Ninon décide de changer la sienne en mettant un terme à ses petites escroqueries (elle plumait le pigeon dans les boîtes de nuit avec la complicité d'un malfrat), Ida, jeune fille adoptée, se lance à la recherche de sa mère chanteuse, au gré d'un air retrouvé de son enfance. Aux quatre coins de Paris, toutes trois vont se croiser, rimer ensemble, échanger leur mélodie secrète sous le regard pas toujours bienveillant de messieurs chargés de les guider vers un endroit élucidé de leur passé. Construit sur un savant système de relances, de reculs et de cases pièges, *Haut, bas, fragile* ponctue ses intrigues mystérieuses de décrochages glissés, tout en notes et chansons, à l'intérieur d'une scène en apparence réaliste. À plusieurs reprises, les personnages se mettent à modifier le débit de leur dialogue par l'incise d'une légère scansion puis leur voix se fait mélodieuse et leur corps s'éploie au diapason, à présent accompagné d'une musique qui entraîne la scène vers son commentaire en chansons comme au bon vieux temps de la comédie musicale. D'un seul coup, outre le soin de respecter avec malice le goût du cinéaste pour toutes les formes de théâtralité, chant et danse conjuguent les petits drames de la vie avec la possibilité toujours vaillante de les rendre plus supportables (propos très rivettien). Inutile d'y voir un quelconque cynisme. Il n'y a là aucune légèreté morale à vouloir tempérer « pour de faux » les fantômes du permanent, à commencer par la foncière solitude des personnages. Paradoxalement, la danse est le moment où chacun a le plus conscience qu'il est en vie grâce à la tension (au sens de la tensiométrie) établie avec la/le partenaire, le moment où toucher l'autre offre la certitude que le monde existe bel et bien sous ses pas, dans l'unité d'une présence temporairement épargnée des énigmes environnantes.

Malgré les apparences, ces petites échappées musicales n'ont rien de digressif. Elles agissent au contraire comme un gage de vérité, fluctuant certes, mais singulièrement circonscrit en faveur d'une plus grande modulation de distances dans laquelle le film trouve aussi des arguments à sa fiction. Dans *Haut, bas, fragile*, bien des choses font lien avec la danse et la comédie musicale : le chausson de danse retrouvé dans le tiroir d'une coiffeuse, la présence d'Anna Karina dans le rôle de la mère d'Ida en référence au Godard du début des années 1960, celle de la chanteuse Enzo Enzo en meneuse de bal, les jeux de mots entre la chanson et le chantage, entre *chanter* et *faire chanter* et bien sûr cette boîte de nuit nommée *Backstage* dont la piste régulièrement parcourue de pas chassés métaphorise l'espace dramaturgique du film, dans la mesure où s'y exerce un rapport modulable à l'envi de proximité et d'éloignement, rapport exprimé en termes scénaristiques (le « si loin si proche » à la base des relations des personnages entre eux et avec leur propre histoire à résoudre) et chorégraphiques (une succession d'embranchements et de séparations physiques, de l'avant à l'arrière-plan et du champ au hors-champ). C'est là que *Haut, bas, fragile* trouve la clé d'une ouverture idéale aussi bien sur ces circonvolutions intimes que sur l'œuvre entière de Rivette, dans cette façon de libérer une marge d'expression plus ou moins improvisée au corps et de lui donner la forme parfaite d'une résistance passagère à tout ce qui, alentour, s'échine à vouloir le faire tomber. En 1982, la scène finale du *Pont du Nord* en déclinait la leçon : lorsque le corps s'oublie en postures soustraites à l'action scénarisée, il résiste à tout, fier et insaisissable. « Et si la danse seule – la passion d'être un autre – pouvait faire oublier le scénario ? Et si Rivette (seul ou presque dans le cinéma français) était un chorégraphe rentré ? », écrivait Serge Daney à la sortie de ce film (*Libération*, 26 mars 1982). Ce serait donc ça un corps qui danse : l'objet d'un curieux déplacement du scénario vers l'opportunité de sortir de ses automatismes par une sorte d'émancipation aérienne qui retarde le plus loin et le plus longtemps possible l'instant de la chute – l'atroce médiocrité du réel.

Lorsque la réalité est trop accablante, trop lourde à supporter, il arrive que la danse, au lieu de la neutraliser euphoriquement par un miroitement de pas de côté, fasse juste jeu égal avec elle, le temps d'une courte pause. C'est ce qui se passe dans *Jeanne et le garçon formidable* (1998) d'Olivier Ducastel et Jacques Martineau, une comédie musicale sur fond de ravages du sida. À première vue, un tel parti pris esthétique implique un enjeu moral. Comment croire à l'efficacité d'un genre entièrement dédié à la santé du corps lorsque celui-ci est frappé d'une maladie aussi terrible ? Là se situent l'utopie et la naïveté du film. Salué pour ses affinités avec l'univers de Jacques Demy (la présence au générique de son fils Mathieu renforce la comparaison), *Jeanne...* respecte en effet l'une des grandes modalités de la comédie musicale : la soudaine orientation chorégraphique d'une scène dans la continuité et le maintien de son unité dramatique. Mais il apparaît que dans cette histoire d'amour condamné entre une jeune fille pétillante et sensuelle (Virginie Ledoyen) et un garçon plein de charme mais affaibli par la maladie (Mathieu Demy), la danse accuse davantage l'échéance de la mort qu'elle ne la conjure. Tout ce qui lui est propre – l'élan, la souplesse, l'idéalisation d'un échange de sentiments hors de portée des piètres lois ordinaires, la sensation de planer quelques minutes au-dessus des contingences – s'assombrit cette fois d'un voile de deuil. Chaque numéro a beau résonner comme une éphémère victoire sur la fatalité, l'allégresse a beau être au rendez-vous de la moindre virevolte enchantée, cela n'a hélas aucune valeur d'oubli dans la mesure où le corps relâché, exceptionnellement tenu à l'écart du pire par la musique, n'est finalement jamais séparé de ce contre quoi il lutte au quotidien. Danser ne lui donne pas pour autant accès à un ailleurs salvateur destiné tôt ou tard à l'emporter sur la réalité, soit par substitution soit par imprégnation définitive. C'est au contraire une forme de stigmatisation improbable de son état qui le ramène plus cruellement encore à l'horizon de sa disparition. Certes, la vie exaltée dans la danse s'affirme toujours comme une riposte à la mort mais elle ne soulage pas complètement. Bien sûr, Demy ne procédait pas autrement. Comme personne, il savait donner des mélodies au malheur, offrir des couleurs au gris de l'existence, faire danser les sombres épisodes du destin manqué des hommes et des femmes, faire valser l'enchanté et le désenchanté. Dans *Jeanne…*, cette ombre n'est jamais loin. Simplement, la réalité trop réelle (le sida), faute de pouvoir moralement ouvrir sur plus grand qu'elle (le Destin, l'Amour, etc.), propage au sein de ce qui pourrait la transcender (la danse) un air de propagande assez terne pour la vie *et rien d'autre*. Sept ans après, Ducastel et Martineau réutiliseront cette méthode de l'enthousiasme militant dans *Crustacés et coquillages* (2005) au service cette fois d'un vaudeville familial autour des préférences sexuelles dans lequel les quelques interventions de la danse et du chant fonctionnent directement comme les preuves *à l'appui* d'une fantaisie générale.

28 *Où retrouver les corps burlesques ?*

Mais il arrive aussi qu'un moment de danse réhabilite brièvement quelques-unes des données d'un genre ignoré depuis bien longtemps par ici, faute de conviction et de réflexe culturel, à savoir le cinéma burlesque. À l'exception de Jacques Tati, Pierre Étaix, Louis de Funès, Pierre Richard, voire Jean-Pierre Léaud, rares serviteurs sans descendance, il est admis que le cinéma français ne goûte guère à ce qui demeure génétiquement attaché à l'Amérique et à l'Italie. Sans doute trop prudemment indexé à sa légendaire tenue psychologique et intimiste, il n'est pas très à l'aise avec la démesure inhérente au burlesque. Cette forme de comique basée sur le dérèglement corporel au contact de l'hostilité mécanique du monde sied mal à un cinéma plus volontiers porté sur l'étude des sentiments et du comportement social. Malgré ses attraits éminemment populaires, le burlesque n'a que trop rarement occupé une place de choix dans les divertissements de masse produits en France pour la simple raison qu'en tant qu'esthétique savante du corps il n'a su rivaliser avec l'exploitation d'un comique plus conventionnel, hérité du théâtre de boulevard et de ses codes de langage. Un corps burlesque, c'est un corps qui convertit le ratage de sa tentative de raccord au monde en un miracle d'enchaînement physique réinventé. Inscrit dans un cadre réaliste, il le déborde à l'excès sans toutefois le dénaturer complètement et en le débordant subvertit ses principes de conditionnement. En France, ce mode de subversion par le déploiement comique des puissances du corps est plutôt exceptionnel dans la mesure où l'on préfère maintenir le cadre réaliste en état, y compris dans la critique de ses apparences. Question de coutume : à l'éclatement du cadre, on préfère le grossissement de ses éléments sans rien modifier alentour. C'est toujours la préservation du petit théâtre social qui prime sur l'extravagance d'une décomposition de ses planches.

Par quel détour alors le cinéma français récent a-t-il retrouvé un peu de démence burlesque ? Par la danse précisément, mais moins dans le registre de la fluidité que dans celui de la dissonance. Ne s'y réalise pas exactement l'avènement d'une unité physique et sentimentale idéalisée par la soustraction gracieuse aux compromissions du réel. La levée des inhibitions qu'elle provoque est cette fois davantage au service de la folie, une des composantes du cinéma français de ces dernières années. Mais soyons précis. La folie en question, contrairement au burlesque américain, n'est pas du tout un état de cinéma confondu avec la vitesse et les défis lancés aux lois de la pesanteur. Elle ne s'exerce pas au pays de Charlot mais à celui de Charcot. C'est donc comme résultat d'un diagnostic, comme tare médicalement certifiée que la folie produit les déséquilibres constitutifs du burlesque. Folie, désordre, logique de l'absurde, expansion du mouvement catastrophique sont quelques-uns des ressorts du genre que le cinéma français, à défaut de pouvoir les maîtriser à l'échelle de tout un film, condense étrangement dans le périmètre d'une danse improvisée ou d'une gestuelle analogue. Nous en avons un bel exemple dans une très courte scène de *Rois et reine* d'Arnaud Desplechin (2004), film animé par l'ambition d'alterner le raisonnable et l'irrationnel, la contenance et la gesticulation sur fond de généalogie familiale plus ou moins légitime. Interné à la demande d'un tiers dans un établissement psychiatrique, Ismaël (Mathieu Amalric), un altiste dépressif dont la marginalité excentrique fait un parfait spécimen de bouffonnerie, exécute au cours d'une séance de thérapie de groupe un numéro de hip-hop pour le moins saugrenu. Pour un personnage aussi peu adapté aux autres et à sa propre histoire, danser sur cette musique équivaut à combiner en (faux) rythme maladresse et bonne mesure improbable. C'est le seul moyen qu'Ismaël a trouvé pour s'exprimer devant les autres, pour dire ce qu'il se sentait prêt à dévoiler. Le choix de ce tempo musical souligné par un montage lui-même en déséquilibre (*jump cut*, plans turbulents légèrement filés) illustre à merveille la bipolarité dont souffre ce personnage lunatique. Dans sa brièveté même, cette scène isolée n'a pas d'autre intérêt que de démontrer à travers une danse désynchronisée comment le désordre psychique s'accompagne d'un dérèglement physique. À la déstructuration mentale correspond en quelque sorte une désarticulation dynamique du corps. Là se remarque l'attestation du burlesque, mais d'un burlesque qui a besoin de prendre appui sur l'intériorité malade du personnage pour pouvoir ensuite se répandre en soubresauts grotesques. Partout ailleurs dans le film, Ismaël se comporte de manière fantasque, joignant à une gestuelle saccadée un phrasé tout en ruptures de ton, au point que chaque scène évoque un *slapstick* débraillé. En définitive, prendre un personnage de fou pour recroiser, même incidemment, les paramètres du burlesque permet de marquer la différence avec les Américains. Chez eux, surtout à l'époque du muet, le burlesque se présente comme la création d'une forme comique ultra-visible qui peut se passer de l'esprit des personnages. Son efficacité tient à l'engrenage de différents mobiles, humains et matériels, nés invariablement d'un dysfonctionnement ou d'un malentendu. C'est la raison pour laquelle les personnages sont souvent perçus comme des êtres dérangeants et encombrants. Avec l'apport de la folie, il en va tout autrement pour les nôtres. Chargés psychologiquement, ils apparaissent dérangeants *parce que dérangés*, encombrants *parce qu'encombrés* de gestes et de rictus. On est là dans la classique conception française des personnages où extériorité et intériorité sont indissociables aux dépens d'une certaine abstraction par laquelle les Américains, eux, sont parvenus à élaborer leur champ d'action burlesque. Néanmoins se partage cette propriété selon laquelle un personnage inadapté réussit par son unique présence à déranger le bon fonctionnement d'un milieu, à la faveur de situations comiques particulièrement délirantes.

« J'adore les fous car ils sont très créatifs », dit un patient à son psychanalyste dans *Le Journal du séducteur* de Danièle Dubroux (1996). Depuis une bonne dizaine d'années, le cinéma français s'est plu à nous présenter une collection de personnages *border line* symptomatiques d'une époque et d'une société malades. Mais, au-delà de leur échantillonnage social, ces figures de la folie douce sont à même d'inventer des postures par définition excentriques qui ne sont pas sans rappeler l'instabilité provocante des mouvements des plus grands comiques. Et là encore, c'est curieusement par le biais d'une chorégraphie nerveuse et hétérogène que se manifeste le mieux ce qu'en l'occurrence nous pourrions nommer un *burlesque existentiel*. Dans ce domaine, le cinéma français a très vite trouvé son modèle en la personne de Valéria Bruni-Tedeschi. Dans les deux films qui l'ont révélée, *Les gens normaux n'ont rien d'exceptionnel* de Laurence Ferreira Barbosa (1993) et *Oublie-moi* de Noémie Lvovsky (1995), l'actrice s'est affirmée par une endurance et un punch qui lui ont permis d'incarner des personnages possédant une même fragilité mentale et une même propension à se heurter plus ou moins violemment à la normalité ambiante. Restituant à la perfection tous les décrochages de la raison, elle se livre à une prestation physique où le moindre geste, la moindre intonation, le moindre éclat déportent la scène vers des limites de sens extrêmement déstabilisantes. Le premier plan d'*Oublie-moi* nous montre deux amies qui dansent dans une chambre sur une chanson de Patti Smith. Aucune parole échangée ni adresse du regard explicite, juste deux corps qui se tournent autour. Déjà la manière de bouger de l'une d'elles, Nathalie (Valéria Bruni-Tedeschi), donne une indication sur son comportement. Elle ne danse pas exactement au rythme de la musique, plutôt mime-t-elle la chanson avec ses bras, ses mains et ses doigts (le titre est *Distant Fingers*). S'il y a quelque chose à exposer dans cette première scène, c'est le pouvoir du corps à imposer un mode de relation décalé avec la réalité. La bizarrerie de la gestuelle de Nathalie vient du fait qu'elle traduit physiquement les paroles de la chanson (le fond) au lieu de se laisser emporter par la musique (la forme). En somme, ce qui rend fou est moins la conformité aliénante à la réalité que la recherche obstinée (et en l'occurrence névrotique) de son sens obtus. Dans *Les gens normaux...*, Valéria Bruni-Tedeschi fait montre de la même détermination, quelque peu inquiétante, à dominer le caractère inexplicable d'une situation amoureuse relativement comparable à celle d'*Oublie-moi* (un homme l'a quittée pour une autre, elle veut savoir pourquoi). Martine, son personnage en pleine dérive, se retrouve rapidement à l'hôpital psychiatrique au terme d'un enchaînement de crises mené en pleine rue avec son ex petit-ami. Ainsi les vingt premières minutes du film reposent-elles sur une logique de dérapage incontrôlé allant de la norme (le travail de Martine dans une agence de marketing par téléphone) au point de rupture (son entrée aux urgences après un geste de désespoir contre la vitrine d'un lavomatic). Logique catastrophique en vérité digne du *crescendo* burlesque par la reprise de son équation : un ordre de départ qui aboutit à sa destruction au gré de la pulsion de survie d'un personnage en difficulté. Et l'actrice, dans sa conduite exubérante, justifie de son côté le rapprochement en entraînant frénétiquement le mouvement de la séquence jusqu'à un seuil impossible à anticiper, encore moins à rétablir. Ce n'est pas un hasard si plus tard dans le film, Laurence Ferreira Barbosa confirme en une scène de danse au milieu des patients de l'hôpital son intérêt pour la créativité burlesque des fous. Pas étonnant non plus de revoir ce moment de fête quatre ans plus tard dans son deuxième film, *J'ai horreur de l'amour* (1997), où il est également question de l'insatisfaction de l'individu à occuper en société une seule place établie une fois pour toutes. Le burlesque se déclare justement dans la redistribution affolante des places. À un degré moindre, la scène de danse est ici l'occasion de réunir quelques-uns des personnages agités du film en procédant à la permutabilité disjonctive de leur originalité. Il s'agit là évidemment d'un burlesque involontaire, plus drolatique que réellement drôle. Son objet se concentre davantage sur la manifestation exacerbée d'une crise intime que sur l'élaboration d'un espace comique à géométrie variable. Cependant, et malgré son traitement accidentel, il respecte la convention d'une réaction dévastatrice à une situation défavorable.

29 *Détruire la figure ?*

Que se passe-t-il lorsque le corps s'abîme sur la pente d'une totale négativité ? Dans quelles ressources cinématographiques puiser le projet de sa destruction et comment grâce à celle-ci en faire au bout du compte l'éloge ? Aux premières années du nouveau siècle, de nombreuses réflexions se sont portées sur la peur de voir le corps humain succomber aux excès d'exploitation artificielle de son intégrité (culte de la beauté, recul du vieillissement, manipulation génétique, avancée du clonage, etc.). Face à ce régime de virtualisation proliférante de la vie humaine, qu'un programme comme *Second Life* emblématise on ne peut mieux, une alternative aura consisté à exposer brutalement le refoulé inassignable à l'économie organisée, l'envers négatif et bestial de l'homme à travers des films de l'extraction du primitif, comme si, en réponse à la transformation massive du corps en bien de premier choix, un cinéma de la violence organique se devait de lui réinsuffler tout un foyer d'énergies irrépressibles. En général, le prix d'une démarche aussi directe est de désamorcer la sacro-sainte morale des images dans la mesure où, réduit à ses pulsions régressives, le corps ne peut être appréhendé autrement que par un abandon des automatismes d'appréciation rationnelle. À ce titre, il n'est pas rare que les films traitant à l'extrême de la terreur archaïque, de l'en deçà de l'humain, se distinguent par une expérimentation formelle inédite en symbiose avec la perspective d'un corps débarrassé de ses apprêts civilisés. Pour eux, il s'agit moins de représenter le corps que de le *figurer* sous forme de résidu de l'espèce humaine. C'est là une exigence esthétique certes incommode mais pertinente puisqu'elle s'accomplit autour de l'idée qu'avec l'exploration des profondeurs animales de l'homme doit coïncider un travail d'exploration des images, au cœur même de leur plasticité. Plus besoin de raconter les étapes d'une descente au plus bas de la nature humaine selon un schéma narratif traditionnel qui serait paradoxalement trop défensif, seul importe au contraire de filmer les aventures convulsives de l'image dans les zones sombres de l'innommable. Aux limites de l'identification, ailleurs que dans leur fonctionnalité narrative, les contours du corps se confondent soudain avec l'image de son propre anéantissement.

En 2002, deux films sont apparus comme des propositions presque militantes de cet investissement purement visuel du corps, *La Vie nouvelle* de Philippe Grandrieux et *Irréversible* de Gaspar Noé. Quoique très différents dans leurs intentions, ces films mettent en relief une conception de l'humain fondée sur le rejet et la bassesse, l'aveuglement et le déni de la personne. Même l'image, ouvertement stylisée, témoigne d'une saturation qui repousse hors de son faisceau d'intensités toute hypothèse d'intervention extérieure. Tout se passe comme si la figuration excessive de l'homme à l'aune de ses mauvaises pulsions devenait pur artefact sensoriel, affranchi de la moindre altérité, jouissant de sa propre transgression par rapport à un ordre potentiel rendu caduc. Chacun des films opte à un niveau critique inégal pour un processus d'effacement de l'humain au contact d'un double mouvement de destruction physique et de dissolution plastique. Dès son premier film, *Sombre* (1999), variation ténébreuse autour des archétypes du conte, l'ogre des bois (un tueur de femmes) et l'ingénue (une jeune fille vierge prénommée Marie), Philippe Grandrieux s'est clairement inscrit dans un courant de cinéma expérimental dans lequel les référents dits réalistes s'évanouissent en ondes figuratives indiscernables. Cette dimension alchimique des images et des sons sollicite chez le spectateur une perception particulièrement aiguë de la présence humaine estimée dans sa fusion avec un éventail de matières (matières minérales, végétales, charnelles, etc.). Rien de gratuit pour autant dans ce parti pris de « l'image pour l'image » car en lui s'exacerbe ce que l'auteur considère comme la vérité de l'expérience de l'homme en ce bas monde, à savoir l'éveil de ses démons enfantins, sa vulnérabilité impossible à traduire autrement que dans l'étreinte mortelle, son attraction enfin vers une préhistoire hobbesienne où l'homme est un loup pour l'homme. Chez Grandrieux, l'homme n'est qu'un corps en déroute et en souffrance que l'image toujours tremblante, indéfinie, menace en permanence d'étouffer. Avec *La Vie nouvelle*, le cinéaste va plus loin dans son désir de réinventer une figure humaine au hasard des chemins les plus obscurs. Vaguement située dans un pays d'Europe de l'Est, son action se découpe sur fond de trafic de prostituées où le corps apparaît comme une marchandise, une monnaie d'échange aux mains des clandestins. Plus encore que dans *Sombre*, celui-ci fait l'objet d'une vaste entreprise de déshumanisation que Grandrieux stigmatise en une opération de sublimation chimique, parfois thermique, de la figure. On assiste alors à une tentative de nouvelle composition de la figure humaine par la décomposition en négatif (au sens photographique) du corps dans laquelle l'image se fait symptôme ou tumeur (règne du flou qui opacifie les silhouettes, blocs d'intensité physique noyés dans une sous-exposition généralisée, effets de compression de la lumière qui indifférencient les personnages). Filmés par Grandrieux, l'homme et la femme deviennent des entités abstraites, évoluant dans les vapeurs lugubres de leur déracinement fondamental. Il va sans dire que les enjeux ne sont pas ici d'ordre dramaturgique et psychologique. Dans ce monde oppressif, où valeurs et repères sont abolis, le but est certes de résister à l'aliénation et au contrôle d'une économie souterraine mais surtout d'échapper au pouvoir d'absorption et de consomption des images, au comble de l'informe, dans l'espoir de retrouver la netteté de ce qui de l'humain serait sauvé, en l'occurrence le visage de l'être aimé.

Dans *Irréversible*, Gaspar Noé procède autrement à la défiguration sauvage selon un dispositif qui favorise l'exaltation de la pulsion viscérale et le fracas du corps contre l'abjection. Lui aussi expulse ce qu'il y a de plus primaire en l'homme mais de manière presque littérale, grâce à la construction d'un système narratif obéissant à un principe téléologique, méthode qui consiste à placer au tout début du film l'aboutissement de la chaîne tragique des événements avant de remonter séquence après séquence jusqu'à l'origine d'un bonheur bientôt sanctionné. Autrement dit, dans cette histoire de viol et de vengeance vécue comme un fait divers au comble de l'ignominie, il s'agit de défouler l'envers horriblement trivial de l'homme par l'inversion chronologique des faits. Le sens de ce postulat formel, comme le martèle le carton final, est de montrer que le temps détruit tout, à commencer par la chair. Théorie que Noé matérialise de deux façons, d'abord par la structure narrative puis par l'exhibition en temps réel de l'éclatement du corps. Dans les deux séquences les plus insoutenables du film, celle de la vengeance puis celle des sévices sexuels infligés à une jeune femme dans un passage souterrain, l'action consiste à broyer un visage humain. Ravagée sous nos yeux, la figure, en tant que partie du corps, doit en quelque sorte en passer par sa déformation définitive pour donner à voir concrètement sa transmutation en motif abstrait. Il y a là à l'œuvre un pari esthétique qui vise à renouveler l'efficacité du figuratif par le biais du maintien de l'identification au centre de l'expérimentation visuelle (c'est par trucage numérique que les séquences s'enchaînent de manière vertigineuse, donnant le sentiment d'un *continuum* désastreux). À cet égard, confier le rôle de la femme violée et défigurée à Monica Bellucci n'est pas anodin car l'actrice, emblème mondial de la beauté ainsi sacrifiée, renvoie concrètement au dépassement de la figuration par la voie de l'iconoclasme, autrement dit par la destruction de l'icône. En désagrégeant le visage, l'endroit du corps le plus couramment dédié à la reconnaissance du sujet humain, Noé ne vise-t-il pas à une défiguration littérale « renvoyant aux angoisses spécifiques d'un art pictural moderne ? » (Rauger, 2002 : 14).

IV
EXAMENS DU SOCIAL

30 *Quel réalisme ?*

Il est une antienne si ancienne qu'il ne viendrait à l'idée de personne de la contester : le cinéma français est sensible à l'air du temps, il en témoigne dans la limite de ses moyens, principalement sous la forme d'un compromis entre la chronique à effeuiller et une trame à suivre. C'est l'éternelle petite musique populaire où s'infiltrent les hoquets de la vie dans les plis d'une histoire narrant ses effets sur des gens ordinaires. Mais il y aurait un revers. À force de ne jamais vraiment retomber, cette musique en arrive à susciter chez ses détracteurs un raccourci théorique selon lequel filmer l'air du temps finit par couper celui du cinéma. À trop ancrer ses fictions dans la transparence du quotidien, le cinéma français serait-il condamné à ne pas voir plus loin que le bout de son petit naturalisme ? La diversité des regards et des styles au cœur de la production contemporaine ne permet pas d'être catégorique car ce sont eux qui font la différence, eux qui singularisent l'approche d'une réalité que l'on pourrait hâtivement estimer rabâchée, au cinéma et ailleurs. Il est vrai que faire état du présent a toujours été l'une des grandes affaires du cinéma français, pour le meilleur (le présent comme moyen de débusquer l'universel) et pour le pire (le présent comme vignette collée à l'actualité dont il suffirait d'être redevable). Son fameux réalisme, qu'il soit honni ou défendu, s'avance à la fois comme estampille et comme reflet d'une modestie générale des budgets. Tendre l'oreille en bas de chez soi ne coûte certainement pas cher, le tout est de ne pas assimiler petits moyens et petits films. À ceux qui reprochent régulièrement au cinéma français de manquer d'ambition, de camper trop facilement dans l'ornière du réalisme sans chercher à le transcender, il est utile de rappeler que celui-ci a pour avantage d'être juste et qu'être juste ne signifie pas automatiquement sonner juste ou encore tomber juste par rapport à une réalité qui conserverait sa primauté. La justesse afférente au réalisme dépend de l'exactitude du point de vue du cinéaste sur une réalité qu'il ne copie pas mais investit totalement, physiquement et moralement. Être réaliste, ce n'est pas accumuler sur l'écran les signes superficiels de reconnaissance du réel mais bien les renverser en signes d'appartenance personnelle patiemment construits par le cinéaste au contact de ce réel. C'est ce qui distingue le réalisme du sujet, auquel on a coutume d'associer la majeure partie du cinéma français, du réalisme de la forme, celle que l'on rapproche un peu trop paresseusement de la technique documentaire. Il est moins probant de filmer le monde tel qu'il est que dans la manière dont il nous questionne, avec pour argument primordial la conviction que la façon de le voir participe de son évolution. Durant toute son histoire, le cinéma français ne s'est jamais départi du souci de peindre son époque, le tissu social sous toutes ses coutures, d'accompagner tous les déterminismes, les comportements, les langages que la société française a produit tout au long du XXe siècle. Des vues Lumière aux films de Robert Guédiguian, il a poursuivi l'observation de son temps au fil des catégories qui ont contribué à sa réputation; le réalisme poétique des années 1930, synchrone avec l'essor puis le déclin de l'ouvriérisme et du Front populaire à la veille de la guerre, l'apparition, après deux décennies un peu groggy d'occupation de l'imaginaire, de courants qualifiées à tort ou à raison de « nouveaux », la Nouvelle Vague des années 1960, le « Nouveau naturel » des années 1970, étiquette inventée par *Télérama* pour désigner les films qui cherchaient le plus possible à épouser la vérité de leur époque, y compris sous couvert d'un genre répertorié (comédie, film policier, film à thèse, etc.) puis le grand bain amniotique des nouvelles images des années 1980, symptômes d'une ère à l'air raréfié qui transformait le monde à sa porte en un lointain écho. On a dit qu'avec les années 1990, inaugurées entre autres par un film comme *Un monde sans pitié*, la nouveauté venait d'une prise de conscience provoquée par une brèche ouverte sur les bruissements d'un réel en soudaine mutation, suite à l'effondrement du Mur de Berlin. Adossé à cette image primitive, le cinéma aura réussi à rétablir le contact avec le dehors par le prisme du symbolique et du légendaire. Plein de complexité et de désarroi inspirés indirectement des retombées de l'événement (le Mur et après ?), il aura logé dans ce réel retrouvé un flot d'interrogations en joignant à la chance de pouvoir les poser l'âcre sentiment de n'en retirer qu'une irrésolution persistante. C'est la raison pour laquelle le réalisme dernière manière a su se faire problématique, troublé par le constat que le monde est de plus en plus lacunaire, impossible à appréhender en surface, qu'y vivre nécessite de le penser au-delà de sa dimension univoque, du côté de ce qui en amont le traverse et l'inquiète, dans le souvenir des tournants mythifiés de l'histoire aussi bien que dans la ruine de leurs enseignements. À cela s'est logiquement ajoutée l'expression d'une angoisse existentielle activée par le remplacement des valeurs humaines par les valeurs voraces et tautologiques du grand Capital (le « moi c'est moi » de l'individualisme ou encore la formule « l'argent va à l'argent » du système libéral). En somme, conquérir sa place et son statut parmi les autres revient à soulever des gravats, des indices, des significations enfouies dans une histoire dont peu ou prou il importe d'hériter pour tenter d'y voir un peu plus clair. Dans le cinéma français de ces dernières années, le réel est devenu un legs, quelque chose comme une matière à bilan, une affaire à reprendre dans le sillage des vieux modèles, à vérifier sous un autre jour. Alors oui, il a bien fallu pour le cinéma français repartir mais en quête de sens réglés autour de la tension entre passé et avenir. Dans ces cas-là, être réaliste a pour véritable intérêt non plus de ressembler trait pour trait au réel en se demandant comment il fonctionne objectivement mais au contraire d'assumer la question de savoir de quelle victoire ou défaite il procède et ce qu'on en fait *à présent*. Nul accent de plainte pour autant, ni de nostalgie complaisante, juste un palier franchi dans la capacité de se dire que l'heure est venue de se réapproprier tout ce qui définit en profondeur une société, un individu, sa condition et ses perspectives, non en protestation contre ce que l'époque en a fait mais en adéquation avec les questionnements qu'elle restaure. Filmer le travail, par exemple, doit désormais prétendre à autre chose que la simple garantie de l'authenticité. Bien qu'au minimum respecté dans son détail, le milieu dit « du travail » constitue surtout l'occasion de revenir au fondement même des notions qui le déterminent. Qu'est-ce qu'*au fond* travailler ? Quels conflits cela entraîne-t-il entre les hommes et les femmes ? Quelle est l'essence de la peine endurée par celui ou celle qui travaille ? Qu'y a-t-il à perdre ou à gagner dans les compromis inhérents à ce type de relations ? En quoi surtout l'époque a-t-elle été propice à la prise en charge de ces questionnements ? À cela une réponse semble s'imposer : la difficulté de jouir d'une stabilité sociale, la déclinaison toute contemporaine des acceptions de la « délocalisation » qui érige en nouvelles normes la précarité du statut et du lien, la généralisation de la *fuite*, celle des capitaux et des marchés économiques qui collatéralement motive celle de l'individu vers d'autres expériences, autant de facteurs d'impermanence par lesquels s'explique sans doute le besoin de réintégrer les grands paramètres philosophiques de la vie en société. Que faire lorsque tout bouge aussi vite que notre impuissance à saisir notre rôle dans cette ronde infernale ? Au cinéma d'apporter des éléments de réponse, à son réalisme d'en assurer à la fois l'impact et la relativité. Il est peu de dire qu'en ce domaine le cinéma français, plus que tout autre, ne s'est pas voilé la face. Ses forces comme ses faiblesses sont à la mesure de la tâche qu'il s'est donnée de pointer les carences et les béances de notre rapport au monde en essayant de les colmater par un imaginaire qui, lui seul, résiste aux ravages du temps pressé.

31 *Pour quels bénéfices retourner à l'usine ?*

Le travail, parlons-en. Depuis longtemps, colle à la peau du cinéma français le cliché d'une inaptitude à le représenter dignement, trop préoccupé dit-on à raconter les atermoiements du cœur entre les quatre murs d'une chambre d'hôtel. Il y aurait comme une ironie à le voir trahir ainsi une de ses données originelles ayant pour nom *La Sortie des usines Lumière* en 1895, rien moins que le premier film de l'histoire du cinéma, situé au croisement de la réalité ouvrière et de sa force de témoignage instantané, à égale distance du mot « travail », lieu et activité confondus. Ce que les frères Lumière venaient d'inventer était une sorte d'ontologie pratique par quoi le cinéma au travail s'accomplissait idéalement dans le monde du travail. Or, par la suite, cette piste ne fut guère la plus empruntée. Quelques périodes en la matière furent plus productives que d'autres, comme par exemple les films du Front populaire des années 1930, l'école du court-métrage documentaire des années 1950-1960, sans oublier les films militants du début des années 1970. Des cinéastes particulièrement sensibles à la vie de groupe en milieu professionnel ont bien sûr, à travers elle, parfaitement décrit leur époque comme Jean Renoir, Marcel Carné, René Clair, Jean-Luc Godard, Claude Sautet et bien d'autres. Mais dans l'ensemble, une certaine réticence à installer sa caméra du côté des machines et des bureaux est restée tenace et à la longue rédhibitoire. Pour une grande majorité des films français, le travail et ses lieux ne sont que toiles de fond, décors et éléments de caractérisation standard réduits aux formalités du cahier des charges. Trop réel pour faire bon ménage avec la fiction, le monde du travail n'est préférable qu'en retrait, qu'à l'état d'indice sociologique mais pas plus. Trop vrai pour accueillir en son sein le vraisemblable des situations scénarisées, il ne peut qu'obliger le cinéma à se salir les mains, à ôter un peu de maquillage et se parer d'un surcroît de rudesse, d'une certaine ingratitude. En gros, seul le documentaire, dans son rapport voulu fidèle à la réalité, apparaît encore et toujours comme son hôte naturel.

Quelque chose pourtant changea au cours des années 1990-2000, une sorte de sursaut équivalent au besoin déjà évoqué de comprendre un peu mieux sa place dans un monde où le refrain politique concerne en partie la revalorisation du travail et en particulier celle du regard sur le travail en tant qu'agent structurant de l'identité. En 1995, au moment de l'élection de Jacques Chirac, un grand mouvement de réflexion collective se développa autour du fameux thème sur lequel toute sa campagne s'était construite, à savoir la « fracture sociale », l'écart de plus en plus net entre les puissants et les défavorisés dans une France stigmatisée de haut en bas. Au-delà des clivages entendus et du retour corrélatif des lectures marxistes (cinq mois après l'élection de Chirac sortait sur les écrans *La Cérémonie* de Claude Chabrol, jeu de massacre autour de la confrontation entre les domestiques et les patrons, les prolétaires illettrés et les bourgeois cultivés), on a pu observer à ce moment-là une nouvelle urgence pour le cinéma de retourner à l'usine, de revenir à l'endroit où s'exposent le plus directement les compromissions du lien social, où se métaphorisent à la fois la complexité et la nécessité de l'échange au sein d'une communauté, où se cristallisent le mieux les enjeux d'une transmission entre générations.

Comment renouer par l'évocation du travail d'hier ce que tend à désunir la logique économique actuelle ? C'est la question que pose *Reprise*, le film réalisé par Hervé Le Roux, en 1996, à partir de la découverte, dans les archives du cinéma militant, d'un petit film de neuf minutes signé de deux étudiants de l'IDHEC lors de la grève menée, en juin 1968, par les ouvriers de l'usine Wonder de Saint-Ouen. Intitulé *La Reprise du travail aux usines Wonder*, ce document fait immédiatement songer à un *remake* à l'envers du film inaugural des frères Lumière. Là, les ouvriers sortent de l'usine, ici on leur demande d'y entrer à nouveau. Trente ans après, Hervé Le Roux *reprend* lui aussi le chemin de l'histoire dans la relance des commencements du cinéma et du travail. Double origine qui imprime son film de l'émotion à exhumer tout un pan de la culture française (cinématographique et politique). Tel un détective, cet ancien critique des *Cahiers du cinéma* s'est lancé à la recherche des protagonistes de ce petit bijou de cinéma direct, un plan séquence tourné à l'épaule où, au milieu des témoins et des représentants des sections syndicales, une ouvrière crie son refus de retourner travailler dans ce qu'elle nomme une « tôle dégueulasse ». Cette femme en colère est le point aveugle de *Reprise*, sa raison d'être et son horizon. Parti pour la retrouver (en vain), Hervé Le Roux va en chemin entrer en contact avec ses « partenaires » de l'époque et s'entretenir avec eux ; des collègues, des cégétistes, des délégués du personnel. Pour chaque entretien, une même amorce : montrer sur moniteur vidéo le *Wonderfilm* de 1968 afin de recueillir tout une gamme de réactions qui, les unes après les autres, forment le lit d'une mémoire pleine et active. Cette reprise systématique du film des étudiants de l'IDHEC à chaque nouvelle rencontre en fait irrésistiblement la matière d'un souvenir au présent dans l'esprit du spectateur, comme une manière de superposer 1968 à aujourd'hui au lieu de les disjoindre. L'effet est saisissant car presque poétique. Au fil des témoignages, les acteurs de la scène de Saint-Ouen redonnent une visibilité à ce qui pourtant reste hors-champ : l'intérieur de l'usine, les ateliers, les conditions matérielles, les couloirs et les vestiaires, bref à ce qui demeure trop souvent l'espace refoulé du cinéma français. Beaucoup s'accordent sur les injustices qui y régnaient, la pénibilité médiévale du travail, la légitimité des revendications mais, malgré cela, tous s'accordent aussi à dire qu'entre hier et maintenant une chose a disparu : la solidarité, l'amitié, le sentiment d'appartenir à l'entreprise comme à une grande famille, en un mot l'union, le privilège d'être nombreux à travailler ensemble tandis que de nos jours, c'est dit dans le film, tout concourt à délier, à écarter, à segmenter le nombre en quantité de solitudes. Avant, le plein-emploi assurait la continuité de l'activité, aujourd'hui le plan social la désorganise. Avant, l'employé aimait à dire qu'il travaillait *chez* telle entreprise, aujourd'hui il ne travaille plus que *pour* elle. Différence de proximité dans l'appréciation du travail localisé à l'usine et par conséquent de l'investissement de la notion d'unité collective. Pour autant, *Reprise* ne sombre pas dans la glorification de 1968 sur l'air du « c'était mieux avant ». Grâce au montage des entretiens ponctué par les fragments du *Wonder-film*, Hervé Le Roux ressuscite une communauté dans l'idée d'un partage des forces (hier celles du travail, aujourd'hui celles de la mémoire). C'est la parole cette fois qui rassemble, à un moment où l'entreprise dressée par le capital est régulièrement soumise au démembrement économique de son personnel. C'est ce que résume très bien le critique Bernard Bénoliel :

> Le Roux souffle sur les braises et réchauffe un monde. Et ce qui est beau dans *Reprise* [...], c'est qu'on voit et entend les intervenants faire la chaîne [...]. Une chaîne humaine où s'exprime encore, vingt ans après, une solidarité contre l'usine, l'autre chaîne, celle qui divise, éloigne, coupe, déshumanise en empêchant le lien avec l'autre et la relation de se tisser. Dans *Reprise*, c'est la mémoire qui fait le raccord, c'est elle qui monte et produit le film, rappelle en cours de route ce sens du groupe. (Bénoliel, 1998 : 23)

Figure de proue d'un cinéma français repassant les portes de l'usine, *Reprise* en délivre aussi l'indispensable clé romanesque avec laquelle il est possible de traduire la pratique du métier en épreuve fictionnelle. Le film d'Hervé Le Roux peut en effet se voir comme une enquête policière ou une aventure obsessionnelle. C'est cette conjonction idéale entre sujet à connotation sociale et politique et pouvoirs de la fiction, recette d'ailleurs typiquement américaine, que notre cinéma cherche bon an mal an à atteindre. Retourner à l'usine est envisageable à condition d'y trouver matière à combustion narrative, la décrire uniquement en vertu d'une dramatisation de ce qu'elle *produit*, au propre comme au figuré. Alors seulement, pourront s'y rejouer les drames de la confrontation à l'autre, de la soumission et de la rivalité, les étapes initiatiques au terme desquelles l'individu (s')acceptera tant bien que mal (dans) le monde. Dans *En avoir (ou pas)*, premier film de Laetitia Masson (1995), l'usine est *a contrario* désignée comme un site contraignant avec lequel la fiction romanesque doit prendre ses distances pour pouvoir se construire ailleurs. C'est bien en tant que référent maudit que l'espace de l'entreprise est convoqué. Le personnage joué par Sandrine Kiberlain nous est montré au départ travaillant à la chaîne dans une usine du Nord de la France. Mais au départ seulement car très vite la jeune fille décide de quitter cet environnement pauvre en sensations pour les contrées plus exaltantes d'un récit sentimental. Là, l'usine produit scénaristiquement de l'écart, de la riposte, des réactions en chaîne qui finissent par l'exclure et grâce à quoi la cinéaste instrumentalise le thème si contemporain de la rupture sociale.

En 2001, *Trois huit* de Philippe Le Guay donnait à voir plus nettement le monde ouvrier comme un théâtre de la violence humaine sur fond de déniaisement brutal, d'humiliation et de rites de passage vers l'âge adulte. Après de longues années dans une entreprise de bouteilles, Pierre (Gérald Laroche) accepte de faire les « trois huit », d'arrêter de travailler le jour pour rejoindre une équipe de nuit. Mais la nuit, les tensions sont palpables, les rivalités s'exacerbent, notamment en la personne de Fred (Marc Barbé), un gros bras qui décide de faire de Pierre son souffre-douleur tout en lui offrant son amitié. Dans l'enceinte de l'usine, les provocations font presque partie du jeu mais elles deviennent franchement inacceptables dès lors qu'elles débordent sur la vie privée. Peu à peu, la perversité de Fred à l'encontre de Pierre ira jusqu'à se manifester sous les yeux du fils de celui-ci, déportant ainsi la pression initialement attachée au comportement à l'usine sur l'entourage familial, au-devant de situations marquées par la honte et le sentiment de revanche. Avec beaucoup de subtilité, Philippe Le Guay réussit à exploiter une actualité (l'aménagement des « trois huit », les conséquences sur la productivité et l'humeur des ouvriers) en une série de critères dramatiques parfaitement sentis; l'ambivalence des rapports de force sous l'influence du jour et de la nuit, du jour *contre* la nuit, les répercussions affectives de la vie en usine sur la vie de famille, les vexations quotidiennes transformées en affrontements virils dignes d'un film noir, etc.

Disparue pendant longtemps des écrans, l'usine a fini par ne plus ressembler à un studio (sinistre allusion d'antan qui expliquait aussi le refus idéologique de s'y rendre pour faire des films *neufs*). Sous les assauts de la réalité économique, elle a trouvé dans le cinéma français non seulement l'hospitalité dont elle avait besoin pour résister mais aussi un supplément de véracité. Par ce retour, la classe ouvrière n'est peut-être pas allée au paradis mais elle a enfin eu droit à de beaux premiers rôles.

32 *Sur quelles ruines s'élève l'utopie?*

> Tout artiste tend à l'utopie, quoi qu'il en dise. Un bouquin, un tableau, un film, c'est pour moi une utopie et c'est fondamentalement politique. [...] Comment, à partir d'un monde perdu, essayer de trouver un monde futur, une utopie. L'utopie, c'est littéralement le lieu qui n'existe pas, on y est en plein au cinéma. Et c'est aussi, en termes politiques, le monde futur [...]. (Guiraudie, 2003 : 12)

L'auteur de ces propos s'appelle Alain Guiraudie, cinéaste originaire de l'Aveyron pour qui le cinéma est un bon moyen de réinventer des points cardinaux en un monde où s'amplifie le constat d'une désorientation morale et idéologique. En quatre métrages, deux moyens et deux longs (*Du soleil pour les gueux*, 2000; *Ce vieux rêve qui bouge*, 2001; *Pas de repos pour les braves*, 2003, et *Voici venu le temps*, 2005), ce représentant atypique d'un cinéma français ultra-minoritaire s'est donné comme projet d'inscrire quelques-unes des grandes préoccupations d'aujourd'hui dans un territoire infréquenté par le tout-venant du cinéma, quelque part entre ciel et terre, en l'occurrence le causse aride du Larzac et les environs de Gaillac. Lui aussi aime parler des méfaits de la mondialisation, du chômage de masse, du gâchis que représentent toutes ces forces de travail laissées à l'abandon, de l'argent pour gagner sa vie et perdre son temps, de l'errance associée aux questions sans réponses des origines, mais il le fait aux antipodes des déterminations sociologiques. Son loisir est d'intervenir en terrain sauvage, à perte de vue, dans des aventures hautes en couleurs, là où peut-être de nouvelles places et de nouveaux rapports entre les gens peuvent être expérimentés. En disciple amusé de Brecht, Guiraudie traite de sujets sociaux et politiques à travers des histoires aux accents de contes et de légendes. Tous ses personnages ont des noms et des activités venus des temps anciens, pourtant ils apparaissent comme les dépositaires d'une lutte bien actuelle, celle qui consiste à continuer à avancer vers des collines nommées lendemains, à maintenir vivant n'importe quel lien, n'importe quelle croyance, au sein d'une géographie étendue qui peut être perçue comme une contre-proposition poétique au concept de globalisation et à la théorie instituée d'un monde fini. Même si les personnages sont improbables, comme tout droit sortis d'un livre pour enfants, même si leurs comportements confinent parfois à l'absurde, ils incarnent la hantise de l'uniformisation hégémonique du monde. Leur façon de s'en sortir est simple : se déplacer sans arrêt à pied à la rencontre de l'autre, sur les traces de l'inconnu, forts de la conviction qu'une fois atteint ils ne pourront jamais se satisfaire du connu et qu'il leur faudra heureusement à chaque nouveau retour transformer l'espace derrière eux. On est là dans une définition possible de l'utopie; pas du tout une croyance en un monde meilleur érigé en modèle à suivre à la sueur du désenchantement, ni même une illusion romantique, mais plus profondément un désir sans limites d'inventer sous ses pas un lieu d'expérience et de cinéma qui n'aurait que faire des valeurs et des traditions, des vieux schémas culturels et des enjeux régionalistes. Telle est la force politique de Guiraudie : une audace tranquille à vouloir faire tenir ensemble et à égalité des corps et des voix disparates, du local et de l'universel, du contemporain et du légendaire, en posant l'événement de la rencontre comme le seul repère qui vaille.

Dans *Ce vieux rêve qui bouge* (2001), il filme la fin d'un monde, le monde ouvrier, du moins un certain monde ouvrier. Promise à l'état de ruine, l'usine est ici le décor unique d'une action réduite à l'inactivité industrielle en raison de l'application d'un plan de délocalisation. Comment continuer à consolider le groupe au sein d'un lieu débarrassé à présent de ses appareils fédérateurs ? La réponse de Guiraudie passe précisément par l'utopie (homo)sexuelle fleurissant sur les lambeaux du militantisme syndical. Recruté pour démonter une des dernières grosses machines du site, un jeune ouvrier éveille peu à peu le désir chez quelques-uns. Se substitue alors à l'ancienne productivité quantifiable l'activité silencieuse du sentiment amoureux. Filmés juste après la chute, ces ouvriers laissent entre eux passer un peu de ce désir qui apparaît comme le seul bien humain rescapé du désastre, le conducteur d'une chaîne insoumise, celle-là, aux lois du marché. Une usine ferme certes, subissant le même sort que mille autres, mais la lutte, elle, résiste aux impasses car son objet vise à maintenir la cadence d'une intimité révélée, la seule qui maintenant *opère* bien. Si bien que sous les apparences d'une démythification du monde ouvrier, Guiraudie met en scène la circulation du désir comme survivance ultime du lien collectif. L'essentiel pour lui est de sauver de l'arrêt effectif du travail sa notion de force vive entre des ouvriers qui restent là en attendant la fermeture totale. Le travail suppose en principe une force utile, socialement et économiquement. À l'intérieur de cet espace désormais inutile, Guiraudie ne filme plus que la force potentielle, l'effort pour rien, pour un temps non productif. Lorsque des ouvriers traversent une large salle désaffectée en transportant des parasols sur leurs épaules pour les planter dans la cour herbeuse de l'usine, ils se déplacent comme des forces de travail en action, les parasols faisant songer à des pièces de machine démontée, sauf que cette force est destinée à la pause forcée, à l'opportunité d'un échange inassimilable avec les fonctions de rentabilité et de performance. Toutefois, cette façon de conserver l'image d'une force de travail quand le travail n'est plus n'a rien de nostalgique. Nul deuil idéologique ne pèse sur cette classe ouvrière qui se dirige vers la sortie, pas même une pointe d'apitoiement. Devant la caméra de Guiraudie, les employés naufragés font montre au contraire d'une étrange solidarité, au croisement des derniers exercices et de la libido, avec pour revendication muette l'attirance des corps et des regards. S'il est un communiste inquiet à juste titre, Guiraudie ne s'avoue pas pour autant vaincu. Jamais son cinéma ne sombre dans l'amertume et le ressentiment car le militantisme qu'il affiche repose sur l'espoir de garder intacte l'énergie du partage dans la contemplation des gestes du partage. Nous en avons une belle démonstration dans *Voici venu le temps* (2005) où le but est de refaire le monde, par le discours (pour les personnages) et par le récit d'aventures (pour le cinéaste). En racontant les exploits de personnages fantaisistes, bandits de grand chemin, chasseurs de prime et belles captives, Alain Guiraudie continue de s'interroger sur ce qui fait et défait les liens entre les gens. Entre pause et action, attente et relance, tous, quel que soit leur rôle, déclinent leur envie de savoir où ils (en) sont, notamment à travers la question du compromis entre l'amour et l'idéologie, énoncée sur le versant de l'utilité. Peut-on raisonnablement continuer à se croire utile sous prétexte que l'on travaille au détriment de l'amour qui, lui, ne cesse d'être différé, remis à plus tard ou sacrifié à jamais ? Tel est le doute qui les assaille en permanence et dicte leur conduite. Tout comme s'égrènent, au gré de leurs péripéties, les multiples définitions d'une machine devenue vestige au fond d'un jardin et qu'un ouvrier à la retraite tente obstinément de préserver. Qu'est-ce alors qu'une machine ? Une source tarie de productivité ? Un rêve qui bouge encore ? Un archaïsme chéri ? Des cendres sur lesquelles jouir avant de mourir ? Tout l'imaginaire du cinéma de Guiraudie tient au miroitement des significations qui jamais n'érode l'articulation serrée du réel et de la métaphore. En légendarisant le monde contemporain, il fait en sorte que celui-ci sorte de ses gonds rouillés pour acclimater ses failles ailleurs, vers d'autres maisons, d'autres liens à tisser. Là se formule l'utopie politique de Guiraudie, à ce visage correspond selon lui *le monde futur*.

Chez Robert Guédiguian, l'autre utopiste du cinéma français, le cas est un peu différent. Depuis son premier long-métrage, *Dernier été* en 1980, le cinéaste de l'Estaque entretient un même rapport à l'utopie communautaire grâce à une tribu d'acteurs fidèles (Ariane Ascaride, Jean-Pierre Daroussin, Gérard Meyland, Jacques Boudet, etc.), éternels compagnons de route formant sa « belle équipe » comme au temps de Duvivier et du Front populaire. À première vue, beaucoup de choses le rapprochent de Guiraudie. Communiste désabusé, il emprunte lui aussi la voie d'un brechtisme coloré pour délivrer un commentaire sur les errements idéologiques de notre société, partage un même besoin de passer par les arguments de la fable et du conte pour être synchrone avec son époque, se fie aux atouts du métissage et se fout de la naïveté qui guette la plupart de ses histoires œcuméniques. Tournant presque toujours dans sa région (Marseille et ses bassins) à laquelle selon les films il donne des allures de théâtre local ou de crèche pour grands enfants, Guédiguian est l'auteur d'une œuvre au départ engagée, portée par l'enthousiasme d'une génération qui avait survécu aux attentes déçues de 1968. C'est là du reste que s'arrête la comparaison avec Guiraudie. Alors que celui-ci opte pour l'élan prospectif d'une recréation de la relation de groupe en terrain fertile et dégagé, Guédiguian tend à encombrer de plus en plus son propos (et son cinéma) du poids inconciliable de l'héritage politique. « Soudée, la communauté de l'Estaque l'est à la hauteur du précieux trésor dont elle a la garde, ce trésor chéri pour ceux qui portent la mémoire de ce qu'un jour on nomma la politique » (Burdeau, 1998 : 44), analyse Emmanuel Burdeau à propos de la courroie de transmission d'une conscience politique singulièrement grippée dans la déliquescence du PCF. Jusqu'à *Marius et Jeannette* (1997), le cinéma de Guédiguian avait la gaieté à peine voilée de l'évocation des grands soirs. La vitalité citoyenne, l'esprit pas si lointain des révolutions avaient de quoi motiver leur récit sur le mode du « il était une fois » conjugué en saynètes pagnolesques et couleurs chatoyantes. Mais progressivement, les teintes ont viré au sombre, l'attachement collectif au détachement mélancolique, le « tous pour un » au « chacun pour soi ». Même perdues, les illusions ont fini par ne plus avoir le cœur à faire semblant. Dans *Le Promeneur du Champ de Mars* (2005), son requiem miterrandien, Guédiguian ne filme pas autre chose que la fin d'une époque, l'extinction d'une gauche pour laquelle toute issue est compromise. Progressivement, son cinéma choral s'est enroué, remplacé par des accents de désarroi lucide, une tonalité plus grave, une perte d'unité obtenue formellement par un montage en contrepoint propre à créer de la séparation et de l'isolement. Aujourd'hui, le cinéma de Guédiguian, comme sa ville, n'est plus tranquille. Il est lui-même devenu une utopie hélas passive, synonyme de résignation. Dans *Mon père est ingénieur* (2004), il est dit de manière très démonstrative que de notre société il n'y a guère de miracles à attendre. À travers le chemin de croix d'une femme mutique au cœur d'une cité phocéenne aux abois, le cinéaste présente une humanité décomposée sous l'effet de la déroute définitive de toutes les croyances (ici sont convoquées en un mélange très sulpicien les politiques et les religieuses). Autrefois pleine d'abnégation militante, littéralement auréolée de ses élans de philanthropie, cette femme, qui à présent ne parle pas, symbolise l'idée qu'après la révolte inutile s'impose la loi du silence, qu'après l'engagement s'abat le constat du don bafoué par l'individualisme agressif. Dans ce monde où tout s'embrouille, où les extrêmes polluent et les valeurs de transmission agonisent, à quoi peut-on encore croire ? Le pessimisme du film se situe à un niveau profane, dans l'impossibilité de concevoir la réconciliation avec le monde autrement que comme un miracle à figurer selon les règles d'une distanciation fantasmatique. Plus la peine d'être sottement réaliste, semble nous dire Guédiguian, dans la mesure où la réalité est désespérément sourde à l'aspiration de ce qui s'élève ici en chimère christo-marxiste : les bras ouverts à l'invitation d'occuper ensemble une même arche, que celle-ci s'appelle monde, scène ou cour de cité.

33 *Pourquoi, au fond, filmer le travail ?*

À la frilosité dont on accuse le cinéma français dès qu'il prend la responsabilité d'aborder les problèmes d'actualité, il convient d'opposer une caractéristique rarement démentie au regard de laquelle celui-ci finit par être relativement probant en la matière. À défaut certes de prendre de front la réalité de tous les jours, comme s'emploie à le faire par exemple le cinéma anglais, le cinéma français cherche, dans le meilleur des cas, à pratiquer l'insinuation d'une force d'évocation plus large à l'intérieur d'une apparente reproduction des codes sociaux. En d'autres termes, ce qu'on nomme le « social », c'est-à-dire au cinéma l'incarnation du lien social, agit comme la zone de rappel d'une matière originaire qui excède la supposée transparence de la fiction à vocation sociale. Ne pas s'en tenir à une stigmatisation des problèmes, en prolongement de leur traitement médiatique, au profit d'une traversée de la socialité hissée vers tout un imaginaire tant philosophique que mythologique, là est la grande ambition des films les plus en prise avec leur époque.

Reprenons l'exemple incontournable du travail organisé. Un cinéaste, Laurent Cantet, certainement l'une des plus belles révélations de ces dix dernières années, s'est très vite imposé comme un formidable analyste des fonctionnements du travail entendu à la fois comme exercice (niveau concret) et comme monde (niveau abstrait). Au sein de ce monde, l'individu qu'il met en scène fait âprement l'expérience d'un compromis entre les valeurs communes édictées au nom d'un même objectif et le risque de renoncer au respect des siennes sous la pression de cet intérêt premier. *Ressources humaines* (1999) et *L'Emploi du temps* (2001), ces deux premiers longs-métrages décrivent la foncière difficulté à être honnêtement soi-même dans un milieu dominé par les abus d'une hiérarchie qui corrompt les relations humaines tout en les réglementant. À partir de l'observation scrupuleuse des modalités de ce milieu, Laurent Cantet élabore des fictions angoissantes sur la question de l'altérité contrainte et faussée par l'image (en l'occurrence la fonction) à laquelle une entité constituée (le monde du travail) demande à l'individu d'obéir. À chaque fois, un élément d'actualité sert de point de départ : l'aménagement des 35 heures (*Ressources humaines*), le chômage et les restructurations d'entreprises (*L'Emploi du temps*), pour devenir ensuite le prétexte à une réflexion plus large sur l'ambivalence de l'existence sociale, ses échecs et ses trahisons. Le cinéma de Cantet est parfaitement représentatif de cette conjonction, soulignée plus haut, entre une réalité impeccablement détaillée (le travail à l'usine, les relations familiales, etc.) et la convocation en filigrane d'un sous-texte métaphysique, portant ici sur le syndrome de la reconnaissance contrariée en société : comment faire bonne figure et obtenir un relatif crédit de satisfaction aux yeux d'autrui ? Qu'espérer de l'autre pour qu'il me permette de donner sens à ma vie ? Ces questions innervent chacun des récits, auxquelles s'ajoute la dimension d'un drame de la filiation et plus largement de la transmission affectée par l'obligation d'être, elle aussi, systématiquement négociée. Dans *Ressources humaines*, Laurent Cantet raconte le parcours de Franck (Jalil Lespert), un jeune diplômé de l'école de commerce qui vient accomplir un stage auprès de la direction d'une entreprise de province pour l'application des 35 heures. Un double apprentissage se présente à lui, celui du travail et celui de sa famille, dans la mesure où son père est employé depuis trente ans dans cette usine. Bientôt tiraillé entre deux figures paternelles, son propre père (chef de famille) et le patron de l'entreprise chargé de le former (chef du travail), Franck assume dans la douleur des contradictions morales qui vont l'obliger à choisir entre sa vraie identité et sa fonction au sein du monde du travail. C'est l'éternelle problématique de la place à admettre comme la plus conforme à son moi social qui est en jeu dans le parcours du jeune homme. Son drame est de ne pas savoir exactement à quel camp appartenir, celui du patronat (en fonction de son avenir) ou celui des ouvriers (en fonction de son origine). Ainsi, Cantet ne se contente-t-il pas d'adapter une fiction à une réalité en apparence ordinaire, il montre surtout en quoi le ciment de cette réalité ouvre l'individu sur la prise de conscience de son identité en proie à toutes les dénégations et aux allégeances les plus difficiles à surmonter. S'il y a de la violence à affronter l'écart entre l'être et le paraître dans un univers aussi coercitif que l'entreprise, c'est en raison de la honte et de l'humiliation que produisent les enjeux du système hiérarchique contre ceux de la vie affective. Lorsqu'à la fin du film, Franck rejette sa honte sur son père au milieu des ouvriers en grève, il exprime clairement sa souffrance de devoir s'arracher de son milieu social *à cause* de son basculement définitif du côté des dominants. C'est là le prix à payer de sa conversion narcissique au sommet de la réussite professionnelle.

Ce principe d'humiliation considéré comme affect social, nous le retrouvons dans *L'Emploi du temps*, film inspiré de l'affaire Romand dont Emmanuel Carrère avait tiré un livre, *L'Adversaire*, lui-même adapté au cinéma par Nicole Garcia en 2001. À cette différence que la nécessité de composer avec les conditions d'existence validées par le travail confine à l'obsession tragique. Consultant en entreprise, Vincent (Aurélien Recoing) perd un jour ce poste et par peur d'être obligé de l'annoncer à sa famille, c'est-à-dire de faillir à l'image qu'il se doit de lui renvoyer conformément à ce qu'elle attend de lui, il décide de lui mentir en inventant des rendez-vous professionnels imaginaires. Il ira même jusqu'à s'inventer un changement d'emploi, rien moins qu'un poste à haute responsabilité internationale au siège de l'UCDI en Suisse. Pour donner le change, Vincent se rend là-bas, s'introduit dans les bâtiments, observe le va-et-vient des salariés, bref enregistre tout ce qui pourra apporter de la crédibilité à ses mensonges. Son activité est paradoxalement limpide : pour alimenter sa fiction du travail, il doit s'imprégner *à plein temps* de la fonction du travail. En cela, il reflète les avatars du monde capitaliste d'aujourd'hui : il n'est plus parce qu'il n'a plus. Avoir ou ne pas avoir, telle est désormais la question que nous incite à soulever notre société avide de profits. La dénégation inhérente au comportement exigé par celle-ci est dans ce film exposée de manière littérale, dans la mesure où Vincent sait qu'il n'a pas d'emploi mais agit quand même *à l'image* de ceux qui en possèdent un. C'est la raison pour laquelle sa participation factice aux mécanismes de l'investissement mondial devient peu à peu source de terreur, au moment où la transparence coupable de son action est soudain identifiée par les agents du monde réel (sa famille, ses amis) au comble de sa dépossession. Partie du fait divers, l'histoire gagne insidieusement les rivages obscurs de l'oppression schizophrénique qui s'empare d'un personnage coincé entre l'indignité du mensonge répété devant sa famille et la dignité qu'un tel mensonge permet au niveau du paraître social et surtout au niveau de l'effort (ici, mentir, s'inventer un emploi du temps conséquent représente un travail à part entière). Cette dimension presque fantastique prouve que la démarche de Cantet échappe aux archétypes, ne se limite pas aux critères de véracité si faciles à admettre dès qu'il s'agit de témoigner du monde dans lequel on vit. Il suffit d'ailleurs de se référer au titre de ces deux films pour constater que chaque terme est pris au pied de la lettre, dans leur acception presque étymologique. Loin de leur connotation usuelle, les expressions « ressources humaines » et « emploi du temps » renvoient directement au fondement de la nature humaine aux prises avec le conditionnement perpétré par toutes formes de pouvoir. Plus existentiel que simplement sociologique, le cinéma de Cantet traite du travail à la source de ses significations en privilégiant toutes celles ayant trait à la souffrance et aux besoins extrêmes de valorisation parmi les membres d'une même société organisée.

Au jeu sémantique des titres, celui du premier film de Jean-Marc Moutout est tout aussi éloquent : *Violence des échanges en milieu tempéré* (2004). Le propos porte également sur les ravages psychologiques que provoque l'impitoyable concurrence économique sur les salariés d'une petite entreprise de province à l'heure des licenciements abusifs. Philippe (Jérémie Rénier), jeune promu dans une grosse boîte de consulting, se voit charger par son supérieur sans scrupule d'organiser la restructuration de l'entreprise, en évaluant d'abord la viabilité de la structure au sein du personnel. Ce que le film raconte est le passage perturbant de la théorie (le personnage est formé au départ pour calculer des statistiques) à la pratique (sa découverte de la réalité du terrain). Sur décision d'un patron à la fois vil et lucide, parfait suppôt de la machine capitaliste, Philippe fera l'objet d'un violent dépucelage vécu sur le mode de la culpabilité et du remords. « Junior » au visage d'ange, il subit rapidement les méfaits humains d'une logique économique ultra-libérale pour devenir malgré lui une sorte de bourreau à la solde du marché. À l'instar de Laurent Cantet, avec toutefois moins de force dans la dramaturgie, Jean-Marc Moutout s'appuie sur des éléments très concrets de notre société, en vue de déceler à leur endroit la complexité d'une conscience meurtrie par l'obligation de trancher entre deux attitudes au regard d'une même situation de désastre collectif : agir en vertu de ce qui est juste, certes, mais à quel niveau ? Moral ou politique ? C'est à l'examen de ce dilemme éprouvant que le film doit la pertinence de son regard sur les dérives de la vie économique moderne.

34 *Pour quelle représentation de la société avoir recours au sacré ?*

Fin de siècle, retour du sacré. Aux États-Unis, on sait que l'entrée dans le nouveau millénaire a entraîné des fictions paranoïaques fondées le plus souvent sur l'hypothèse de destruction des civilisations occidentales, ce que, d'après eux, le 11 septembre a confirmé sous la forme concrète du terrorisme. Dans nos contrées hexagonales, la sensibilité à une présence supérieure, voire surnaturelle, capable de commander invisiblement le destin des hommes fut bien entendu moins prononcée mais elle s'est néanmoins exprimée avec à propos, principalement dans la représentation de réalités mystérieusement révélées derrière les apparences prosaïques. Soudain, l'ordre du monde et du récit se fissure pour éclairer une conception purement esthétique de thématiques aussi considérables que le pouvoir, la connaissance, la conscience, tout ce qui peut renvoyer à l'énigme de l'existence. Il va sans dire que cette méthode d'approche de la vérité de l'expérience humaine par le biais de sa décantation lumineuse est contraire aux règles du réalisme. Pour autant, elle participe à la compréhension intuitive du monde en provoquant l'irruption instantanée du sacré dans l'ordre quotidien des choses. Tradition française oblige, le sacré, conçu en dehors des dogmes religieux, subvertit la psychologie des personnages à un moment décisif de leur itinéraire, en les frappant d'une révélation quasi mystique par quoi ils ont la sensation de s'ouvrir sur le plan d'une totalité. Mais pour bien comprendre les affinités du cinéma français avec cette notion si complexe de sacré, il convient de se reporter à la définition qu'en donne Michel Leiris dans *L'Homme sans honneur*. À rebours de toutes les théories spiritualistes, celui-ci parle du caractère d'*intimité* du sacré lié à son caractère d'*étrangeté* se manifestant dans l'instant, par secousses ou épiphanies improbables, sur le terrain bas et lourd du réel. Selon l'auteur, cette intimité, qui recoupe d'ailleurs un des champs de prédilection du cinéma français, désigne le sacré « à l'état naissant » dès lors que celui-ci touche au corps, à la chair traversée par le temps et par l'esprit. Émergeant du monde profane, le sacré donne le sentiment d'être dans le plus intime de soi-même et d'être dépassé, transcendé par une force extérieure à soi. Et Leiris de citer comme occasions de l'émergence du sacré, l'érotisme, la danse, l'usage des toxiques, etc. Il y aurait alors comme une domestication du sacré, un mode inconnu de dépassement intime par lequel l'individu se libère fugitivement de son conditionnement social. De son côté, mais de manière finalement assez voisine, Georges Bataille explique que le sacré est une sensation née d'un mélange d'arrêt et de stupeur qui sont tous liés aux notions d'interdit et de scandale. Face à l'événement sacralisé du scandale, deux mouvements s'offrent à l'homme : la terreur ou la fascination, le rejet ou l'attraction. De là découle ce que Bataille nomme *la transgression*, comprise comme notion complémentaire au sacré à « l'état naissant ». Bien entendu, pas de transgression sans lois et il est du rôle de certains films français contemporains que de décrypter le mécanisme fondamental des lois sous l'influence de leur subversion à connotation sacrée.

De tous les cinéastes français en activité, Jean-Claude Brisseau est sans aucun doute le dernier grand lyrique, un artiste qui n'hésite pas à sublimer les limites du réalisme sociologique en les enchâssant radicalement dans un système d'énonciation à dimension métaphysique. Depuis ses débuts dans les années 1980, l'empreinte du sacré parcourt tous ses films sous différentes occurrences (pointes surnaturelles, illuminations, statut iconique des références cinéphiliques, etc.) car selon lui elle constitue le point de contact le plus élevé entre la pesanteur et la grâce, en référence au titre du célèbre ouvrage de Simone Weil, spécialiste entre autres des questions de foi et de transcendance. À ces deux pôles, pesanteur et grâce, Brisseau assigne une fonction déterminante dans le parcours à la fois formateur et destructeur de ses personnages. D'un côté, la pesanteur renvoie à la société, aux jeux de pouvoir et de domination, à l'autorité des maîtres, en un mot à la réalité *visible*. La grâce, elle, touche à la transgression par la création d'une forme d'extase relative au sentiment du sacré (érotisme, contemplation dévolue à la Beauté, panthéisme sensuel comme en témoignent dans son œuvre les nombreux plans de paysages nimbés de la lumière du ciel). En d'autres termes, le surgissement de la grâce ouvre sur l'évocation d'un temps *a-historique* qui précipite instantanément la surface du réel dans une sorte d'hostilité immémoriale et fascinante. Loin de l'imagerie complaisante, les trouées imaginaires qui ponctuent la trame de ses films n'ont d'autre signification que d'insinuer l'influence d'une réalité *invisible* sous laquelle apparaît la possibilité de s'extraire des chaînes sociales et de rejoindre l'antre figuré d'un absolu où se loge le sens profond, non corrompu, de l'être humain. Mais pour cela, Brisseau a besoin de partir d'une réalité sociale bien définie, avec ses « clichés » sociologiques, ses archétypes (la banlieue dans *De bruit et de fureur*, 1988; le milieu scolaire dans *Noce blanche*, 1989; le système judiciaire dans *L'Ange noir*, 1994; ou encore le monde de l'entreprise dans *Choses secrètes*, 2002), autant d'éléments de désignation d'un monde dérivé, soumis à plusieurs reprises à l'intrusion de saillies imaginaires par lesquelles s'entrevoient les fondements d'un monde originaire, les signes d'un état premier de la civilisation selon une conception naturaliste de l'art cinématographique, jadis théorisée par Gilles Deleuze à propos de cinéastes comme Bunuel ou Ferreri. Dès lors, l'espace initialement donné pour réaliste plie sous les appels de ce monde originaire pour ne plus avoir à se soumettre à cette autre forme de servitude qu'est la vraisemblance. Pareil parti pris perturbe évidemment l'appréciation de l'espace filmique, exige du spectateur qu'il se dote de critères de perception inhabituels s'il veut comprendre le sens secret de ces histoires de quête initiatique par-delà les compromissions que la société inflige à l'individu. Modèle d'un genre original – le « fantastique social » caractérisé par un matérialisme poétique épris de visions tragiques –, le cinéma de Brisseau succombe volontiers à l'attraction primitive du monde, plongeant dans les eaux troubles de la nature humaine où la connaissance se heurte à la pression des lois. Ses personnages sont tous exposés à devenir eux-mêmes par l'épreuve souvent violente de l'altérité, que celle-ci soit bénéfique ou maléfique. Au bord de la chute en permanence, ils trouvent un refuge illusoire dans l'apprentissage, lequel est systématiquement conçu par le cinéaste sur le modèle antique. Dans le monde antique, tout regard est connaissance et Brisseau en fait le fondement de l'initiation individuelle au contact fatal et cruel de la société, cruel dans le sens où son fonctionnement, établi sur la manipulation, contrecarre tragiquement le processus de construction de soi.

Choses secrètes est ainsi une fable politique et philosophique sur le pouvoir, avec ses variations et ses représentants, puissants ou déchus. Le pouvoir étant ce que l'on exerce sur l'autre, Brisseau va le décliner sous l'angle de la soumission et de la fascination, toutes deux motivées par le regard. Deux jeunes filles de condition modeste désirent gravir ensemble les échelons de la société jusqu'au sommet de la réussite et de la richesse. Pour y parvenir, elles décident de mettre à profit leurs principaux atouts : jeunesse, beauté, séduction, libido. Mais au lieu de s'en servir *naturellement*, comme des choses innées, elles s'accordent à en faire des éléments de stratégie rigoureusement préparés. Leur objectif est ainsi de s'interdire de jouir afin d'instrumentaliser la jouissance des autres, en l'occurrence les responsables d'une grande entreprise de finances, et à terme d'occuper les plus hautes fonctions. Deux pouvoirs par conséquent communiquent, le pouvoir sexuel stimulé par le regard que les deux jeunes filles s'emploient à attirer chez leurs « victimes » de luxe et le pouvoir de l'argent incarné par le directeur de l'entreprise, prince d'un univers de possession sans états d'âme, au-delà de toute morale, de la vie et de la mort. De la même manière, ces deux pouvoirs renvoient respectivement à deux mondes concurrents et dans le film formellement inséparables : le monde sacré introduit par les rituels érotiques des deux partenaires féminines et le monde profane des intérêts économiques. C'est à travers leur implacable interaction que Brisseau narre la défaite d'un pouvoir fantasmé, forcément limité (comment continuer à vivre sans jouissance réelle ?) contre l'institution éternelle d'un pouvoir supérieur, symbolisé par la négation totale de la jouissance et le contrôle à volonté des corps et des pulsions. Si le plan des deux jeunes filles échoue dans la douleur et la folie, c'est en raison de leur imprudence à croire que l'instrumentalisation de ce qu'il y a de plus intime en elles (la jouissance) était en mesure d'échapper à celle que la société opulente pratique sur les comportements de ses sujets. Dans la dernière partie de *Choses secrètes*, moment le plus directement tragique et « mythologique » au cours duquel se déroule une orgie érotique digne des noces de sabbat, Brisseau organise le combat d'Apollon et de Dyonisos, qui n'est pas sans rappeler – cela d'ailleurs n'échappa à personne – la grande séquence de cérémonie secrète de *Eyes Wide Shut* de Stanley Kubrick (1999). La comparaison en effet n'est pas fortuite car tous deux sont portés par une même réflexion sur l'état du monde contemporain : où mène le fantasme, ce petit capital humain, dans un monde dominé par l'argent, la richesse, le déni et l'aveuglement ?

35 *La grâce, pour quoi faire ?*

Chez l'être *simple*, situé à l'infime limite qui sépare la nature de la culture, l'humanité de l'animalité, le dénuement sur terre s'expose *in extremis* aux signes fulgurants d'une totalité. Prendre la misère (matérielle, morale, sentimentale, sexuelle) pour postulat primordial d'une transcendance sans nom, telle est l'inclination théorique du cinéma de Bruno Dumont, l'une des très fortes apparitions dans le paysage du cinéma français de ces dix dernières années. En quatre films, tous situés dans le Nord de la France, à l'exception de *Twentynine Palms* (2003) tourné dans le désert de l'Ouest américain, ce cinéaste exigeant a cherché à utiliser l'image cinématographique en tant qu'elle est porteuse d'une attestation sacrée au cœur de la création (avec ou sans majuscule). Très vite, on a reconnu en lui un disciple de Robert Bresson, moins par le style que par le dépouillement de tout ce qui, dans le réel, relève du distractif, des accidents et de l'impensé au point où ce réel se retrouve subitement en mesure d'accueillir les secousses d'une consécration mystique. Dans l'étendue des territoires du Nord où il ancre ses fictions, Bruno Dumont croit davantage à l'incarnation appréhendée à même le sol et le plan (l'un et l'autre étant chez lui souvent consubstantiels) qu'au devoir de raconter scrupuleusement une histoire dont ce serait littéralement le propos. Plus sensible à la contemplation de la nature et des corps qu'à l'action, sans doute trop encline à justement les dénaturer, il traque obstinément, en des séquences étales que la durée transforme en blocs de matière lourde, les indices du mal et de la bonté, de la culpabilité et de la rédemption, hors du discours et des interprétations. À ses yeux, le cinéma est un art de l'instant suspendu entre vanité et éternité, proche de la peinture flamande. C'est en cadrant suffisamment intensément un morceau de réalité, de préférence dépeuplé, réduit à un agencement de lignes d'horizon et de courbes physiques, que le cinéaste des Flandres parvient à produire la sensation d'un au-delà du visible, aux nuances d'un ciel élu garant d'un verdict prononcé à l'endroit des pauvres âmes délaissées. Bien que regardant régulièrement vers le Haut, ses films et ses personnages s'offrent complètement à la trivialité du monde résumée en une série de pulsions primaires : sexualité froide et mécanique, violence sèche et irraisonnée, absorption sans motivation dans l'immensité de la nature. Dans l'esprit de Dumont, plus le personnage est démuni, en deçà de l'individuation normée, en apparence vide de sentiments perceptibles, plus il trahit la perspective d'une plénitude ultime déclarée en fin de parcours.

Dans son premier film, *La Vie de Jésus* (1997), le vide initial se conjugue avec l'ennui quotidien d'une bande de jeunes copains, habitants de Bailleul. Leurs journées, ils les passent à moto sur des routes sinueuses de campagne ou dans les rues tout aussi dégarnies du centre-ville. À première vue, le chômage en cette région semble être l'explication de leur temps libre. Mais Dumont ne s'intéresse guère aux raisons strictement sociales. Seule le passionne l'opacité d'un état physique inconditionné, irréductible à l'identification. C'est pourquoi, plus que le chômage, c'est l'idée d'inactivité et ce qu'elle encourage comme traversée de l'environnement par un corps aux aguets qui détermine sa mise en scène. À la tête de la bande, Freddy (David Douche) est le seul à avoir une petite amie, à forniquer et par conséquent pouvoir justifier d'une autorité auprès d'eux. Mais un jour, à force de vacuité et d'arriération, il commet un crime raciste. Y a-t-il un rachat possible pour l'auteur d'un drame dont la cause n'est pas ici d'essence idéologique mais tout simplement, et par conséquent plus terriblement, de l'ordre de l'irresponsabilité foncière, presque primale ? La réponse de Dumont outrepasse l'argument moral en se situant au niveau d'une épiphanie de dernière minute. À la fin du film, Freddy est arrêté. Il est donc exposé au jugement des hommes. Torse nu zébré d'écorchures suite à un accident de mobylette (le corps stigmatisé du Christ ? au regard du titre, l'allusion est permise, quoique douteuse), il s'enfuit du bureau de la police, donc de l'espace codifié de la Loi, pour rejoindre en une conclusion faussement céleste l'ordre originel du monde. Allongé dans l'herbe, scrutant les nuages au loin, Freddy offre son corps à la nature, une nature que Dumont consacre par morceaux (un gros plan sur sa main, un autre sur une fourmi le long de son bras) selon un geste qui rappelle le traitement pasolinien du sacré. Grâce au montage, le grand cinéaste italien consacrait les choses du monde une à une. L'isolation d'un morceau du monde était pour lui une façon de le consacrer selon une approche à la fois fétichiste et matérialiste. À ce moment du film de Dumont, les inserts sur le corps de Freddy, plutôt rares jusque-là, s'intercalent en signes de déchirure à la surface pleine du monde, comme si subitement il fallait figurer une assomption métaphysique aberrante (une rédemption en quel honneur ?) sous l'effet d'un saisissant changement d'échelle. À bien y regarder, cette secousse scalaire est proportionnelle à celle que provoque la sensation du sacré « à l'état naissant » et que Dumont redouble par la crise d'épilepsie qui terrasse Freddy au comble de sa contemplation. Là, il est clair que nous sommes bien au-delà de la manifestation du symptôme pathologique, que cette crise est l'autre nom de l'épiphanie surgie au passage d'une lumière intermittente entre deux nuages.

Dans son film suivant, *L'Humanité* (1999), Bruno Dumont met en scène un personnage *bon* qui, au même titre que l'âne d'*Au hasard Balthazar* de Robert Bresson (1966), prend en charge tous les péchés du monde. Petit-fils de Pharaon de Winter, peintre et portraitiste bailleulois du XIXe siècle, un policier placide et illuminé portant le même nom que son aïeul se voit confier une enquête sur le viol et l'assassinat d'une fillette découverte dans les environs. Mais ce drame tourne vite à l'anecdote à partir de laquelle l'auteur nous livre sa vision du monde et de l'humanité. Au centre du film, deux enjeux conjoints échangent leurs attributs au nom d'une même recherche de la vérité. En premier lieu, un enjeu narratif dédié à la vérité des faits (trouver le meurtrier), donc au régime extérieur du visible. Puis, et plus encore, un enjeu philosophique tendu vers la vérité intérieure de l'être humain, décelable, elle, aux confins des choses imperceptibles, au détour d'une rue ou à travers une fenêtre donnant sur le lointain. Confronté à l'existence du mal dans la nature, Pharaon de Winter se met en silence à ingérer spirituellement ce qui, en elle, atteste d'une puissance enfin réconciliatrice. Pharaon est une figure de l'introjection du monde. Rendu intolérable par la découverte du corps de l'enfant, le réel est à ses yeux trop indescriptible pour lui permettre de travailler sa propre conscience parmi les hommes. Sa solution pour tenter de réparer ce que la nature (terrestre et humaine) a détruit est alors de se convertir peu à peu en figure expiatoire par la seule force de la contemplation. Ce qui nous vaut ces nombreux contre-champs sur les paysages immobiles, cadrés comme des tableaux de la peinture réaliste du XIXe siècle. Par l'intensité de son regard sur cette matière vivante qui l'entoure (indistinctement hommes, femmes, animaux, végétation, etc.), Pharaon fait vœu de tout accueillir, de l'ignoble à la pureté, au point limite du rejet (la scène du cri sur le lieu du crime). Avec ce personnage stoïque mais dont la douleur reste tangible, Dumont témoigne d'une certaine *passion* de l'individu qui culmine dans la scène du miracle où Pharaon, seul dans son potager, se met lentement à léviter sous l'effet d'une trop forte émotion contemplative. Coup de force de la croyance aisément inadmissible, cette lévitation est à prendre au sens littéral de la sainteté par laquelle le personnage accède à la conscience universelle. Plus qu'à une dimension religieuse, il importe, au vu du cheminement spirituel du film, de rattacher ce phénomène paranormal à une qualité extrême de l'humanité selon Dumont, l'onction terminale que la nature accorde à celui qui, fidèle, accepte de veiller à son équilibre, y compris dans la peine et dans la souillure.

Cette idée sera particulièrement démontrée dans *Flandres* (2006) où la guerre, espace de légitimité des instincts agressifs de l'homme, est symétriquement opposée à l'enracinement de celui-ci en terre inviolée. En deux temps, le film procède de nouveau à l'éloge du primitif que nulle grâce cette fois ne peut récupérer autrement que dans le sacrifice et la trahison. Qu'il soit en paix (première partie du film) ou en guerre (la seconde), sur le terrain de la contemplation familière ou sur celui de l'action hostile, l'homme de Dumont n'échappe pas à sa condition d'être embourbé dans son incapacité à comprendre et à connaître rationnellement l'autre en face de lui. Difficile en ce cas d'espérer une quelconque trace de sacré au-delà de la violence fondamentale. Qu'il soit chez lui à traverser de long en large des hectares de terre fertile ou ailleurs à se battre au milieu de la poussière et des cendres, l'homme fait toujours l'épreuve d'un abandon à ses propriétés pulsionnelles, au désespoir de ne pouvoir, même incidemment, trouver réconfort dans un semblant d'amour. L'amour, voilà bien la denrée rare, celle vers quoi cheminent les personnages sans le savoir, celle surtout qui dans son exception même relève du surnaturel, de la vision produite par-delà les frontières terrestres. C'est d'ailleurs lui qui aura le dernier mot. De retour à la maison après son expérience traumatisante de la guerre, le soldat accède enfin à l'humanité par inclinaison devant le sentiment sacré de l'amour, objet d'élévation auparavant montré comme raccord métaphysique entre les champs de culture agricole et les champs de bataille. Quand derrière soi tout a sombré dans le sang et la peur, il ne reste plus qu'à murmurer cette chose mystérieusement accomplie, épargnée *comme par miracle*.

36 *À la campagne, l'air du temps est-il plus vif ?*

« Plus c'est local, plus c'est universel », disait Jean Renoir. Hors des zones urbaines, à cent lieues des appartements et des embouteillages parisiens, un autre cinéma français a voulu voir du pays. Aux quatre vents, à la campagne, au bord de la mer ou à la montagne, il a tenté d'exporter ses chères histoires et profiter de l'influence des climats pour varier les comportements. On peut même affirmer que c'est vers une nouvelle forme d'« inscription vraie », pour reprendre l'expression de Jean-Louis Comolli, qu'en s'installant là-bas de plus en plus de fictions se sont orientées, avec de surcroît l'opportunité de puiser dans les décors naturels des audaces narratives toujours bienvenues et une autre façon d'appréhender le monde. En phase probablement avec cette mouvance sociologique qui indique qu'un nombre croissant de citadins se laisse séduire par les verts pâturages, pour échapper au stress des grandes villes, il s'avère en effet que le cinéma français trouve en territoire clairsemé de quoi s'oxygéner et, dans le meilleur des cas, se renouveler. Bien sûr, cela n'a pas empêché les mauvais esprits de parler de « régionalisme », dans le prolongement d'une tendance florissante vers la fin des années 1980, et les amateurs de jeux de mots d'évoquer un cinéma « néo-ruraliste » (Neyrat, 2006 : 11) à propos des films promouvant les beautés naturelles de la région impliquée dans leur financement. Mais il importe de ne pas confondre les cinéastes qui, attirés par les aides des conseils régionaux, délocalisent en province des scénarios pensés et écrits à Paris et ceux qui assument entièrement leur montage financier en région de manière semi-artisanale (c'est le cas du couple Patricia Mazuy-Simon Reggiani qui travaille exclusivement en Basse-Normandie et avec un système de financement local). Comme l'explique très justement Cyril Neyrat :

> La différence entre un cinéma qui se contente d'occuper la France et un autre qui l'invente ne tient pas tant à la manière de filmer les paysages qu'au type de récits, de trajets qu'on y inscrit. (Neyrat, 2006 : 11)

Autrement dit, il y aurait les films qui produisent les cartes postales animées du coin qui les accueille (avec des prototypes comme *Le bonheur est dans le pré* d'Étienne Chatilliez, 1995, *Une hiron delle a fait le printemps* de Christophe Carion, 2001, *Le Papillon* de Philippe Muyl, 2003, tous les trois interprétés par Michel Serrault !) et les films qui l'arpentent en vue d'investir de nouvelles configurations relationnelles selon une inspiration toute politique (les films de Guiraudie, ceux de Straub et Huillet). En somme, filmer *en* région (c'est-à-dire *en elle*, selon un mode d'imprégnation intime) n'est pas la même chose que filmer *la* région (c'est-à-dire à distance, dans une posture de touriste), c'est en quelque sorte envisager une autre dimension de l'espace social à l'écart des axes communicationnels dominants. Pour certains cinéastes épris de grand air, déserter le bitume signifie vouloir transposer géographiquement le fameux thème de l'exil volontaire après la déroute des idéologies et des idéaux. « Comment se repérer soi-même dans le monde d'aujourd'hui ? », « comment se reconstruire ? » deviennent chez eux des questions climatiques, ouvertes sur le hasard des rencontres et l'invention d'un espace commun dégagé, alternative fragile au constat de l'étiolement du lien *majoritaire*.

« Ce qui compte avant tout, c'est le rapport aux autres, la curiosité, le besoin de vivre les choses. » C'est Manuel Poirier qui parle, cinéaste né au Pérou et installé depuis 1990 en Normandie après quelques années passées à Paris. Quitter la capitale pour la verdure était au départ à la fois un programme de cinéma (la Normandie est le décor de son premier film, *La Petite Amie d'Antonio* en 1992) et un programme de vie. Très vite, la campagne est devenue son lieu d'adoption, l'endroit le plus en accord avec sa vision des rapports humains décrite plus haut. Chaleur, contingence, générosité, nonchalance, telles sont les vertus entretenues dans chacun de ses films et de ses personnages au contact *a priori* avantageux de la ruralité normande (et parfois bretonne). Par opposition, la ville est toujours désignée comme le lieu de l'enfermement et de la névrose, où tout est encombré, voué à l'indifférence. Aussi la vie et le cinéma sont-ils ailleurs, quelque part où les gens ne sont réduits ni à leur statut social ni à une caractérisation certifiée conforme aux fictions psychologiquement correctes. À la campagne, Poirier tient à évoquer le monde actuel à travers quelques méfaits qui lui tiennent à cœur (la famille décomposée et recomposée, la banalisation de la xénophobie, les écarts de plus en plus criants entre les argentés et le juste milieu) mais dans un cadre voulu aéré, propice aux aléas et à la fraîcheur renouvelée du partage, favorable surtout à une liberté prise avec les conventions de scénario. En effet, à l'image d'une campagne changeant de couleurs au gré des saisons, les récits de Poirier font souvent l'objet de variations, de légers relâchements et de détours inattendus, en adéquation avec la versatilité problématique des personnages. Tous s'interrogent à un moment sur le bien fondé de leur vie en ces lieux paisibles, se demandent si cela au fond est une bonne idée. Et Poirier de traduire à l'économie ces montées d'insatisfaction, non pas dans le discours mais dans l'affectation même du matériau scénaristique, quitte à nuire au rythme global; réactions différées par rapport aux orientations de la scène, suspension des motivations en pleine concrétisation, éloge de l'indirect. À cela s'impose une explication purement thématique. Ni pittoresque, ni idyllique, la campagne est ici un territoire paradoxal qui condense l'utopie (l'exaltation promise d'un « vivre ensemble » sous le signe d'une certaine fidélité aux autres et à soi-même) et la mélancolie liée à la déception de cette utopie. Le caractère justement déceptif du cinéma de Poirier vient de là, lorsque fait retour l'angoisse tant conjurée de la solitude dans l'étendue d'un espace lui-même isolé et dont les limites renvoient, tel un écho, à l'épuisement des perspectives personnelles. C'est le cas dans *...à la campagne* (1995) où le personnage principal, Benoît (Benoît Régent), réalise qu'entre ville et campagne, au fond, il n'y a pas tant de différences sur le plan des aspirations trompées. Après avoir aimé une ex-détenue de la prison de Fleury, venue dans son fief (Brionne) pour retrouver sa sœur puis repartie à la ville au bout d'une heure de film sans autre forme de procès, il n'a plus qu'à consacrer l'heure qui reste à errer avec ses amis dans les méandres de sa désillusion. Une vie est-elle possible à la campagne si de nouveau s'éprouve l'amertume que l'on croyait localisée pour de bon dans la cacophonie des villes ? Pareil tourment revient sur un mode inversé dans *La Maison* (2007), le dernier film en date de Manuel Poirier. Malo (Sergi Lopez, son acteur fétiche), directeur d'une imprimerie, en instance de divorce, est à un moment critique de sa vie. N'en pouvant plus de Paris et de sa situation de père juridiquement séparé de ses enfants, il se prend à rêver d'acheter une grande maison de campagne, dans la région de l'Orne, dans l'espoir de refaire sa vie. Mais tout le film démontre que l'époque stigmatisée par les procédures décourageantes et la destination de l'argent à l'argent est incompatible avec un rêve nimbé des émotions de l'enfance (comme en témoigne le petit dessin coloré de la maison en question que Malo découvre dans un carton lors d'une visite clandestine). Là, les trésors cachés de la campagne sont définitivement hors d'atteinte car hors de prix. Reste à les imaginer au conditionnel sans passer par la case « piège » de l'expérience.

Toutefois, les films de Poirier (surtout les premiers) évitent de justesse le moralisme crispé sur le désenchantement des adultes à l'heure du bilan. Ce qui les sauve de la morosité complaisante concerne précisément l'un des aspects les plus payants du cinéma français lorsqu'il est à l'écoute de son temps : sa capacité à combiner l'actualité de son sujet avec un imaginaire extérieur à lui. Chez Manuel Poirier, il arrive que la matière crue de l'espace vrai abrite un désir de fiction à teneur romanesque, comme on peut le constater dans ses trois premiers films, tous placés sous l'égide improbable d'Hitchcock. Avec son personnage de kleptomane, *La Petite Amie d'Antonio* est une sorte de *remake* de *Marnie* (la psychanalyse en moins), dans *...à la campagne*, Poirier reprend le pari narratif de *Psychose* en faisant disparaître son héroïne au bout d'une heure, dans *Marion* (1997), le suspense repose sur le désir « vampirique » d'une grande bourgeoise stérile d'adopter (entendez « kidnapper ») la fille de ses voisins de campagne. Là encore, il s'agit d'éclairer une réalité sociale à la lumière d'un référent dramatique suffisamment scellé dans l'inconscient cinéphilique pour la soustraire à la glue sociologique.

37 *Et en altitude ?*

Dès leur premier film, *Fin d'été* (1997), Arnaud et Jean-Marie Larrieu ont, eux, choisi les chaînes de montagne comme cadre exclusif de leurs fictions. À l'image de la campagne de Poirier, leur montagne est une géographie variable susceptible d'agir idéalement sur les événements. Rarement fréquenté par le cinéma français, depuis peut-être *Passe-montagne* de Jean-François Stévenin (1976), ce territoire majestueux est capable à tout moment de troubler la perception de ses reliefs et des êtres qui s'y aventurent. Comme il est dit qu'en altitude le temps évolue vite, les frères Larrieu se plaisent à confier aux caprices de cette météorologie les charmes d'une dramaturgie des sentiments toute aussi singulière, dans laquelle les nuances psychologiques des personnages s'inspirent des métamorphoses visuelles et atmosphériques de l'environnement. C'est pourquoi la montagne constitue, elle aussi, un creuset romanesque incroyablement fécond pour provoquer des renversements dramatiques, des révélations étranges. Rien de mieux surtout qu'un tel décor pour *élever* les sempiternelles thématiques du cinéma français moyen au niveau imprenable des cimes légendaires.

Les frères Larrieu font partie de ces cinéastes hyper-sensibles à la relation symbiotique qui existe entre une histoire et son site naturel. Celle de *Fin d'été*, par exemple, serait impensable en dehors de son antre, en l'occurrence la Montagne Noire, érigée entre Carcassonne et Mazamet. C'est là où Gilbert s'est retiré en accord parfait avec ses idées post-soixante-huitardes, là où il a décidé d'établir un mode de vie communautaire avec sa maîtresse, ses filles et de temps en temps des jeunes en difficulté à qui il enseigne de menues valeurs sous la forme de rituels rudimentaires, comme recueillir le lait de chèvre chaque matin ou faire sa toilette en plein air. Maître des lieux, il revendique ce qu'il y a de plus précieux de nos jours dans l'option de cette vie minoritaire, en mettant *en relief* le courage de se fier à cette chose hélas si désuète, selon lui, qu'est l'authenticité. Mais le tableau comporte dans les coins des taches sombres. Il n'est pas si simple de profiter des félicités du temps présent lorsqu'en soi le passé coince. C'est à ce titre que la montagne joue à plein son rôle de révélateur naturel dont les ombres et les lumières contrastées traduisent la difficulté de cette famille hybride à exalter à l'unisson sa vérité, en raison de secrets mal dissimulés. On réalise progressivement combien ce cadre, présenté au départ comme le lieu grandiose d'une utopie épargnée, n'est au final que la chambre d'écho d'une mélancolie liée au thème si récurrent du déracinement et du réveil d'anciennes blessures familiales. Cette contribution symbolique des massifs au portrait intimiste des personnages, on la retrouve décuplée dans le film suivant, *La Brèche de Roland* (2000). Les frères Larrieu y tiennent audacieusement le pari de transposer les conventions de la scène de ménage en plein cœur des Pyrénées, autrement dit d'incruster l'intimité d'un couple et de leurs deux enfants dans l'immensité rocheuse. Outre l'exploit de marier micro-sentiments et macro-géographie, le film réussit à faire fusionner histoire individuelle et mythe intégré aux parois des montagnes sous la forme d'un récit initiatique. Le père, éloquemment prénommé Roland (Mathieu Amalric), désire atteindre la fameuse brèche éponyme en signe de premier bilan. Accompagné des siens pour qui cette ascension ne représente pas plus qu'une balade éreintante, il est celui par qui les miracles de la nature correspondent poétiquement aux hasards biographiques (il aurait été conçu ici même et prénommé Roland en mémoire de ce berceau de l'amour). De nouveau, et plus encore, les Larrieu n'utilisent pas la montagne indifféremment. Sa force d'évocation ne réside pas uniquement dans l'illustration du « chemin parcouru » (au propre comme au figuré), elle procède d'une analogie démultipliée entre la pensée et la matière, l'inconscient et la paroi comme espace de projection mentale, la faille psychologique et la brèche taillée dans la pierre. Malgré (ou grâce à) son format réduit (le film dure 52 minutes), *La Brèche de Roland* rassemble à lui seul l'essentiel des préoccupations du cinéma français contemporain : l'état critique de la cellule familiale, la gestion au grand jour de ses secrets, les différents questionnements autour de la figure paternelle, l'adaptation des rites initiatiques en milieu ouvert, le besoin de vérifier la valeur d'une vie légendarisée au contact des légendes collectives, sacralisation enfin des scènes originelles (voir cette très belle image de la nativité dans laquelle le couple se baigne dans une petite cuvette formée à même la roche) en miroir des scènes originaires où sourdent les mêmes angoisses (« Où se situer dans sa propre histoire pour comprendre celles des autres jadis ? »).

Par quelles épreuves doit passer un couple pour se prémunir définitivement des atermoiements qui contrarient son bon fonctionnement, c'est le sujet d'*Un homme, un vrai* (2002), variation buissonnière autour de la comédie du remariage à l'américaine. Une idée toute simple la commande : un couple, pour marcher correctement, doit savoir *marcher*, grimper, crapahuter, nager, bref s'en remettre aux éléments. Espérer se retrouver et vivre heureux ensemble n'est pour le couple envisageable qu'à condition de s'éloigner, d'abord des secteurs du monde contemporain qu'ils ont pour fonction de servir, puis d'eux-mêmes accidentellement. Au départ, Marilyn (Hélène Fillières) travaille dans les télécommunications, Boris (Mathieu Amalric) dans le cinéma amateur. Autour de l'image, ils se rencontrent. Marilyn est chargée de promouvoir impeccablement celle de l'entreprise. Logiquement, elle engage Boris pour qu'il en fabrique. Mais l'image est sous contrat, comme une publicité. À l'état de cliché, elle ne bouge pas. Aussi, pour que le couple naisse et évolue, il lui faut quitter dare-dare le cliché immobile pour une liberté de mouvement obtenue grâce à une pratique très sûre de l'art de la fugue. Désormais, c'est aux vastes territoires de jouer selon les modalités scénaristiques, si largement convoquées par ailleurs, de la rupture sociale. C'est ainsi qu'en trois époques et trois espaces (appartement, mer et montagne), les frères Larrieu structurent un récit d'aventures intimistes dont l'idée directrice est qu'il faut du temps pour qu'un couple se refigure une *première fois*. Du temps mais aussi de l'espace, un espace de préférence propice au déséquilibre (un flanc de montagne, une terrasse au bord de la mer, le pont d'un bateau) afin de métaphoriser au mieux la situation sentimentale des personnages. Preuve supplémentaire que rien dans le choix des paysages n'a à voir avec la joliesse à bon marché. Les climats, la matière minérale et végétale, les bruits de la nature au diapason des différents accents utilisés dans le film (le français, l'anglais, l'espagnol, le chant) concourent à transcender un canevas fictionnel *a priori* banal pour le situer au niveau de la célébration impressionniste du monde.

Trois ans plus tard avec *Peindre ou faire l'amour*, le cinéma des Larrieu insista sur ce qu'*habiter* les grands espaces signifie. Cette fois, à partir d'un schéma emprunté au *Théorème* de Pasolini (le réveil d'un désir érotique provoqué par l'intrusion d'un étranger dans l'univers familier et familial), il s'agit de mettre en scène le déconditionnement des mœurs (petites) bourgeoises à travers l'utopie domestiquée de la contagion des sens. Un couple mûr (Daniel Auteuil et Sabine Azéma) tombe sous le charme d'une maison en vente, perdue dans le Vercors. Ils l'achètent et sont bientôt visités par un autre couple habitant les environs. Entre les quatre s'établit peu à peu un étrange manège érotique placé en apparence sous le signe de l'échangisme. En apparence seulement car l'essentiel échappe heureusement à ce qui pourrait se résumer à la manifestation inespérée d'un fantasme bourgeois. En prenant comme indices d'élaboration de l'espace filmique deux éléments importants de caractérisation (la pratique de la peinture pour Azéma et la cécité du voisin joué par Sergi Lopez), les frères Larrieu donnent à voir et à ressentir un très beau projet d'artiste, fondé précisément sur l'échange entre toutes les composantes de l'environnement, l'échangisme n'étant alors qu'un des résultats formels de ce projet et non un sujet social limité. Comment se définit ce projet ? Par l'unité harmonieuse des éléments à la fois structurants, signifiants, matériels et physiques du récit, en gommant le plus possible les aspérités susceptibles de l'escamoter. À cet égard, l'acte de peindre (les paysages surtout) n'est pas innocent car cela consiste à créer une osmose par agencement de lignes et de couleurs en vue de produire une émotion esthétique, rare si possible. Et c'est ce que font les Larrieu à l'échelle du film tout entier grâce à une savante exploitation de l'intégralité des substances constituantes : corps, lumières et topographie. Tout, absolument tout, participe sans entrave, c'est-à-dire sans rationalité, à l'idéal hédoniste de l'imprégnation sensuelle : une chanson apposée *off* sur un paysage de montagne au crépuscule, comme deux couleurs l'une sur l'autre, des arômes et des corps mélangés (et non pas « échangisés »), la nuit et le jour qui s'accouplent le soir et jouissent au petit matin, etc. Il faut lire le film au-delà de son synopsis pour comprendre qu'en lui se joue quelque chose de profondément esthétique. Pour le couple principal, en particulier l'épouse, le désir inavouable est de faire entrer ou d'accepter l'autre dans leur tableau afin qu'il se mue instantanément en motif central. Se livrer au contact d'un corps inconnu comme à celui d'une étendue dont on s'apprête à projeter l'impact sensoriel sur la toile, c'est ce qui nourrit le principe de plaisir sur lequel subtilement le film repose à l'ombre non dissipée des Renoir, père et fils.

38 *Quoi de neuf en banlieue ?*

Plus amplement investi que les massifs ou les prairies de la France profonde, le bitume des cités s'est fait l'écho d'un autre malaise contemporain, celui d'une jeunesse métissée et désorientée que Jacques Chirac, au moment de sa première élection en 1995, avait immodérément stigmatisée en usant du thème de la fracture sociale. Il n'y eut du reste guère de hasard à voir fleurir au même moment une vague de films sur la vie en banlieue, ses rites et ses impasses, comme en réponse à sa fallacieuse instrumentalisation politique. Bien qu'il soit absurde de parler de mouvement concerté en raison de leurs différences esthétiques évidentes, il paraît pertinent d'affirmer qu'une même ambition les rapproche, celle qui consiste à apporter, grâce au recul du cinéma, une véritable rectification morale au traitement médiatique de la situation dans les cités et, en particulier, à toutes les images d'émeutes que la télévision déverse volontiers sous le régime terrorisant de l'info spectacle. En réaction à la diabolisation idéologique de ces zones dites sensibles, le cinéma français a imposé non pas une voix unique et partisane mais une pluralité de langages et de styles ayant valeur d'antidote contre une opinion façonnée par le pouvoir. Qu'ils adoptent le ton de la comédie ou celui du film policier, les *films-banlieue* ont en commun de privilégier tout ce que la télévision ignore ou occulte en substituant au devoir d'informer un point de vue plus engagé et personnel. De tous les milieux, la banlieue est restée celui que la médiatisation a érigé en symptôme majeur de la crise sociale et politique en France, la cristallisation d'une béance croissante entre la technocratie du pouvoir et la réalité du terrain qui suscite encore aujourd'hui controverses et malentendus autour de la prétendue vérité des faits. En dire trop ou pas assez, en montrer un peu ou pas du tout, à chaque fois la question est de savoir qui du cinéma ou de la télévision est le plus proche du réel. Déjà en 1988, *De bruit et de fureur* de Jean-Claude Brisseau avait déclenché les hostilités en proposant une fable mi-réaliste mi-onirique sur la violence primitive des hommes affranchis dans les banlieues. On reprocha au cinéaste d'exagérer la réalité, de faire montre de complaisance dans la représentation des affrontements, alors que d'après lui, à l'époque toujours professeur de lettres dans ces mêmes cités, le film était très inférieur à ce qu'il avait l'habitude de voir dans les cours et les préaux. Précurseur de cette mouvance brûlante au mitan des années 1990, *De bruit et de fureur* soulevait en fait un problème moral et esthétique bientôt récurrent, à savoir qu'à l'inscription d'une fiction en banlieue s'adjoignent systématiquement l'éternel créneau du réalisme et le piège de la surenchère. Comment éviter que le cinéma tombe, en le copiant, dans le panneau de la mauvaise publicité diffusée à coups de reportages à sensations et de prophéties catastrophistes ? C'est la fameuse question de la rivalité réparatrice des images que se posent, peu ou prou, la plupart des cinéastes filmant en banlieue. Malgré sa difficulté à maintenir collectivement un lien imaginaire avec le monde, celle-ci n'en demeure pas moins, pour le meilleur et pour le pire, un vaste réservoir d'images. Il y a celles, univoques, que véhiculent les médias et celles, réactives, que lui oppose le cinéma en puisant dans ses archives, qu'elles soient cinéphiliques ou autobiographiques. L'enjeu, ensuite, est de rester vigilant, à l'écart d'une collusion fatale avec l'ennemi, c'est-à-dire le tout visuel aveugle et agressif.

C'est le cas de *La Haine* (1995), deuxième film de Matthieu Kassovitz, sorti pratiquement en même temps que l'élection de Chirac et détonateur de toute une série de films, chroniques ou brûlots, sur les conditions de vie des jeunes en banlieue. Par son dispositif narratif, *La Haine* revendique clairement le référent télévisuel pour mieux s'en démarquer par les atouts certifiés conformes du cinéma, en l'occurrence américain. En utilisant le concept de l'émission d'investigation, *24 heures*, diffusée sur Canal+ (suivre pendant une journée décomptée en tranches horaires le quotidien d'une personne ou d'un groupe de personnes socialement définis), Kassovitz détourne par la fiction le principe du compte à rebours en en faisant une matière à suspense. Bien que la télévision fasse figure de point de départ, tant dans le projet lui-même que dans le récit (le film s'ouvre sur des images d'émeutes), il s'agit ensuite pour le film de liquider sa concurrente en un geste significatif (une main éteint le poste) à partir duquel les armes du cinéma afficheront leur différence. La télé évacuée, c'est au cinéma de jouer, de grandir seul et d'ainsi faire valoir sa supposée probité par rapport aux médias pressés. Encore faut-il ne pas surestimer l'avantage de venir *après*, dans l'ostentation des moyens estimés plus respectables du cinéma, car le risque est grand de noyer la réalité des banlieues dans le grand bain des références visuelles venues tout droit du cinéma américain de la côte Est, celui de Martin Scorsese ou de Spike Lee. La limite de *La Haine* est justement de proclamer sa supériorité sur la télévision en transfigurant une de ses productions par une stylisation poussée à l'extrême (brillance du noir et blanc, grands mouvements de caméra, recherche systématique de l'effet, etc.). Le résultat est efficace mais ambigu dans la mesure où trop d'émail tend à relativiser la caution potentiellement réaliste d'un regard *a priori* plus concerné. Sous le vernis d'une mise en scène habile et grandiloquente peine à s'imposer une approche sinon fidèle du moins profondément ressentie de la réalité sociale. En choisissant d'exploiter superficiellement l'imagerie cinématographique omniprésente dans la culture des jeunes des quartiers (en tête des modèles cités, *Taxi Driver* et *Scarface*), Kassovitz affirme sa préférence pour une forme immédiatement aimable et reconnaissable par le public auquel il s'adresse, plutôt que d'assumer une interrogation beaucoup plus dérangeante (c'est quoi au juste vivre dans une banlieue française ?). Là joue à plein le syndrome pervers du genre et de sa signalétique entièrement dédiée à l'action, aux dépens d'un réel forcément plus complexe.

> *La Haine* effectivement ne dit rien de décisif ou d'intéressant sur la banlieue [...] puisqu'il en transfère soigneusement toutes les questions de la sphère politique vers celle du langage cinématographique, établissant pour les films à venir une gamme de standards,

> de figures et de situations-types (comme la visite à la grande ville), aux contours assez précis pour être aisément reproductibles. (Burdeau, 1998 : 44)

Au moins deux registres de fictions correspondent à deux types de considération de la banlieue. Le premier la caricature en insistant sur la peur dont se repaissent les médias (violence, délinquance, trafics de drogue, luttes entre bandes rivales, etc.), justifiant par la même occasion les emprunts fétichistes au cinéma d'action américain. Le second, plus humble, plus proche de la tranche de vie, propose le contre-champ à cette vulgate idéologique en montrant qu'en banlieue il se passe autre chose, circulent d'autres relations, d'autres comportements, d'autres aspirations. Entre les deux, certains en profitent pour exhumer la fibre militante en assimilant révolte et révolution. Jean-François Richet est de ceux-là. Avec ses deux premiers films, *État des lieux* (1995) et *Ma 6T va crack-er* (1997), il s'est déclaré jeune cinéaste en colère contre toutes les institutions répressives (la police en premier lieu) et pour l'exprimer, il s'est engagé dans une forme inspirée des grandes entreprises situationnistes des années 1970, en détournant, par exemple dans *État des lieux*, une émission comme *Envoyé spécial* afin de créer les arguments d'un discours politique virulent. Là aussi, la télévision, en tant que partie constituante de la culture des banlieues, fait l'objet d'une opération de subversion orientée au profit du cinéma mais, contrairement à Kassovitz, Richet ne jouit pas d'un complexe de supériorité artistique. Offensif, son cinéma avance à l'état de pamphlet bricolé, plus explosif et par conséquent plus politique. Ouvertement, face à l'injustice sociale régnant dans les banlieues, il réhabilite les grands débordements impérieux de la lutte des classes, moins par le palabre que par le montage des attractions. C'est davantage à Eisenstein qu'à Renoir que l'on songe devant ces films de la dépense insurrectionnelle, où la banlieue est désignée comme le seul site à la fois contemporain et archaïque de l'éternel combat de l'homme pour la défense de ses droits et de sa dignité.

Si le regroupement, encore une fois non concerté, des *films-banlieue* à partir de 1995 s'est révélé être un phénomène ponctuel, lié à l'actualité (n'oublions pas d'ajouter à la liste *Raï* de Thomas Gilou, *Bye-bye* de Karim Dridi ou encore *Hexagone* de Malik Chibane, tous trois sortis cette même année), la décantation de celui-ci a réussi à donner des films tardifs, ayant pour eux le recul nécessaire pour modifier dans le calme le regard que nous pouvions avoir de la cité au cinéma. Plus pondérés, moins soumis à l'urgence de témoigner que leurs prédécesseurs, *Petits frères* de Jacques Doillon (1999) et *L'Esquive* d'Abdellatif Kechiche (2004) [voir question 17] ont, par exemple, décidé d'intervenir dans l'envers d'un décor fréquenté jusque-là tête baissée. L'envers, c'est le côté pacifié de la banlieue, situé sans équivoque, mais sans idéalisme non plus, à la marge de son exploitation ordinaire. Plutôt que de dresser, avec un brin de fascination, un état des lieux de la vie dans les quartiers, ces deux films prennent le pari que de ce côté-là aussi de nouveaux corps et de nouveaux langages peuvent être enregistrés, salutairement débarrassés de l'alibi négatif de la télévision. À contre-courant, ils éradiquent les lieux communs que celle-ci se plaît à colporter, grâce à l'alliance convaincue du romanesque et des modes de comportements relatifs à ce milieu. Permettre à cette jeunesse si régulièrement épinglée de vivre, l'espace d'une fiction, des expériences humaines toutes simples, libérées de tout archétype, dans l'opportunité d'assumer vaillamment l'universalité d'une histoire, fondée sur la transmission du sentiment et du respect de l'autre (les deux films racontent comment infiltrer la beauté du sentiment amoureux à travers les mailles serrées de la condition sociale), c'est la preuve d'une honnêteté morale qui jamais ne sacrifie l'un à l'autre l'imaginaire et la présence du réel.

39 *Pourquoi déménager ?*

Signe des temps, déjà relevé dans la question 36 : le cinéma français a la bougeotte. Depuis quelques années, nombre de fictions contiennent des personnages sur le départ, prêts à quitter leur domicile pour un autre, moins dans l'espoir de trouver mieux que dans la nécessité de tourner la page. Ce désir de changement de lieu est synchrone avec une époque où l'on ne cesse de prôner, avec une fausse bienveillance, la mobilité sociale, le droit à la polyvalence et aux expériences multiples. À l'heure où l'État rêve d'une France de propriétaires fiers de leur bien immobilier, notre cinéma en prend régulièrement le contre-pied, en multipliant les scénarios de déménagement dont le premier intérêt est de souligner le caractère d'instabilité permanente de nos existences contemporaines. Déménager est l'action littérale par laquelle s'expriment simultanément l'importance d'une place à s'assurer en société et sa perpétuelle relativité. De même, en un geste qui caractérise l'une des préoccupations majeures du cinéma français de ces dernières années, elle relie difficilement l'hier inconsolable et les lendemains diffus à proximité desquels le présent peine à trouver son socle. Dans les cartons, chacun emporte un peu de son passé lacunaire en espérant pouvoir le reposer plus librement ailleurs, comme on repose une question dans l'attente d'une réponse positive. Le schéma est sensiblement le même, quel que soit le registre choisi : en déménageant, entre ce qu'on laisse derrière soi et ce qu'on garde pour continuer à avancer, se devinent des choses aussi diverses que le deuil et l'histoire, la mélancolie et la déchirure indispensable à l'éclosion d'un nouvel âge. Si le cinéma français s'est déclaré friand de ce genre d'événement, c'est qu'en celui-ci se condense matériellement et affectivement une bonne partie des maux et des questionnements de notre société actuelle : déracinement, exil, rupture, utopie (voir ailleurs si on y est mieux). Affaire de transition ou repli définitif, un déménagement peut avoir une double fonction, pousser l'individu à trouver des solutions tangibles à ses impasses et conduire métaphoriquement le récit à changer lui aussi de cap, à emprunter une autre voie, une autre temporalité.

Vouloir de nouvelles clés tout en ne s'exonérant pas d'un passé trop encombrant, c'est ce qu'énonce le film de Chantal Akerman au titre si éloquent, *Demain on déménage* (2004). Sous les abords de la comédie d'appartement, menée au rythme des entrées et sorties de scène, façon boulevard, le film raconte l'histoire d'une mère, Catherine Wienstein (Aurore Clément) et de sa fille Charlotte (Sylvie Testud), la première venant s'installer à l'étage inférieur du duplex de la seconde. Avec un mélange d'enthousiasme et de fébrilité, Catherine dépose là tous ses meubles, bibelots, vaisselle et autres effets personnels appartenant à une génération meurtrie à jamais par l'horreur des camps. Bientôt, le duplex déborde de cette mémoire quantifiée dans chaque pièce, au point que Charlotte, personnage lunaire et lunatique, à la névrose secrètement animée par la conscience de ce passé tragique, souhaitera s'installer dans un studio, pour écrire des romans érotiques à deux sous, dans une paix toute relative et malgré son évidente incompétence. Au milieu des affaires en désordre, des personnages loufoques vont et viennent pour visiter le duplex dans l'intention de l'acheter. À leur contact incongru, Catherine et Charlotte témoignent jusqu'à l'absurde de leur difficulté à se sentir définitivement à l'aise avec les gens, dans un lieu confiné, chargé de tant de réminiscences que celles-ci contrarient leur rapport à la réalité. Pour Akerman, faire une comédie sur fond d'évocation de la Shoah n'a évidemment rien de douteux, surtout lorsqu'on connaît son attachement indéfectible à ce sujet. Le choix d'un huis clos domestique, déjà expérimenté dans *Jeanne Dielman, 23 quai du Commerce, 1080 Bruxelles* (1975), lui permet justement de faire cohabiter, sur deux étages et deux registres (le boulevard et la pantomime), un passé dont on ne peut se débarrasser et un présent toujours provisoire. Le souvenir grave s'immisce au détour d'une phrase, d'un élan comique soudain suspendu, d'un sourire timidement effacé, au milieu de l'escalier ou entre deux portes. Aucune place à l'oubli absolu. L'apparente légèreté de l'être est insoutenable. Si « demain on déménage », nous dit la cinéaste (les trois strates bergsoniennes du temps sont contenues dans le titre), c'est parce qu'en vérité on ne se sent bien nulle part et que, quel que soit le changement de domicile, nos actions quotidiennes ne parviendront pas à se libérer totalement de l'héritage historique.

Déménager, c'est aussi procéder à un décentrement concret de la relation amoureuse ou conjugale. Matérialisation de la séparation, l'opération consiste à rendre plus dur le besoin d'éloignement en figurant à la fois le blocage de la décision (nouvelles serrures, nouvelle antichambre de l'échec du couple) et l'hypothèse d'une réconciliation conjuguée autrement (porte d'entrée entrouverte, seuil à franchir d'un autre pas). Thème éternel du cinéma moderne, la crise du couple coïncide depuis peu avec la crise du logement. Les agents immobiliers sont devenus des personnages réguliers, des témoins privilégiés des fluctuations du cœur. À leur charge de proposer un pis-aller à la déroute des sentiments. Dans *On connaît la chanson* (1997) et *Cœurs* (2006), Alain Resnais a parfaitement diagnostiqué ce fait scénaristique marquant, à travers des personnages désabusés, égarés dans leur solitude hivernale et leurs amours déçues. Pour eux, chercher un appartement ne fait que concrétiser un désastre intime entamé depuis longtemps, un manque à aimer que rien décidément, pas même l'illusion d'un nouvel espace, n'est en mesure de combler. Car il importe de préciser que chez Resnais comme ailleurs, on ne se réinstalle pas à deux mais *tout seul*. Déménager, c'est ajouter une pièce à son enclos sentimental, nullement s'offrir les chances d'un élargissement du bonheur. En grand formaliste qu'il est, Alain Resnais n'en est pas dupe et il utilise savamment le déménagement comme un mobile signifiant de sa fameuse pratique d'emboîtement d'espaces au gré des superpositions d'échelles et des raccords cotonneux. Dans *Cœurs* par exemple, le plan (se) fond dans le suivant, les flocons de neige artificiels incrustés en lieu et place de la collure annulent la distance spatio-temporelle. De la même manière, un nouvel appartement semble succéder à l'ancien mais leur enchâssement poétique étrangement atone indique au contraire que la séparation est un leurre, une solution dérisoire vouée à une tristesse encore plus grande. On change d'adresse par dépit amoureux mais au fond rien ne change. On se déplace mais en réalité seul le problème est déplacé, sans pour autant être réglé. Dans *De particulier à particulier* (2006) de Brice Cauvin, le couple de parents formé par Hélène Fillières et Laurent Lucas ne supporte plus l'écart qui se creuse entre l'immaturité de la jeune épouse et l'obligation chez lui de tout assumer seul, y compris le mystère de la vie éprouvé au quotidien. Sur fond de paranoïa sociétale, où le moindre événement se donne comme défi à la compréhension du monde actuel, où la relation par contagion devient improbable, le film avance l'idée que les disparités du couple doivent être figurées selon les lois imparables de l'inversion parallèle. Pendant que l'une régresse en postures infantiles, l'autre préserve tant bien que mal l'autorité de l'adulte désemparé. Deux degrés de comportements très fortement dissemblables que le cinéaste accentue par un changement de domicile, changement vraisemblable au vu de la situation conjugale dégradée, mais totalement abstrait au regard de ce qu'il tend à démontrer : qu'au lieu de réparer, une nouvelle installation aggrave le processus d'aliénation psychologique qui, ici, vire à l'angoisse fantastique.

Manquer de place, manquer sa vraie place, ressentir le manque de ceux qui occupaient une place précieuse dans sa vie, c'est aussi ce qui dispose à vouloir quitter un logement familier et familial devenu étouffant. Parmi toutes les épreuves de l'existence qui incitent à ce genre de projet, le deuil fait partie des plus décisives. Dans *L'Année suivante* d'Isabelle Czajka (2007), chronique sensible sur les affres secrètes de l'adolescence, une jeune fille apprend à grandir dans l'ombre projetée des grandes pertes confondues, celle de son père, décédé au début du film, et celle des utopies politiques incarnées par sa mère, ancienne militante du PC qui continue malgré tout à participer à la fête de l'Huma. Comment faire avec l'absence définitive de ce(ux) qui nous est (sont) cher(s) ? Comment prétendre à de nouveaux repères dans le refus du détachement des choses révolues ? Tel est le drame intime d'Emmanuelle (Anaïs Demoustier) que les circonstances douloureuses conduisent à accélérer son devenir-femme, aux côtés d'une mère (Ariane Ascaride) désireuse, à l'inverse, de retrouver un peu de sa jeunesse. Comme dans le film de Brice Cauvin, avec toutefois plus de nuances, la représentation du décalage dans l'évolution respective de deux êtres proches passe par le motif du déménagement considéré comme inadapté, propice au remplissage chimérique d'une béance existentielle bien trop grave pour être simplement résorbée par un nouveau bail. Pour changer de peau, de vie, rien ne sert de croire à la surface accueillante de quatre autres murs blancs. Ce recul bassement matériel n'est d'aucun secours. Pour mieux sauter dans l'inconnu, il faut au contraire lancer ses bagages devant soi et avoir confiance en l'endroit où ils vont retomber.

40 *À quel prix être célèbre ?*

Depuis peu, on observe, dans certains films français, un phénomène parfaitement synchrone avec le règne de l'instantanéisme médiatique sous l'influence duquel n'importe qui peut, du jour au lendemain, devenir quelqu'un aux yeux de tous. Ce phénomène bien de notre temps consiste en une mutation ultra-rapide du peuple en *people*, selon un processus d'annulation généralisée des distances et des états intermédiaires qui, jusque-là, permettaient le maintien d'une conscience de l'unicité de l'expérience individuelle, en comparaison avec celles vécues loin de l'ordinaire, si vite converties en exemples ou symboles. Nul aujourd'hui n'ose ignorer ce fait de société, tellement il renvoie à ce que Régis Debray nomme « l'obscénité démocratique », celle qui flatte le tout à l'ego et favorise la mise à disposition et en spectacle du privé sur la place publique. L'horloge s'affole. Est arrivé le temps mondialisé où le fameux quart d'heure warholien ne suffit plus, où, pour le quidam, être célèbre peut durer désormais plus longtemps, programme d'un an ou de toute une vie. Puisque tant de choses semblent céder à l'impératif de proximité, que les politiques s'invitent sur les plateaux de variété le dimanche, que l'ingérence consentie est soluble dans nos vies, que tout cela ne souffre aucune dénonciation efficace, car dénoncer implique justement une prise de distance rendue caduque, rien d'étonnant à ce qu'on en mesure les effets dans les films et en particulier (ce n'est guère étonnant non plus) dans les films *populaires*. On y montre à chaque fois avec quelle facilité l'idole sait se rendre familière, débarrassée de son aura et de ses manières, et comment, inversement, le commun des mortels est promu star malgré lui. La destruction de l'aura, c'est bien ce qu'en son temps Walter Benjamin avait diagnostiqué à l'endroit de l'image photographique, en déclarant que le besoin de l'homme moderne était de « rapprocher les choses de soi » en accord avec cet autre désir de « réduire l'unicité de chaque situation en la soumettant à la reproduction » (Benjamin, 1991 : 143). Passée au four de l'image médiatisée, l'aura fascinante fond aussitôt, platement assimilée à un vague supplément de réussite tout à fait partageable. À l'heure où tout et rien sont marchandises recyclables, « l'unique apparition d'un lointain, si proche soit-il » (définition de l'aura, *ibid.* : 143) finit par ne plus faire exception. Détruite, elle en est réduite à illustrer le cynisme d'une société vantant l'individualisme de masse. Sur ses cendres, des scénarios de vulgarisation de l'accès aux étoiles se multiplient, tels des symptômes d'une nouvelle aliénation sociale du sommet de laquelle il n'y a plus qu'à chuter. La gloire n'est plus simplement accordée à quelques êtres de lumière, de même qu'elle n'est plus l'aboutissement idéal d'une vocation ni même un malentendu heureux, mais bien une sorte de sublimation de la médiocrité, une qualité banale, une ligne dans le CV, une opportunité qui de l'écran de télévision passe dans votre salon sans que vous ayez à bouger le petit doigt. Sur le versant du mimétisme ringard (*Podium*, *Jean-Philippe*) ou névrotique (*Backstage*), ou bien sur celui du retournement caustique des codes de vanité (*Palais Royal!*), l'opération de domestication de l'idole, nouvel artisanat lucratif, a réussi en quelques années à produire des fictions en phase avec l'ordre consumériste d'une société toujours soucieuse de rassembler ses bases de haut en bas, selon un démocratisme de façade bien connu.

Qu'entre toutes les formes de création à grande échelle, la chanson soit la plus exploitée, il n'y a là rien de très surprenant. Populaire par excellence, elle a l'avantage de la légèreté. Une chanson populaire, c'est un air que le public retient et comme l'air elle est partout, elle se diffuse naturellement, sans limites, objet d'appropriation permanente qui finit même par ruiner toute espèce de projection. Conforme à l'illusion répandue sur le marché que quiconque peut devenir célèbre, la chanson maintes fois entendue ne se contente plus désormais d'être émise, ce qui la rendrait encore tributaire d'un réseau, donc d'un écart communicationnel, elle se loge directement dans le corps du fan, au comble de la fusion mimétique avec l'interprète vénéré. C'est le propos de *Podium* de Yann Moix (2004) d'après son roman, bien que l'idée du film ait précédé celle du livre. Son personnage, Bernard Frédéric (Benoît Poelvoorde), est plus qu'un fan de Claude François, il a fait de sa passion pour le chanteur une profession. Sosie scrupuleux, entouré de danseuses logiquement baptisées « bernadettes », ce modeste employé de banque, vivant dans un minable pavillon aseptisé, croit dur comme fer à ses chances de rejoindre son dieu sur les chemins de la gloire, tout en restant à son piètre niveau (il prépare avec autorité un numéro de danse disco en vue de remporter un concours de sosies !). Aucune convention de *success story* dans cette fausse satire de la société du spectacle. Ce clone de supermarché n'envisage pas d'avoir le même destin que Cloclo mais de s'assurer le bonheur de lui ressembler en tant que cliché vivant, somme de fétiches soigneusement répertoriés. Dans *Podium*, Moix pose la superposition du commun et des paillettes en tant qu'envers chimérique de la morne existence ici-bas. Claude François et son double ont beau, l'espace d'un plan, jouer du piano ensemble, c'est uniquement à la faveur d'un effet spécial. L'idée est simple : ces deux-là, le modèle et la (pâle) copie, n'ont pas besoin de cohabiter dans l'image. L'artifice souligne l'inanité de comparer les deux, il annule les effets d'une altérité même improbable dans la mesure où le vrai s'est totalement dissout dans le faux, lui donnant par là les gages d'une célébrité sans médiation.

Plus pirandellien, *Jean-Philippe* (2006), le film de Laurent Tuel, mise sur un postulat de film fantastique. Fabrice (Fabrice Luchini), petit cadre gris, se sauve de la déprime par le culte absolu qu'il voue à Johnny Hallyday. Il connaît et possède tout sur lui, disques, posters, livres, briquets, etc. Un soir, suite à une altercation avec un riverain sous la fenêtre de qui il avait braillé un tube de son idole, Fabrice tombe dans le coma et se réveille dans un monde où, horreur pour lui, personne n'a jamais entendu parler de ce chanteur. Se croyant victime d'un mauvais canular, il rentre chez lui et découvre que sa pièce hier dédiée à Johnny (murs tapissés d'effigies et d'étagères garnies de bibelots sacrés) n'est à présent qu'un vaste frigo à bières. Un monde sans Johnny, est-ce possible ? Où se situe le leurre ? Avant le coma (une passion si forte qu'elle aurait confiné au délire et à l'hallucination) ou au sortir de celui-ci (le sentiment de vivre un enfer paranoïde dans le champ d'une immense caméra invisible) ? Au bord de la crise, Fabrice finit par retrouver la trace d'un homme nommé Jean-Philippe Smet (interprété par Johnny lui-même !), l'état civil de l'artiste. Seulement, patron d'un bowling sinistre, Smet ne comprend rien à ce qui se passe. Il s'étonne de voir cet intrus s'agiter à vouloir le *coacher* pour qu'il (re)devienne Johnny, ce type qu'il semble ne pas ou ne plus connaître. Mais pour Fabrice, c'est une vraie mission : redonner Johnny au monde pour que celui-ci puisse de nouveau fonctionner normalement. C'est sur ce postulat astucieux, aux antipodes de l'hagiographie, entre quatrième dimension et fable ironique sur la dépossession de l'identité à l'heure du tout médiatique, que le film de Tuel s'amuse avec les infimes variations qui s'insinuent entre la personnalité et le personnage. Sous couvert d'une comédie schizoïde, *Jean-Philippe* multiplie les combinaisons dialectiques autour de la fabrication d'une figure. Est-ce l'histoire du personnage de Fabrice qui s'emploie à reconstruire la personnalité de Johnny avec les traits du personnage de Jean-Philippe ? Est-ce celle, à un autre niveau de lecture, de Luchini, personnage public dissimulé derrière Fabrice et qui attend d'être démasqué à la fin du film dans le temps même où le vrai Johnny fait oublier l'hypothèse « Jean-Philippe » par la toute-puissance de sa présence sur scène ? Et ainsi de suite. Là encore, les intervalles sont ténus. Le film ne cesse de jouer avec les différents niveaux de perception des rôles et des interprètes situés dans l'imaginaire du grand public. Et l'opération qui consiste à masquer la star derrière l'anonyme, le personnage derrière le mythe, en assumant totalement les limites, en termes de croyance, d'une telle entreprise fictionnelle, participe bien de cette logique contemporaine de désacralisation au quotidien des modèles d'identification.

Dans un registre nettement plus sombre, *Backstage* d'Emmanuelle Bercot (2005) opte pour une scénarisation littérale de la concentricité des deux sphères, publique et privée. En proie à une fascination névrotique pour une chanteuse pop (Emmanuelle Seigner), une adolescente (Isild Le Besco) voit un soir débarquer chez elle l'objet de ses fantasmes, grâce à une émission de télévision à sensations, style « Stars à domicile ». D'emblée, une même équation sociologique est posée : un pavillon de banlieue et une sinistrose environnante, décor et moral à ras de terre, proportionnels à l'événement extraordinaire qui bientôt frappera à leur porte. Dans un premier temps, la star un peu gênée pénètre dans l'espace privé de la fan éperdue sous les projecteurs d'une machine à images privatisée (scène cauchemardesque, véritable violation de l'intimité qui, au lieu de faire plaisir, fait peur). Puis arrive le second temps où l'adolescente, toute bouleversée par cette apparition dans son séjour, se sent tout à coup autorisée à faire de même, c'est-à-dire à s'incruster dans la chambre d'hôtel de la chanteuse, malgré les gardes du corps. Débute alors le récit d'une possession hystérique vécue en vase clos, un récit marqué du sceau de la réversibilité absolue entre le rêve et la réalité, tous deux incarnés à un même degré d'insignifiance et selon un même principe de contamination pathologique. L'aisance avec laquelle la jeune fille entre et s'installe au milieu des affaires de l'artiste accuse autre chose que l'invraisemblance. Elle confirme la réduction du monde idolâtré aux dimensions d'une suite réservée. Plus de distance à éprouver ni d'effort à fournir pour atteindre l'ailleurs sublimé, l'accueil des extrêmes se fait en douceur, sans difficulté. En réaction à un monde horizontal où le proche et le lointain échangent leurs attributs d'un claquement de porte ou d'un clic d'ordinateur, le film de Bercot stigmatise la dévitalisation d'un quant-à-soi livré à la surface des images mercantiles.

Complaisance ou intégrité, la frontière est souvent fragile pour critiquer les vertiges fallacieux de la célébrité à bon marché.

Avec *Palais royal !* (2005), Valérie Lemercier en démontre les excès en racontant avec précision les étapes de la métamorphose d'une godiche humiliée en princesse redoutable. Coiffée malgré elle de la couronne officielle suite à l'adoubement de son mari en prince, seul héritier digne d'occuper le trône pour des raisons biologiques (son frère aîné étant stérile), Armelle (Valérie Lemercier), orthophoniste de son état, se voit du jour au lendemain contrainte d'obéir aux protocoles princiers et partant de faire honneur à l'image de la famille royale dans le monde. Être célèbre quand on ne le désire pas et qu'on en souffre en silence pousse, à un moment critique, à user de stratagèmes pour déjouer le cynisme inhérent à ce milieu de suffisances. Naïve au départ, Armelle parvient peu à peu à retourner diaboliquement contre sa riche famille le système médiatique indispensable à sa légitimité, jusqu'à être affectée elle-même d'une immoralité qui la perdra. Arrivée littéralement au sommet de la gloire, elle n'aura plus qu'à s'écraser au sol. Difficile d'énoncer un point de vue plus incisif : la célébrité imposée à qui n'a rien demandé est tragiquement inassimilable à la vie des « vraies » gens. Croire ou faire croire que le palais donne sur la rue et *vice versa* ne peut aboutir qu'à la mort.

V
POUVOIRS DU NUMÉRIQUE

41 *Qu'est-ce que le numérique ?*

Pour un artiste, croire en l'avenir de son outil équivaut à réfléchir à point nommé sur l'évolution de son œuvre et de sa pratique. L'ouverture aux nouveaux procédés est souvent un moyen de vérifier la pertinence et la persistance de sa démarche, en les soumettant aux idées qui la commandent. Appauvri ou renforcé, au contact des progrès techniques le geste artistique a sensiblement changé. Il est peu de dire que dans le domaine du cinéma l'essor du numérique a très rapidement modifié la donne, tant esthétique qu'économique. Depuis dix ans maintenant, le recours à ce nouveau type de réalisation et de production s'est généralisé, suscitant maintes réflexions (et parfois polémiques) sur son rôle dans l'hypothèse d'un nouveau statut des images ainsi que sur l'influence qu'il exerce au niveau de leur réception. Symbole des mutations technologiques contemporaines, frère ennemi déclaré de la traditionnelle pellicule, le numérique traité sur support vidéo constitue à lui seul un paradoxe qu'au choix on bénit ou bannit. Communément résumé à la légèreté et au coût réduit, il matérialise mieux que tout l'interprétation d'un monde de l'accessibilité illimitée aux choses selon un principe de démocratisation qui touche à ce qui jusque-là était réservé à une économie relativement cloisonnée. À la portée de tous, il détruirait le grand obstacle de l'argent massif et des habituelles accointances professionnelles pour faire émerger des films ayant pour eux, quel que soit le résultat, l'opportunité de promouvoir une autre liberté de créer, plus sauvage, plus clandestine. Très vite, on a reconnu que tourner en vidéo numérique permettait de s'approprier plus facilement l'acte de faire du cinéma par une sorte d'élan spontané et décomplexé, en amortissant certaines contraintes intermédiaires dans le processus de fabrication du film et en privilégiant un rapport plus direct avec son matériau. Sans doute faut-il y voir un effet positif, en termes d'activité cinématographique, de la dilution virtuelle des anciennes chaînes de relations dans le grand bain des télécommunications et de la conversion électronique des échanges en banque de données disponibles à grande échelle. Comme pour tant de choses simplifiées aujourd'hui, la pratique du cinéma semble moins se confondre avec la lourdeur d'un appareillage intimidant et parfois décourageant. La souplesse de création qu'offre le numérique libère assurément les envies et les vocations. Face à ce bel exemple de modernisation technologique qui réussit le prodige de viser la simplicité apparente par le *summum* de la sophistication, l'heureuse réaction consisterait peut-être à saluer une autre forme de popularisation du cinéma, ramenée cette fois plus étroitement au seul domaine de la création et non plus nécessairement à celui du grand public. Et la mauvaise serait plutôt de souscrire à l'illusion que tout le monde peut faire des films, conformément à l'inflation du loisir des images fabriquées partout et pour personne. À cet égard, il est important de ne pas se méprendre. Entre l'opportunisme qui consiste à faire rapidement des images *comme les autres* selon une impulsion de consommateur, et la chance de pouvoir sans trop attendre faire un film *à soi*, sans sacrifier sa propre expérience et ses convictions à la facilité d'une technique en plein développement, une distinction s'impose car de son maintien dépend la bonne distance à observer pour qualifier tout ce qui nous parvient de l'étendue du numérique.

D'abord, il convient de préciser qu'en dehors des effets numériques (nouvelle génération d'effets spéciaux obtenus sur ordinateur au service d'un plus grand réalisme), il existe pour l'instant deux procédés du même nom en circulation définis par deux types de caméra, la caméra DV (la Digital Vidéo) et la caméra HD (Numérique Haute Définition). L'une, plus « artisanale » et l'autre, plus « artistique », représentent un tournant dans l'histoire des techniques et des formes cinématographiques, dans la mesure où elles redynamisent le rêve d'un cinéma qui se situerait entre un état de nature des images et l'émerveillement des premières machines. Pratiquement tous les cinéastes ayant expérimenté le numérique, qu'ils soient chevronnés ou débutants, se rejoignent dans la découverte enthousiaste d'une méthode de tournage qui leur fait ouvrir autrement les yeux sur leur métier, notamment sur la question de l'enregistrement automatique des images qui sait se jouer des contraintes matérielles. Pour eux, l'important est bien de réfléchir à ce que signifie cette promptitude du filmage que permettent ces caméras et de veiller à séparer l'intérêt esthétique que contient la facilité technique de la facilité elle-même. Ce qu'apportent ou réduisent les potentialités de ces nouveaux instruments est au cœur de leurs interrogations ainsi stimulées. Il y eut donc pour commencer, au milieu des années 1990, l'apparition sur le marché des petites caméras DV, destinées au départ au grand public. Tenant dans le creux de la main, elles présentent comme avantage, outre une incomparable qualité d'image, l'option d'un petit écran à cristaux liquides placé sur le coté gauche et orientable dans tous les sens. Son principal mérite est de permettre au filmeur de se passer de l'œilleton et de voir directement ce qu'il filme avec déjà une précision du cadre et de la durée. Assez vite, et pour ces raisons mêmes, la DV intéressa les documentaristes qui virent en elle un fantastique moyen de décupler instantanément leur rapport au réel. Grâce à sa petite taille, elle favorise une imprégnation à la fois plus discrète et plus intense avec l'espace filmé. Il en résulte une force de captation inégalée au vu de laquelle c'est moins le contenu de l'enregistrement qui prime que la nature du contact établi entre le filmeur (terme que ce matériel rend particulièrement adéquat) et l'être ou la chose filmé. Agnès Varda, l'une des premières cinéastes à s'être penchée sur les vertus de cette caméra, l'explique très bien :

> On a une continuité de contact. Je peux même me filmer, en voyant ce que je filme. Il y a un effet « rapport aux autres », effet « miroir » et un effet « cinéma immédiat », en voyant les images, en les filmant. (Varda, 2001 : 20)

C'est ensuite en 1998 que la caméra DV fit son entrée dans le champ de la fiction, sous les préceptes d'un Dogme établi sans rire trois ans auparavant par le Danois Lars von Trier et quelques confrères. Y était stipulé que désormais le cinéma devait faire vœu de pureté en revenant aux origines, c'est-à-dire résister à l'empire capitaliste de l'artifice et du spectacle, en refusant radicalement tout ce qui s'y apparente (conventions dramaturgiques, ornements psychologiques avec dialogues écrits, jeu d'acteurs et maquillages, réglages des lumières, des décors et de la musique, etc.). Le but était de décaper jusqu'à l'os les oripeaux de la fiction jusqu'à la réduire à un ensemble hétéroclite de situations de vie prises dans une sorte de désordre ontologique. Malgré l'article 9 qui prônait le maintien du 35 mm comme format standard, ce Dogme éthico-esthétique a fini par attirer l'attention sur l'une des définitions possibles du numérique miniature, à savoir l'affirmation de la pauvreté comme « puissance du cinéma » (Jousse, 2000 : 35), une certaine revendication du geste minimal au plus près de la frontière entre réel dépouillé et sortilèges des cavernes, entre saisie documentaire et précipités de fiction. Paradoxe que ce Dogme en vérité, dans la mesure où conjointement à l'éloge proclamé de la pureté vis-à-vis des normes du cinéma dominant, s'exprimait violemment à l'écran l'impérieuse nécessité de l'impur (images hyper-saturées, caméra ivre, montage à l'arraché). Néanmoins, quelle que soit leur valeur, les films-étandards de cette Charte éphémère (parmi eux, sortis en 1998, *Les Idiots* de Lars von Trier et *Festen* de Thomas Vinterberg) surent montrer la voie à un cinéma insoumis et inventer une autre manière de produire, un idéal d'investissement à tous les niveaux, économique et physique.

Plus perfectionnée et par conséquent plus coûteuse, la caméra HD a, en quelque sorte, achevé d'adapter le numérique aux dimensions de la fiction. Son exploitation plus récente a également contribué à normaliser trois étapes d'intervention possible du numérique dans l'élaboration d'un film : au tournage (en DV ou en HD), à la postproduction (cela concerne la numérisation de qui a été filmé en pellicule, on appelle aussi cette opération le *kinéscopage*) et, quoique moins répandue car trop chère, à la projection (celle-ci se faisant sans copie film avec un appareil spécial). Outre le renouvellement des opérations techniques qu'elle instaure, la HD a, depuis quelques années, séduit bon nombre de cinéastes et trouvé tout naturellement une place de premier ordre dans le paysage des images cinématographiques d'aujourd'hui. Ses qualités sont depuis avérées, notamment par les chefs opérateurs : la possibilité de faire des prises longues et ainsi de conserver une intensité de jeu chez les acteurs, d'utiliser deux ou trois caméras à moindre coût financier, de régler l'agencement des couleurs à l'étalonnage, d'obtenir une étonnante définition de l'image qui dans certains cas confine à l'abstraction, etc. Mais les inconvénients sont à niveau égal, parmi lesquels l'absence de contrastes visuels délicate à corriger, l'incompatibilité qualitative du numérique avec le plan large en extérieurs, le sentiment parfois pour le cinéaste d'être encore plus tributaire d'étapes techniques qu'il supervise sans pour autant les contrôler totalement, notamment au niveau de l'étalonnage final et du tirage des copies, sans parler pour certains de la nostalgie de la pellicule, de sa matière et de son contact. Mais de toute évidence, tourner en numérique HD est préférable lorsque cela procède davantage d'un vrai choix esthétique que d'un pis-aller économique.

> Soit le numérique est un choix, soit c'est un remplacement. Le souhait du réalisateur, dans le deuxième cas, est que l'image ressemble à ce qu'il voulait en 35 mm, ce qui est souvent décevant. (Schroeder, 2006 : 13)

Ici comme ailleurs, rien n'est plus passionnant que d'adapter une technique à un vrai propos de cinéma. En évoquant les mérites de la DV, le critique Frédéric Sabouraud, lucide, note :

> [...] en soi, la DV ne produit rien. La technique qu'elle apporte est, au pire, subie (en ce qu'elle s'insère dans une logique de marché et de rendement – aller plus vite, moins cher), au mieux, appropriée (par l'affirmation d'un regard, d'un point de vue) [...]. Cette technique est intéressante lorsqu'elle entre en phase avec un mouvement artistique, une écriture à qui elle permet de se développer, d'émerger de façon plus nette, plus franche, plus rapide. (Sabouraud, 2001 : 95)

Et Agnès Varda de résumer qu'« il n'y a pas de technique seule. Une technique est toujours liée à un sujet, à un projet. C'est un rapport aux personnes » (Varda, 2001 : 20). Reste à voir comment le numérique s'est insinué, puis ancré, dans la production des films français de ces dernières années et à savoir quels types de rapports à la fiction, au documentaire, aux personnages, tout simplement au geste de filmer il a réussi à privilégier.

42 *En quoi la vidéo numérique favorise-t-elle le lien entre la main et le moi ?*

À l'émergence d'un matériel en phase avec une telle mutation du portatif allait bientôt correspondre la renaissance publique d'un cinéma jusque-là reculé aux confins de la confidentialité, un cinéma de la première personne, un cinéma du *je* dépourvu de compromis, assumant complètement les choix de sa solitude. Avec la caméra DV s'est renouvelée la pratique d'une écriture manuelle, idéale pour l'expression d'une intimité exposée de manière équivalente à celle d'un journal ou d'un carnet de notes. Par son autonomie, elle est la meilleure garante de ce qu'Alain Bergala définit comme la salutaire capacité d'isolement des cinéastes à l'origine de nouvelles raisons de filmer et de témoigner directement de leur propre rapport au monde. Contre l'agitation et la pression d'un supposé devoir de s'imposer avec une image préfabriquée, l'antidote serait donc bien de se tenir à l'écart pour mieux restituer ensuite, loin de la médiatisation dominante de l'expérience de tout le monde, le caractère singulier de *la rencontre* avec l'autre. Il est clair que la DV a beaucoup contribué au développement de l'essai et du journal filmé, et démocratisé presque immédiatement leur distribution en salles. C'est du reste un des événements les plus remarquables de ces dernières années : le regain d'intérêt pour le documentaire autobiographique ou l'auto-fiction par un public de plus en plus désireux de (sa)voir comment fonctionne l'expérience des autres et par quels moyens il est possible de la transmettre *un petit peu.*

> Payer sa place pour aller voir un film où quelqu'un a filmé un moment de sa vie – un deuil, un amour, un voyage – est en passe de devenir une pratique normale de spectateur. (Bergala, 1998 : 5)

Cette curiosité accrue pour le documentaire à la première personne est inséparable de l'outil qui l'a fait renaître. Si le public a réussi à être touché par certains de ces films, c'est justement en raison de l'incroyable aisance avec laquelle la DV permet au cinéaste de *toucher* l'autre comme jamais. On peut d'ailleurs y lire une nouvelle conception du cinéma comme travail des mains, ce par quoi la main se fait le prolongement naturel de l'œil ou de la parole. Mais, contrairement à ce que d'aucuns ont hâtivement reconnu en elle, la DV ne réalise pas exactement le rêve de la caméra-stylo en référence au concept édicté par Alexandre Astruc en 1948. C'est en effet oublier le fondement d'une théorie inspirée davantage par l'apparition d'un langage cinématographique visant à l'abstraction formelle de la pensée de l'auteur (c'était pour Astruc le cas novateur de *Citizen Kane* de Welles) que par l'appréciation d'une soudaine souplesse technique. Certes, c'est au niveau de la maniabilité de la DV, équivalente pour le cinéaste à celle du stylo de l'écrivain, que l'allusion est permise mais en aucun cas elle ne saurait correspondre strictement à la notion de langage telle que l'analysait Astruc au lendemain de la Libération. « Maniabilité », c'est-à-dire de la main. En ce sens, la DV est la digne héritière de la « paluche » (!), cette petite caméra créée au milieu des années 1970 par Jean-Pierre Beauviala, patron d'Aaton, qui avait pour spécificité d'être reliée à un magnétoscope porté à l'épaule et de permettre de filmer à la volée, n'importe qui n'importe où. Filmer à la main, filmer avec la main. De Bresson à Godard, la formule est restée. Et ce n'est pas la moindre des propriétés de la DV que d'en poursuivre concrètement les enjeux avec une liberté et une sensibilité sans précédent, en particulier dans le domaine du documentaire, là où l'expérience de l'approche de l'autre est sans doute la plus prépondérante.

> Besoin de toucher. Besoin d'être au plus près, de vérifier que ceci a bien lieu : la main du cinéaste devient un élément constituant de cette nouvelle écriture où l'œil dans l'œilleton ou plutôt le mini-écran de la caméra ne voit pas un fragment de la réalité mais déjà une image constituée, un spectacle. Et, dans cet éloignement de la rétine que la main tente de compenser par le recours au toucher comme vérification, se dessine, ni plus ni moins, comme une belle métaphore, l'espace invisible qui sépare aujourd'hui l'être du monde. Une nouvelle altérité, irréductible, une nouvelle solitude, plus triviale et plus rude, de l'être et de l'artiste se dessinent en creux, rendues presque palpables par ces nouvelles approches. (Sabouraud, 2001 : 96)

Le miracle de la DV est, entre autres, de matérialiser sans contraintes l'idéal de la caméra comme excroissance du corps, extrémité physique analogue à la main qui touche et atteste de l'engagement de celui qui filme.

Le besoin intime de toucher le réel mais aussi politique de toucher ceux qui le sont (touchés) par le gâchis du Capital, c'est le propos du film d'Agnès Varda, *Les Glaneurs et la glaneuse* (2000), premier documentaire français tourné en vidéo numérique. Mais il s'agit plus encore d'un manifeste des potentialités croisées de la DV, entre éloge du mouvement minoritaire et retour à l'élémentaire. En découvrant cette caméra, Agnès Varda a tout de suite pensé à un sujet qui entrerait en adéquation avec son usage instantané. Comme à son habitude, les fins et les moyens se sont conjugués avec évidence, selon un art consommé de la littéralité et du glissement progressif des effets d'écriture. Autour d'un verbe (« glaner ») et d'une condition (la pauvreté), la cinéaste file la comparaison étroite entre différents comportements rudimentaires. Partie à la rencontre des gens qui glanent chaque jour ce que la société marchande laisse derrière elle sur le trottoir, elle partage, grâce à la DV et *seulement grâce à elle*, l'impulsion qui les pousse à se pencher pour ramasser ce qui reste par terre. Glaner des images, des témoignages, glaner des pommes de terre dans les champs après la récolte industrielle, glaner les résidus comestibles à la fin des marchés, c'est une pratique commune entretenue sur la base d'une volonté de conserver pour soi ce que rejette, au propre comme au figuré, le grand empire de la consommation, à savoir le périssable (physique) et le périmé (alimentaire). Si dans *Les Glaneurs et la glaneuse*, l'altérité opère si bien, c'est simplement parce que s'y exerce en permanence la coïncidence entre toutes les formes de ramassage de l'indésirable. En tant qu'ustensile attaché à un certain archaïsme de l'enregistrement, la DV est parfaitement adaptée au propos de Varda et au milieu qu'elle aborde. Par sa discrétion même, par son statut de « caméra du pauvre », elle lui permet d'être humblement à la hauteur de ce qu'elle filme, en lui inspirant également quelques belles métaphores sur le passage du temps, digressions pertinentes que la main justement amorce et revendique. Parmi les avantages de la DV, Varda se plaît en effet à utiliser celui qui consiste à filmer une partie de son corps, en l'occurrence son visage et surtout sa main. Rien de paresseusement narcissique dans cette série de plans « manuels » où la réalisatrice semble découvrir simultanément les plaisirs de son nouveau jouet et les taches brunes de la vieillesse sur sa peau. Dans son modeste et néanmoins essentiel projet de filmer les restes et les déchets, elle va logiquement jusqu'à prélever sur elle-même l'image de ce qui lui *reste* à vivre. C'est sur sa main que se concentre l'enjeu politique et autobiographique du film. Main tendue, main qui serre d'autres mains et récupère les beaux débris, main qui filme l'autre main dans l'effroi d'une « bête » qu'elle ne reconnaît pas. L'émotion vient alors du rapprochement de l'individuel et du collectif en un même sort poétique, presque baudelairien : lutter contre le gaspillage du marché et du temps (superbe image de la pendule sans aiguille sauvée des poubelles à travers laquelle Varda ne « voit pas le temps qui passe ») et parvenir à aller au-devant de l'autre au milieu des moisissures. Dans un étrange équilibre entre gravité et fantaisie, *Les Glaneurs et la glaneuse* (suivi en 2003 par *Les Glaneurs et la glaneuse… deux ans après*) fait pour le moins songer à cette phrase de Bernanos que la DV, dans sa réserve, illustre bien : « Ô merveille qu'on puisse faire présent de ce qu'on ne possède pas soi-même ! Ô miracle de nos mains vides ! »

Avant Agnès Varda, un autre cinéaste reconnu s'était fait le plus intransigeant serviteur de la vidéo sur le versant du journal intime : Alain Cavalier, un artiste épris d'artisanat pour qui la main est également aussi importante que l'œil, voire plus, dans la lente création d'une relation tactile avec le proche et hantée par les questions liées, elles aussi, à la décrépitude des chairs et à la disparition. Après avoir, au tout début de sa carrière, tourné avec les plus grandes vedettes (Alain Delon, Romy Schneider, Catherine Deneuve, etc.), Cavalier s'est retiré des plateaux prestigieux pour des intérieurs plus privés, à la maison ou au couvent. Cavalier seul si l'on veut, dont le travail a pris un tour résolument mystique, axé sur les vanités aveuglantes et sublimées de l'existence. Au cours des années 1990, il poursuit avec obstination sa quête de l'infime nudité des choses en ne s'encombrant plus de rien (*exit* argentique, équipe technique, scénario et devoir de plaire). À l'abri du bruit et des compromis, son cinéma se replie alors sur sa propre intimité dont les menus faits du quotidien éclairent toute la fragilité, dans les moindres parcelles de vie arrachées à l'insignifiance. Il est peu de dire qu'à pareille orientation la vidéo est la mieux adaptée. Comme la décennie suivante le confirmera, celle-ci est le procédé indispensable au développement de ce qu'on appelle le *home movie*, une catégorie de films qui participe largement au phénomène croissant de dissémination de l'universel dans les formes les plus domestiques. Alain Cavalier est de ceux qui ont tout de suite éprouvé la nécessité d'imprimer, par et sur leur propre corps de cinéaste, les tensions de l'expérience face à la terreur de l'évanouissement du temps. En 1995, avec une caméra vidéo Hi8, il réalise *La Rencontre*, celle vécue avec sa compagne qu'il filme en douceur au milieu de tableaux et d'objets évocateurs. Sa voix hors champ pendant les prises manifeste une présence fébrile au contact de la femme qu'il aime. La caméra au bout d'une main comme une caresse désigne, à égalité avec la tendresse qu'elle dépose, la peur de l'effacement des preuves que tout cela justement a (un) lieu. En cela, l'un de ses atouts est bien de renforcer la notion de *prise* : prendre des images de là où on est, comme on prend des notes ou des croquis pour mieux prendre conscience de sa place réelle à l'interface du monde, même si celui-ci semble tenu à distance. Dix ans plus tard, après *Vies* (2000), série d'esquisses émouvantes et amusées sur les gestes techniques d'artisans en leur domaine (chirurgien, sculpteur, etc.), et *René* (2002), portrait d'un homme obèse confronté aux aléas d'un corps récalcitrant, Alain Cavalier prolonge sa méthode d'écriture sauvage au moyen du numérique jusqu'à se revendiquer complètement « filmeur », du titre de son dernier film en 2005. Dans *Le Filmeur*, il s'affirme plus que jamais comme l'auteur de ses jours menacés par la maladie (il a un cancer de la peau). Filmer tout et n'importe quoi du moment que s'y inscrit le refus de céder du terrain à la mort, telle est l'urgence de sa démarche. Concentré d'images choisies parmi toutes celles qu'il a enregistrées depuis une dizaine d'années, entre chambres d'hôtel, salles de spectacle et pièces de sa maison jonchées de souvenirs, le film est un autoportrait composite, fait de minuscules détails et d'épiphanies du réel, à l'image des petits morceaux de peau affectée sur son visage. De manière presque compulsive, Cavalier conserve de lui des traces d'existence logées dans une perspective *post-mortem*, selon un mouvement de capitalisation des fragments de son être malade. Nez tuméfié, pieds, mains, le corps fait l'objet d'une découpe chirurgicale, d'une contemplation morbide dont chaque portion collectionnée renvoie à un petit musée anatomique nommé « Cavalier ». Parmi d'autres objets familiers filmés en gros plan, dignes de Francis Ponge, les morceaux de corps du cinéaste, ainsi que celui de sa femme, déterminent une légitimité de la vidéo par laquelle communiquent instinctivement examen du mortel et poétique de l'instant. À travers cette technique de poche, Alain Cavalier traduit ainsi mieux que personne la phrase du théoricien hongrois Belà Balazs dans *L'Homme visible* : « On ne vit plus pour filmer, on filme pour pouvoir continuer à vivre. » Il y aurait là comme un début d'explication au réflexe autobiographique que produit la DV en matière d'exposition du corps auquel la maladie, l'horizon de la perte définitive, apporte un supplément de véracité et de cruauté.

43 *La DV est-elle un jeu d'enfant ?*

Dans l'étrange rapport qu'elle noue avec un temps primitif du cinéma, la caméra DV a souvent à voir avec un état d'innocence retrouvé machinalement, proche de la joie des premiers pas. S'en emparer pour la première fois est de nature à mêler plaisir de la découverte et acceptation de la maladresse au regard de son fonctionnement. Un des résultats de son maniement est de se confondre avec une certaine idée de la régression, régression positive dès que s'y déploient simultanément archaïsme du geste de filmer et pérennité du monde ancien. *Les Glaneurs et la glaneuse* d'Agnès Varda ne formulait pas autre chose et plus loin, en Chine, un film aussi gigantesque qu'*À l'Ouest des rails* de Wang Bing (2004), sur l'extinction du XXe siècle à travers celle du monde ouvrier, célébrait la symbiose de l'outil rudimentaire (une simple DV) et des ruines fumantes à l'heure de la mondialisation. D'une moindre ambition, le premier long-métrage du chanteur Philippe Katerine, *Peau de cochon* (2005), n'est pourtant pas sans lien avec cette ressource de la DV par quoi l'automatisation du filmage renvoie à un automatisme primaire où se profilent l'ingénuité de l'enfance et le goût de la souillure. Appartenant à première vue au « genre » du journal filmé, ce drôle d'objet fait de l'image numérique le support idoine à une évocation libre, en douze plans séquences chapitrés d'une dizaine de minutes environ (c'est l'avantage de travailler sur bande-vidéo et non plus sur pellicule; le temps y fait moins pression), des débuts dans la vie de Katerine, période pleine d'interrogations précoces sur la mort, la sexualité, le caractère dérisoire des grandes personnes, etc. Mais plus encore, ce que retient Katerine de l'image numérique est sa matière spécifique en tant qu'elle peut être synonyme d'impureté. Définitivement éloignée de tout fantasme de perfection, elle s'impose comme le conducteur palpable d'un imaginaire enfantin où le stade anal le dispute à la créativité brouillonne. Katerine ne raconte pas son histoire sous la forme d'anecdotes bien fournies. Caméra à l'épaule, il se contente d'adapter à ses pas le rythme de ses souvenirs, seul ou accompagné de ses amis, en se tenant toujours dans un *en deçà* de la norme civilisée, tant au niveau de la réalisation (la caméra est utilisée comme un jouet) que du propos (l'humain périssable ramené à ses déchets). Malgré leur apparente autonomie, qu'ils relèvent du sketch hilarant ou de la confidence mélancolique, les douze morceaux choisis de *Peau de cochon* portent l'empreinte d'une croyance native en l'enregistrement direct de ce qui est devant soi, selon une définition minimale et néanmoins toujours féconde du cinéma des Lumière. Quoique précis dans leur déroulement continu, tous reposent sur l'absence quelque peu triviale d'anticipation méthodique. Sitôt que la caméra se met en marche, rien ne laisse augurer le moment où Katerine décidera de l'arrêter car ce qui compte n'est pas l'unité préconçue de la scène mais l'entière disponibilité à ce qui en elle survient d'inattendu, au détour notamment d'un changement de ton ou de comportement. Exploitée de la sorte, la DV renoue avec l'idéal de cinéma qu'en son temps Jean Eustache revendiquait d'un aphorisme limpide : « Quand la caméra tourne, le cinéma se fait. » Katerine l'entend bien ainsi, lui qui dans son film ne cesse justement de dialoguer secrètement avec l'auteur d'*Une sale histoire*. Petites histoires et saleté, ainsi que la reprise à l'identique par Katerine du récit d'une petite fille, la filature d'une femme dont l'auteur imagine les pensées synchrones, instinct de conservation des choses les plus intimes, plus d'une fois le film évoque le dandy torturé, suicidé en 1981.

Mais au-delà de ses affinités avec Eustache, *Peau de cochon* concentre, mine de rien, bon nombre de propriétés qu'il est permis de prêter à la DV, sous l'angle de la métaphore ou de l'indice ponctuel. Par exemple, il confirme, après Varda et quelques autres, que l'intervention assumée de la main dans et sur le champ n'a rien d'un défaut ni d'une hypertrophie narcissique mais affiche au contraire l'espoir d'établir un contact, même furtif, avec l'autre. Dans l'épisode intitulé *RN 137*, Katerine met en pratique cette utopie (du moins c'est ainsi qu'elle est suggérée) en faisant signe aux voitures du haut d'un pont. À chaque passage, sa main s'agite dans le champ en signe de salut amical. Le but du jeu, car c'en est un, est d'obtenir en bas une réponse par un appel de phare ou de la main, autrement dit la marque d'un échange éphémère, un « mieux que rien » que Katerine désespère pour l'instant de ne pas voir venir. Simple comme bonjour, ce jeu manuel dit au fond beaucoup de choses sur aujourd'hui. Il prouve que la DV est un moyen de payer davantage de sa personne lorsque de l'autre on souhaite percevoir l'attestation d'une présence, mais qu'elle est aussi – revers de la médaille – une terrible machine à vérifier *in situ* l'indifférence du monde environnant. Aucune réponse au geste de Katerine sur cette nationale, zéro point, les voitures filent droit devant. Du reste, tout le film est hanté par l'angoisse de la solitude, sentiment que la DV tour à tour conjure (par la proximité qu'elle est capable de faire naître rapidement) et accentue (par un déficit d'écoute paradoxal). Lorsque Katerine, à l'arrière d'une voiture, raconte à ses amis installés devant l'origine de sa nonchalance, ces derniers ne l'écoutent que d'une oreille, tantôt las tantôt amusés. Dans l'habitacle de la voiture, une distance se creuse entre les trois personnes dont la taille réduite de la caméra sert au mieux la complicité sans toutefois assurer leur *entente*. Ils sont ensemble dans un lieu confiné mais plus Katerine parle de lui-même, plus ses interlocuteurs se laissent distraire par autre chose (des feux de circulation, des problèmes capillaires, etc.), accusant sans le vouloir une solitude que la DV, au lieu de combler, stigmatise de plus belle. De même, parmi les composantes dont le film regorge par analogie avec la vidéo numérique et son supposé primitivisme, notons la séquence en demi-teintes du diaporama humain où, dans une chambre d'hôtel, Katerine filme son ami Gaëtan s'amusant à adopter à demi-nu des postures immobiles, à chaque fois différentes selon l'intermittence réglée par lui-même de sa lampe de chevet. Alternant lumière et obscurité dans la continuité du plan, Katerine s'émeut du spectacle improvisé de son ami, lequel estime pourtant à la fin que ces pitreries sont pathétiques, loin de pouvoir signifier quelque chose d'un peu profond. Ce à quoi Katerine répond qu'au contraire ce genre de *happening* privé est à la fois archaïque (juste un corps et l'électricité) et moderne (par la simplicité même de cette « installation » vivante). En passant là encore, il ne fait que livrer une précieuse définition de l'art numérique.

44 *Comment la DV sollicite-elle la fiction ?*

Il n'y eut pas à attendre longtemps pour voir la DV investir d'autres rivages que le documentaire. Après s'être avérée propice à l'immersion dans un réel à portée de main, des cinéastes de fiction lui firent de l'œil en misant sur son égale capacité à servir des conditions de récit et de tournage proprement libératrices. À un moment où les structures de production sont majoritairement contraignantes, où les pannes d'argent contrarient la création, beaucoup ont perçu une parade en cette nouvelle technologie, la solution pour écrire, tourner et monter vite, dans l'excitation d'un travail délesté des habituelles infrastructures. En 1999, le cinéaste Jacques Fansten s'entretenait avec Pierre Chevalier, responsable de l'unité fiction d'Arte, au sujet d'une idée de programmation de plusieurs films tournés en DV, pour la télévision d'abord puis dans la perspective d'une exploitation en salles pour certains. Parti d'une réflexion générale autour de la production télévisuelle, ce projet intitulé « Petites caméras » donna naissance à six longs métrages de fiction, *La Chambre des magiciennes* de Claude Miller, *Les Yeux fermés* d'Olivier Py, *Nationale 7* de Jean-Pierre Sinapi (tous trois diffusés sur Arte et sortis, sauf *Les Yeux fermés*, en 2000), *Sur quel pied danser* de Jacques Fansten, *Clément* d'Emmanuelle Bercot (sorti en salles en 2001) et *Sa mère, la pute* de Brigitte Roüan. Tous ces auteurs s'accordent à louer l'exceptionnelle énergie que procure un tournage en DV. Pour la majorité d'entre eux, cette nouvelle génération de caméras représente un tout-à-gagner considérable, un mode de dépense plus physique que financière qui autorise un certain nombre d'expérimentations que certains s'estimaient à la longue moins enclins à risquer. Qu'un cinéaste aussi installé que Claude Miller jouisse de pouvoir tourner avec deux caméras, d'en porter une à l'épaule en faveur d'une plus grande vigueur dans l'inspiration, tant au niveau des déplacements sur le plateau, sans marquage au sol, que dans le jeu des comédiens à qui il confie, à chaque prise, une singulière liberté de propositions, c'est en soi une petite révolution. L'intéressé lui-même ne s'en cache pas. « Le cinéma que je faisais ne m'étonnait plus. Je trouvais dans *Festen* une énergie que je n'arrivais pas à mettre en œuvre avec une grande caméra. Il me semble qu'il y avait là une vitalité que j'avais perdue » (Miller, 2000 : 45) avait-il reconnu à la fin du tournage de *La Chambre des magiciennes*. Premier opus de la série, ce film reconduit la tonalité fantastique du précédent, *La Classe de neige* (1998), en conférant à la matière numérique le soin de la diffuser sous la surface d'un récit légèrement schizoïde. Comme pour *Garde à vue*, le pari de Claude Miller est de situer l'action dans un lieu clos, en l'occurrence une chambre d'hôpital, afin d'être au plus près des micro-phénomènes insolites qui jalonnent le film. Sujette à des migraines insupportables, une jeune femme (Anne Brochet) se retrouve à l'hôpital aux côtés de deux autres patientes. Peu à peu, ce huis clos devient oppressant et la chambre s'apparente à un petit théâtre absurde hanté par les visions et les pressentiments de la malade. À plus d'un titre, la DV conduit Claude Miller à être plus sensible que jamais au traitement de l'image dans la mesure où c'est à sa texture ambiguë, à sa basse définition prononçant l'atténuation des contours, qu'il se fie sans retenue pour produire une atmosphère d'étrangeté tout à fait conforme au postulat scénaristique. Sans doute pour la première fois, Miller a moins cherché à servir scrupuleusement une structure narrative qu'à en traiter les effets subjectifs par la composition même de l'image. Preuve supplémentaire qu'une technique, toute nouvelle qu'elle soit, est inséparable d'un sujet, d'une forme de pensée sur l'histoire que l'on souhaite raconter. D'autre part, le cinéaste confirme la corrélation qui existe entre la caméra DV et le thème de la promiscuité. Son film témoigne en effet que plus un espace est exigu plus les solutions de mouvement qu'apporte la DV sont importantes. C'est face à la contrainte d'un décor limité que la liberté de tourner avec un tel appareil est décuplée, celle-ci pouvant aussi bien se remarquer dans le ton général du film (*La Chambre des magiciennes* est sans doute l'un des plus singuliers de Miller dans l'alternance des registres, comme la comédie, le psychodrame, l'effroi, etc.) que dans le style (expression d'une forme hésitante, presque de première jeunesse). Pareille redécouverte d'un plaisir neuf chez un cinéaste réputé classique est révélatrice de ce que l'usage de la DV incite à explorer, à savoir les derniers retranchements du cinéma, ses ultimes frontières entre fiction et document tangible sur les moyens de la fiction. Ce bain de jouvence, d'autres cinéastes de la série « Petites caméras » se le sont offert en soutenant eux aussi l'équivalence entre image numérique et scénario par le biais de la crudité. Il est étonnant de voir que l'audace permise par la DV a aussitôt suscité celle de la plupart des sujets de la collection, comme si la crudité propre à l'image numérique devait se refléter dans la nature du propos. *Nationale 7* raconte l'histoire d'un myopathe d'une cinquantaine d'années, obsédé sexuel et véritable casse-pieds avec les autres handicapés moteurs de son foyer, qui cherche à tout prix à aller voir les prostituées. *Sur quel pied danser* narre la rencontre entachée de mauvaise conscience d'une jeune femme de trente-cinq ans avec un jeune adolescent SDF qu'elle se sent coupable de ne pas avoir aidé et dont, après l'avoir retrouvé, elle ne sait plus comment se débarrasser. *Les Yeux fermés* décrit la passion d'un homme de théâtre et d'un expert en boîtes noires d'avions. *Sa mère, la pute* est une éprouvante plongée dans l'univers de la drogue et de la prostitution à travers la dérive d'une mère dont la fille de vingt ans vient d'être découverte morte dans un terrain vague. Ne croyant pas à une mort par overdose mais par assassinat, elle mène sa propre enquête en infiltrant le milieu de sa fille, par la prostitution et la fréquentation des *dealers*. Quant à *Clément*, il explore les zones troubles d'une passion violente entre une jeune femme de trente-cinq ans (jouée par la réalisatrice elle-même, audace supplémentaire) et un garçon de 13 ans. Ce qui frappe, au vu de ces scripts, c'est l'accentuation d'une altérité au moyen de la dissemblance et des écarts impossibles. Là encore se distingue une concordance étroite entre des scénarios qui mettent brutalement en relief la complexité de la relation à l'autre (au littéralement autre, pourrait-on dire) et l'exceptionnelle efficacité de la DV à traduire cette relation en termes de « pigmentation » de l'intime, au plus près des corps et des visages. Ainsi, le thème de l'accord ambivalent, parfois interdit, entre les êtres est-il traité de manière transgressive par une caméra qui s'exerce au contraire dans la réduction, voire l'abolition, des distances. Cette récurrence thématique forme, à n'en point douter, l'unité de la série mais, apposée à l'usage commun de la DV, procède surtout d'un véritable manifeste à la gloire d'une nouvelle liberté créatrice dont chaque scénario théoriserait au fond le potentiel : absence de limites, de lois et de contraintes au profit du risque et de l'aventure hors des sentiers battus.

De par sa légèreté et l'impulsion qu'elle donne à des histoires d'arrachement à la norme, la DV a très tôt et régulièrement trouvé hospitalité dans des fictions vagabondes, comme si sa relative indépendance technique avait de quoi s'illustrer dans des chemins détournés, entre errance et propulsion vers l'ailleurs. Benoît Jacquot a compris cela en enchaînant coup sur coup deux films avec son actrice fétiche Isild Le Besco, *À tout de suite* (2004) et *L'Intouchable* (2006), deux récits de voyage pour une jeune fille tendue vers la quête d'un être cher à retrouver coûte que coûte (ici un voyou magnifique, là son père indien vivant à Bénarès). Jusqu'à présent, depuis ses débuts dans les années 1970, Benoît Jacquot était catalogué cinéaste austère, peintre abstrait des sentiments en milieu bourgeois, pour qui l'insoumission à un monde pétri de convenances sociales devait passer par l'abandon du corps à la pure sensation de vertige. Or, au début des années 2000, il fit deux rencontres décisives pour le renouveau de son cinéma, Isild Le Besco et la caméra numérique. Avec les deux, il décide non seulement de changer de cap mais d'en faire le propos même de ses derniers films. Excepté son (second) rôle dans *Sade* (2000), production de prestige centrée sur Daniel Auteuil et la reconstitution de l'époque du Marquis, Isild Le Besco a offert au cinéaste une grâce et une sensualité que celui-ci a su transposer dans des échappées hors des univers familiers, autant pour lui que pour les personnages qu'elle incarne. Et il est étonnant de voir que le premier usage de la DV (la DVX 100 pour être exact) soit intervenu à ce moment-là, au service d'histoires de rupture d'avec le milieu d'origine. *À tout de suite* (titre qui suggère la puissance fugitive de l'instant ainsi que son adéquation avec l'économie des moyens techniques) situe son action au cœur des années 1970, c'est-à-dire à la source artistique de Jacquot, et raconte le périple d'une jeune fille qui, par amour, décide de quitter son appartement familial parisien pour tenter de rejoindre à Athènes son ami en cavale. Tourné dans un superbe noir et blanc, signé Caroline Champetier, le film met en orbite son interprète avec une fougue et un instinct démultipliés par une caméra bien plus légère que celle que Jacquot avait l'habitude d'utiliser. La mobilité de la DV adaptée au mouvement déterminé de l'héroïne contribue complètement à l'hypothèse d'un nouveau départ, pour elle comme pour le cinéaste. En effet, il est difficile de ne pas comparer la trajectoire du personnage à celle de l'auteur dans la mesure où il s'agit pour tous les deux de sauter dans l'inconnu, de laisser derrière eux un certain confort bourgeois dans l'espoir de trouver ailleurs, même provisoirement, des motifs à transformation. Vitesse d'exécution, rapidité de trait, affolement des repères et des décisions, *À tout de suite* est un film dans lequel Benoît Jacquot ne fait pas que reprendre son travail avec les jeunes comédiennes, amorcé dans *La Désenchantée* (1990) et *La Fille seule* (1995), il concentre toutes les potentialités esthétiques et scénaristiques que la DV stimule et régénère. Avec *L'Intouchable*, tourné avec une caméra super 16 mais étalonné en numérique, il ira plus loin, géographiquement (en Inde) et dramatiquement, car très tôt emportée dans un territoire qu'elle ne connaît pas, son héroïne entretiendra un rapport à l'espace complètement saturé, en pleine confusion topographique et mentale. Partie là-bas pour retrouver son père, après avoir offert son corps en sacrifice lors du tournage d'un film pornographique, elle ira au bout d'elle-même, au comble de la perte d'innocence et d'identité. « C'est peut-être la peau qui pense » dit-on dans le film. Nul doute qu'en ramenant la caméra super 16 à un format aussi peu encombrant qu'une petite DV (une batterie lithium et aucun câblage), Benoît Jacquot et sa chef opératrice, Caroline Champetier, ont tenu à rester fidèle à cette puissance cutanée du cinéma, où filmer et toucher s'équivalent (ironie du titre), où mettre à nu, corps et sentiments, trouve avec semblable appareil un médium des plus performants.

Dans le sillage de son expérience d'actrice avec Jacquot, Isild Le Besco est passée à deux reprises à la réalisation, avec *Demi-tarif* (2004) et *Charly* (2007). Tous deux sont filmés en DV que les arguments de la fiction accueillent de nouveau avec évidence. Le premier est le portrait fébrile de trois enfants (deux sœurs et un frère) livrés à eux-mêmes, entre leur appartement déserté par la mère et la rue où ils font les quatre cents coups. C'est l'enfance débrouillarde que la jeune réalisatrice capte de l'intérieur, sans le point de vue moralisateur de l'adulte qui serait faussement partagé entre l'empathie et le jugement. Grâce à l'aspect bricolé du format DV, elle se retrouve en totale osmose avec le système D pratiqué par ses personnages abandonnés. Chaque geste, chaque élan est saisi avec une même intrépidité par une caméra indocile, sorte d'instrument ludique qui permet à Le Besco de traiter l'insouciance des enfants par une image pleine, qui absorbe tout, et non par les étapes d'un récit, ici dilué dans une somme de comportements à l'état brut. Son deuxième film, *Charly*, réitère cet art de la fugue en racontant la courte escapade d'un jeune orphelin de 15 ans (Kolia Litscher, le frère de la réalisatrice) qui en pleine nuit décide de quitter sa famille d'accueil pour une destination rêvée, cristallisée sur une carte postale de paysage azuréen. Sur sa route, le fugueur rencontre Charly (Julie-Marie Parmentier), une jeune prostituée qui vit dans une caravane et qui lui propose de l'héberger pour un temps indéterminé. Sincère générosité ou moyen plus égoïste de combler sa solitude, cette hospitalité offerte donne à Charly l'occasion d'assurer, aux yeux du garçon, le rôle d'une mère de substitut, mère-enfant un peu sauvage et très autoritaire qui ouvre sur la répétition rituelle d'un processus d'initiation hélas sans lendemain (au terme de l'aventure, le garçon retournera chez lui comme si rien ne s'était passé). Tourné avec deux caméras numériques, *Charly* fait de la caravane l'espace unique de « l'action », lieu *a priori* transitoire mais dans lequel la fiction élit domicile en installant un dispositif ingrat de scènes invariablement déclinées autour d'une éducation *bis*, littéralement en marge de toute morale convenue. Entre le prosaïsme des tâches ordonnées « à la dure » et une tendresse muette exprimée par inadvertance, ce couple improbable évoque par certains aspects le naturalisme littéraire du XIXe siècle (la prostituée isolée, l'orphelin délaissé, l'impossible salut) mais le traitement esthétique de leur histoire, combiné avec le choix de l'espace clos, rejoint l'une des dispositions actuelles de la DV en terres fictionnelles : ramener l'échelle d'un monde à atteindre à la domestication imaginaire de son étendue.

45 *Pour un nouvel art fantastique ?*

En raison de sa plasticité sans nuances, caractérisée par une perte de grain et d'épaisseur, certains n'hésitent pas à parler, à propos de l'image numérique, d'une « spectralité de la matière » (Burdeau, 2007 : 31), non sans référence à un concept cher à Jacques

Derrida. Faut-il voir dans cette expression l'interprétation d'une image qui s'oppose à l'analogique, c'est-à-dire à la notion de transparence dans la reproduction de la réalité ? L'allusion au spectral insinue souvent une frontière entre l'humain et le non humain, ou plus précisément la relativité de l'humain dans ses formes entendues. Ombres fugaces, dépôts de présences invisibles, traces figuratives d'un passé supposé enfoui pour toujours, tout ce qui d'ordinaire renvoie au frémissement du spectral défie la croyance et le doute. La rencontre avec le numérique était donc inévitable tant la substance de son image, régulièrement décrite comme le produit d'une altération pixellisée des choses filmées, peut volontiers créer un trouble, un défaut de perception poussé à son maximum d'étrangeté. Trop nette ou pas assez, l'image numérique confine sans forcer à l'abstraction dès lors qu'elle intègre en son sein le principe viral d'une indétermination des niveaux d'appréhension du réel. Dite sale ou bien aléatoire, elle côtoie les frontières poreuses entre la bonne et la mauvaise image, entre le réel et le virtuel, entre la clarté du regard et l'obscurité de la vision. C'est sûrement à ce titre qu'elle s'accorde si bien avec le fantastique, genre pourtant peu usité dans le cinéma français. Son enveloppe sait parfois se faire l'abri des fantômes, le foyer familier de leur ronde.

Déjà auteur, en 1996, de *Ni d'Ève ni d'Adam*, chronique de l'adolescence en banlieue racontée dans un halo spirituel et rédempteur, Jean-Claude Civeyrac n'a cessé de confirmer sa passion pour la manifestation ténue d'esprits adorés au cœur des actions les plus intimes. Chez lui, le quotidien n'est qu'apparence diaphane, la présence de toute chose prenant la forme d'un absolu regret depuis l'absence des êtres chers. Ses personnages souffrent en silence de ne pouvoir trouver sens, ou mieux consistance, à leur vie soudain détachée de leur plus précieuse raison d'être (un amour promis puis évaporé, un désir laissé au repos). Quelque chose *plane* dans tous les films de Civeyrac, un souvenir, un murmure, une rêverie, une concurrence permanente avec l'ordre matériel des événements. Sensible aux influences de l'invisible, ce cinéaste rare a vu dans l'arrivée de la vidéo numérique une opportunité en or pour conjuguer intimité et hantise. En 1999, il tourne son premier film sous ce format avec un titre significatif, *Les Solitaires*. Tout dans ce film concourt au minimal : deux frères (l'un veuf, l'autre séparé), la présence équivoque et lointaine de l'amie du second, une chambre pour seul décor, des corps en lutte et en butte contre l'indécidable, et la petite caméra pour scruter la moindre vibration des sentiments inquiets. Modèle d'un genre que la DV, par son économie, promeut aisément (le « film de chambre », hérité du Kammerspiel allemand des années 1920), *Les Solitaires* feutre, ou au contraire exacerbe, l'affrontement de deux hommes en proie aux ondes fantomales de la mauvaise conscience (celle qui naît de leur relation malheureuse avec la femme). Sa force ne tient pas à son récit étique, si *fantôme* justement, mais à ce que produit presque organiquement l'image numérique dans le registre de l'ineffable. Il suffit de se référer à la constitution spécifique de celle-ci. L'impression de désépaississement des éléments filmés en numérique provient de la compression des pixels, autrement dit des points de couleur sans contrastes perceptibles.

> Ses pixels [du numérique] ne sont pas sans substance, ce sont des minuscules cailloux, si minuscules qu'ils pourraient être solubles dans l'air. (Burdeau, 2007 : 31)

L'image numérique serait donc peuplée de particules, plus que de matières elles-mêmes, évoluant dans un état gazeux. C'est l'autre combat du film, celui des masses (corps, espace et objets) contre leur piqué médullaire obtenu par modulation de la lumière dans l'image. La rugosité des conflits physiques contre la douceur presque éthérée d'une superposition de surfaces. Civeyrac offre à la DV un enclos privilégié où, coupés du dehors, les personnages se frôlent et s'étreignent en gros plan, au sol ou sur un lit, sous le regard insituable des tendres disparues tapies dans chaque recoin de la pièce. À ce propos, le cinéaste portugais, Pedro Costa, remarque que « le manque de définition de la DV oblige à se rapprocher des corps et des choses » (Chauvin, 2007). Enfermé dans sa chambre (l'antichambre des amours défuntes, pourrait-on dire), Civeyrac filme au plus près les morts et les vivants en un même geste d'enlacement tour à tour lugubre et chaleureux, sans lourdeur psychodramatique ni rhétorique du deuil.

Du temps de la série B américaine, la devise se résumait à l'équation suivante : petits moyens, grands effets. Bien des films « fauchés », appartenant à des genres différents, savaient mettre à profit leur petite santé économique pour procurer *a minima* des sensations extrêmes. Dans les films fantastiques, par exemple, l'efficacité du mode d'intervention des fantômes et des monstres se mesurait à la valeur artisanale de sa conception. L'effroi ne consistait pas dans la surenchère des effets mécaniques mais dans la rétention du visible. Ne rien montrer ou partiellement valait mieux que l'inverse et c'est dans ce manque-à-voir de l'image que se logeait la peur. Possible descendante de cet âge d'or des moyens techniques, la DV est, elle aussi, capable de s'appuyer sur certains de ses atouts esthétiques pour fabriquer de l'inquiétante étrangeté. Mais les cas, en France, sont plutôt rares. En 2003, un film fit exception, *Dancing*, réalisé par Pierre Trividic (scénariste de Pascale Ferran), Patrick Mario Bernard et Xavier Brillat, trois artistes conceptuels dont les deux premiers avaient signé en 2001, *Ceci est une pipe*, objet atypique à mi-chemin entre le journal filmé et l'art vidéo sur les variations du geste pornographique. Angoissant et déroutant, *Dancing* est une aventure cérébrale proche de l'univers de Lovecraft et du *Horla* de Maupassant. Habitant dans un ancien dancing, le long de la baie d'Audierne, deux homosexuels se consacrent à leur art respectif. Patrick (Pierre Trividic) est un écrivain de retour au pays, René (Patrick Mario Bernard) est un plasticien à qui on a commandé une exposition dont le thème est l'ours sous différentes formes (miniature en plastique, géant gonflable, ombres chinoises, etc.). L'un et l'autre, très occupés, souvent absents, se partagent plus le domicile qu'ils ne partagent réellement leur vie. Dans ces intérieurs face à la mer agitée, tout fonctionne par deux. L'habitation est divisée en deux parties, l'ancien dancing transformé en atelier et l'appartement contigu réservé au quotidien. Le sol du dancing donne, au moyen de chausse-trappes, sur une cave obscure d'où proviennent des bruits mystérieux et l'omniprésence, en haut comme en bas, des images télévisuelles et informatiques double la morne plaine des journées pluvieuses d'une résonance perturbante. Après avoir photocopié et collé au mur de son atelier une photo de deux frères comiques publiée dans un journal de télévision, René se met peu à peu à avoir des hallucinations, à voir partout dans la maison ce couple de comiques vêtus en robe à bretelles avec des nœuds à l'alsacienne sur la tête. Sous l'emprise théorique des univers parallèles, il finit par se retrouver victime d'un phénomène d'incrustation généralisée des images. Montées en *parallèle*, superposées les unes aux autres selon les supports (écrans d'ordinateurs et écrans de télévision, webcam en contrechamp du numérique), extraites d'un dédoublement du corps en vision malade, les images s'incrustent, dans tous les sens du terme. Dans le cerveau, entre les plans, sur la piste déserte du dancing. C'est l'ensemble de l'espace filmique qui est soumis à un régime de surveillance variablement traité, tantôt par les moyens explicites de communication (la webcam comme super-œil mabusien), tantôt par une utilisation savante et équivoque de plans vides ou sur des personnages se sentant subitement observés. La peur ne vient donc plus de ce qui se tient aux abords du cadre mais de ce qui s'incruste à la surface de l'image. *Dancing* célèbre d'un bout à l'autre la commune opération de remplacement visuel qui assimile clignement d'œil fébrile, *zapping* et clic de souris. À cet égard, une scène délivre la clé du film. René regarde à la télévision un reportage sur des réfugiés clandestins. Un lent zoom avant resserre l'image du poste jusqu'à isoler, au comble de la saturation, un visage situé à l'arrière-plan et qui n'est autre que lui-même ! Effet de miroir, simple logique de projection mentale ou excès d'incrustation qui contamine tous les paramètres sensoriels ? Inutile de trancher dans la mesure où le caractère énigmatique des situations peut être perçu comme une réaction chimique de la lumière plongée dans la nuit, un peu à la manière du cinéma de David Lynch auquel on pense beaucoup en voyant le film. Riche d'une variété de sources lumineuses (jusque dans les médicaments « à base de lumière » prescrits par le médecin de René), l'ambiance déconcertante de *Dancing* émane de présences magnétiques que seule la juxtaposition de ces sources rend cohérentes et admissibles. Ces drôles de silhouettes fantomatiques qui apparaissent aux yeux de René n'ont rien à voir avec des réminiscences figurées solennellement à une date anniversaire. Leur surgissement représente au contraire le plus haut degré de (con)fusion d'éléments plastiques et psychiques hétérogènes que la DV récapitule à merveille. En effet, avec la vidéonumérique, les modes d'incrustation de couleurs et de motifs prélevés séparément sur fond de décor virtuel sont innombrables (voir question 47). Au lieu de les corrompre, l'alliage de matériaux de nature différente peut aboutir à une unité formelle inédite et vraisemblable. C'est là tout le programme expérimental de *Dancing* : faire de l'impureté numérique un projet conceptuel en prenant l'intrusion fantastique de ces « visiteurs » en robe comme métaphore de l'implant d'images par ordinateur.

46 *La DV et la HD, un couple parfait ?*

Comme l'indiquent ses initiales, le numérique HD offre une meilleure définition de l'image que celle obtenue en DV, grâce à une homogénéité accrue des lignes et des contours, ce qui a pour premier effet de niveler arrière-plan et avant-plan en une même surface sensible. Gagnant en netteté, soit directement au tournage, soit à l'étalonnage en post-production, l'image HD est vue comme une continuation de l'image 35 mm, bien plus qu'un perfectionnement de l'image vidéo. Lorsqu'elle figure au rang de préoccupations plus esthétiques qu'économiques, elle est indissociable d'un travail exigent sur la lumière, les éclairages et la couleur, en réponse à un souci formel lié au contenu dramatique du film. Dans la plupart des cas récents, l'intérêt numérique se mesure à l'aune d'un sujet qui le suscite intimement et non indifféremment. Comme le présage Cyril Neyrat,

> la question reste celle des conséquences esthétiques du passage au numérique. Le partage se fera, se fait déjà, entre les cinéastes et les artistes qui se contentent de suivre le mouvement et de tourner en numérique pour des raisons pratiques ou économiques, et ceux qui prennent acte de la nouvelle donne technologique, de sa spécificité, pour en réaliser la puissance esthétique, travailler les textures, les rapports d'image et les formes de récit de l'âge numérique. (Neyrat, 2007 : 11)

Un autre partage existe plus rare, qui prend la forme d'une complémentarité entre la DV et la HD à l'intérieur d'un même film. Moins pour s'annuler l'une l'autre que pour varier, à travers leur alternance ponctuelle, l'intensité des affects des personnages. Le tout, bien sûr, est de savoir quel type de récit est à même de solliciter pareille combinaison, à quelle thématique confier leurs modalités conjointes. Un film s'est donné pour haute ambition de traduire en fiction l'équilibre fragile de ces deux régimes numériques, *Un couple parfait* (2006) du Japonais Nobuhiro Suwa. Tourné à Paris avec Caroline Champetier pour directrice artistique et Valéria Bruni-Tedeschi et Bruno Todeschini pour acteurs principaux, ce film met en scène la crise d'un couple venu de Lisbonne à la capitale pour le mariage d'un ami. Sur le papier, rien de très neuf, tant l'argument appartient de longue date aux favoris du cinéma d'auteur français. La différence se situe ici du côté d'une *narration plastique*. Plutôt que de la raconter en une distribution régulière de temps forts et de temps faibles, Suwa et Champetier traitent cette histoire en termes de lumière et de pénombre localisés dans l'image. C'est à partir de leur rayon de diffusion en clair-obscur que s'organise l'espace de la relation entre elle (Marie) et lui (Nicolas). D'une rigueur remarquable, le dispositif séquentiel du film repose sur des blocs d'espace et de durée, principalement agencés en plans fixes dans lesquels s'imposent un volume matériel (des intérieurs : chambre d'hôtel, musée, duplex, café) et un volume de jeu (issu d'une improvisation des comédiens) tout à fait exemplaire d'une méthode d'aplanissement des actions dont relève le numérique. De quoi s'agit-il dans *Un couple parfait* ? D'un couple qui se sépare au moment où un autre s'unit. Autrement dit, c'est à une modulation des liens et des distances entre les personnages que le spectateur est invité à prêter attention. Toute la démarche esthétique de Suwa, bien épaulé par Champetier, est de construire une scénographie sur ce principe d'ambivalence au croisement de deux intervalles, celui des personnages dans l'espace et celui des éclairages disposés dans le cadre. Premier des couples parfaits, la DV et la HD se voient attribuer une fonction et une signification bien précises dont la distinction est affaire de mobilité et de profondeur contrariée. Au départ, Caroline Champetier souhaitait utiliser la petite caméra DVX 100 pour la totalité du film mais elle s'est très vite rendu compte que celle-ci n'était pertinente que pour saisir les mouvements vibratoires d'un seul personnage, idéale pour produire des effets d'isolement dans l'image. Sans sacrifier pour autant ce modèle, elle opta pour la HD au regard du sujet et de son traitement formel. Face à deux êtres qui se séparent, l'idée lui est venue d'introduire de l'écart, des déplacements asynchrones, à l'intérieur de cadres fixes et suffisamment longs pour que s'imprime la détresse du lien usé. Plus stable, la caméra HD est particulièrement opérante pour découper soigneusement en plan large une portion d'intérieur, afin d'accentuer l'éloignement physique des deux personnages. Il faut dire que la configuration de la chambre d'hôtel où descend le couple s'y prête parfaitement.

Séparée en deux parties par une grande porte à double battant, elle matérialise la division et l'inscription de chacun dans sa zone de repli, ce qui conduit Suwa à réduire l'alternative à deux cas de figure : à deux dans le champ mais brièvement (soit ils se croisent, soit l'un des deux quitte la pièce) ou bien un seul reste à regarder l'autre hors champ. Mais la texture de la HD a ceci de paradoxal qu'elle lisse profondeur et premier plan en donnant l'impression de rapprocher le lointain. Il se dégage de cette diminution des effets d'étagement des éléments dans le cadre une sorte de neutralité que nuance la place étudiée des sources de lumières, qu'elles soient électriques ou naturelles. À leur diffusion réglée correspond toujours celle du sentiment. Dès qu'une lampe s'allume, un regret s'échappe et domine le plan jusqu'à extinction de la lumière. Une des scènes les plus fortes du film donne à cet égard la pleine mesure de cette articulation sensible de la lumière et du sentiment. Assise sur son lit, isolée dans son annexe, Marie reproche à Nicolas, situé, lui, dans l'autre partie de la chambre, d'avoir annoncé leur rupture à leurs amis. La caméra la filme à travers la grande porte ouverte du milieu. Une courte perspective s'établit, doucement zébrée par tout un jeu de lumières croisées, dont la source interne se trouve dissimulée par une cloison ou en bord de cadre. Marie est là-bas dans son coin, Nicolas est dans l'ombre, à l'opposé. Rien entre eux ne passe ni ne s'échange, sinon des regrets distinctement éprouvés. C'est à ce moment que Marie se lève et ferme sur elle les deux battants de la porte, rompant brutalement la profondeur de champ. À l'image (la caméra n'ayant pas bougé d'un pouce), se matérialise soudain cette suppression numérique des distances dans le champ par un effet de juxtaposition de surfaces. Cette porte refermée équivaut bel et bien à une surface plane, accolée au faisceau numérique et derrière laquelle une âme se désole, fatiguée de ne pouvoir sauver la perspective, celle, hypothétique, de l'image HD et celle de son couple.

Vaincre la surface (Marie reprochera également à Nicolas d'être devenu « superficiel ») est la condition de survie du couple. Le premier plan du film, avec ce soleil qui tape contre la vitre du taxi, atteste de cette menace de dévoration de la figure par une mise à plat des reflets. C'est à une lumière plus parcimonieuse qu'appartient de projeter une parcelle de ce lieu intermédiaire où peut se loger l'espoir de tenir encore un peu ensemble. Car elles ont beau régner à l'image, les surfaces entre elles ne découragent pas le contact du proche avec l'inconnu, comme dans cette scène au café de Château-Rouge où Nicolas discute avec un vieux quidam solitaire, tous deux cernés par des reflets de miroirs en vis-à-vis. Même fugitivement, un échange se crée dans les brèches éclairées d'un espace transitoire. Pour Caroline Champetier, la caméra HD implique un retrait qui permet de cadrer au moins deux corps dans une zone d'attirance et d'exclusion propre à confronter, dans la continuité, les infimes réactions de solitude partagée. En revanche, et par contraste, la DV est utilisée dans ce film pour pousser l'isolement d'un seul personnage jusqu'au resserrement sur son visage. À quatre ou cinq reprises, Suwa raccorde sèchement sur un visage en très gros plan, provoquant un effet de rupture avec la dominance du plan d'ensemble. L'exemple le plus frappant se situe lors de la première visite de Marie au musée Rodin. Alors que son couple s'épuise, elle contemple les sculptures du maître, inspirées de l'union éternelle. Chacune provoque en elle une vive émotion agissant à deux niveaux : ce qu'elle voit et ce qu'elle vit. Hors champ, une guide cite Rilke : « Un ciel est proche mais il n'est pas encore atteint. Un enfer est proche mais ce n'est pas encore désappris » (belle coïncidence avec le traitement esthétique de la crise du proche et du lointain). Tout au fond d'une galerie filmée en plan large, Marie, de dos, s'arrête longuement devant une autre sculpture. Mais contre toute attente, Suwa coupe net l'échelle du plan en un raccord sur les yeux de la jeune femme, une rupture scalaire qui provoque d'emblée une secousse visuelle, un effet de sidération dont le personnage lui-même ne se remet pas. On est passé brutalement d'une image HD immobile à un visage dénudé par la faible définition de la DV. Sous le choc, Marie se met à pleurer et se retire près d'une fenêtre, s'enfonçant dans une solitude que le changement de support accentue. À cet instant, il est clair que son visage embué s'explique autant par la perturbation de sa conscience face à ce que lui renvoient de sa propre histoire les sculptures, que par ce petit « trauma visuel ». Comme dans la scène du regret analysée plus haut, la profondeur de champ n'est qu'une illusion, un semblant d'amplitude bientôt remplacé par le retour violent d'une surface (le visage de Marie, en l'occurrence). Atteinte à la continuité, rupture propagée jusque dans le découpage, le double emploi de la HD et de la DV dans *Un couple parfait* contribue à donner un supplément de matière chromatique aux enjeux intimistes de la séparation.

47 *Qu'a à gagner la génération Nouvelle Vague avec les nouvelles technologies ?*

On a très tôt remarqué qu'avec l'exploitation cinématographique de la vidéo numérique, un précieux complément technique parvenait enfin à confirmer les quelques émanations notables de l'esprit Nouvelle Vague dans une certaine frange du cinéma français. Les comparaisons allaient bon train en ce sens, beaucoup voyant dans l'apparition de la DV un allégement matériel proche des caméras 16 mm et des Nagras, utilisés à la fin des années 1950, par quelques-uns des Jeunes Turcs débutants. Sans contester ce rapprochement, malgré des différences d'application évidentes relatives à l'état de la cinéphilie aujourd'hui et à celui du marché, il importe de tirer avantage théorique de la séduction qu'opère la nouvelle génération des technologies sur l'activité des cinéastes de la génération Nouvelle Vague. On sait qu'à leurs débuts, les Rivette, Truffaut, Godard et consorts aimaient utiliser les différents formats en circulation, eu égard à leur amour du cinéma classique (*via* le Scope) et à leur envie de redonner de l'air au cinéma français (avec le son direct par exemple). À la fois fétichistes et ouverts aux aléas, tous gardaient un œil sur l'évolution des moyens techniques, en tentant le plus possible d'y adapter des récits et des sujets personnels. Quarante ans après, qu'en est-il de cette curiosité à l'heure du numérique ? À ce jour, deux d'entre eux ont franchi le pas, Éric Rohmer et Jean-Luc Godard (sans oublier la cousine Varda). De manière exceptionnelle certes, car ni l'un ni l'autre n'ont pour l'instant renouvelé l'expérience, leur prise de position en faveur du numérique a débouché sur un résultat convaincant, en termes de cohérence esthétique et morale. Comme on pouvait s'en douter, ce n'est pas la mode qui a incité plusieurs réalisateurs à choisir le numérique. Rien d'anecdotique en effet dans le choix de ce support, mais au contraire une valorisation de ses promesses qui l'a rendu occasionnellement irremplaçable.

Éric Rohmer a su attendre. Aussi à l'aise avec le 35 mm qu'avec le 16, il eut recours, en 2000, au numérique pour enfin adapter l'histoire de Grace Elliott, aristocrate anglaise, maîtresse puis amie du Duc d'Orléans au moment de la Révolution française. Pourquoi « enfin » ? Tout simplement parce qu'il lui fallait répondre au problème de l'exactitude dans la représentation des extérieurs du Paris du XVIIIe siècle, problème, selon lui, insoluble en pellicule et en studio, et qu'il a pu surmonter grâce à l'apport du numérique. En effet, Rohmer estime impossible, du moins invraisemblable, de reconstituer l'époque en faisant semblant de gommer la distance temporelle. À ses yeux, la reconstitution ne conduit qu'à la fausseté, et il lui préfère donc la restitution, autrement dit l'actualisation, d'une sensibilité ou d'une vision liée à cette période. Aussi la vérité n'est-elle pas affaire de ressemblance accessoire avec un temps ancien mais animation d'une réalité exhumée par le rendu d'une image d'origine. Pour *L'Anglaise et le Duc*, dont l'action se situe donc en 1790 à Paris sous le régime de la Terreur, le cinéaste a trouvé une solution hors normes : incruster numériquement ses personnages sur de larges tableaux peints dans le style des *vedute* de Canaletto de cette époque-là. Cette technique a pris du temps car il a fallu concevoir en amont tous les déplacements des personnages et des figurants dans le champ de la caméra, puis demander au peintre (le plasticien Jean-Baptiste Marot) de réaliser ses toiles en fonction des angles de caméra prévus à l'endroit de ces déplacements, enfin filmer toutes ces scènes d'extérieurs dans un grand studio intégralement peint en vert pour permettre l'incrustation et l'effacement des contours sur ordinateur. Avant les prises, les tableaux étaient projetés au sol par rayon laser afin d'assurer le réglage du mouvement des acteurs à l'intérieur de la toile. Ainsi, sur grand écran, les tableaux s'animent au passage de la foule qui se découpe réellement sur fond virtuel. Mais le prodige est que les tableaux sont vrais, ils s'inspirent très nettement de ceux réalisés au siècle des Lumières et que l'on peut trouver par exemple au musée Carnavalet. Pour Rohmer, la vérité du Paris de la Révolution tient avant tout à une picturalité fidèle et immédiate. C'est le soin apporté à cette dimension plastique qui donne la sensation d'être au cœur de la principale image produite à cette époque et qui, par miracle, rejoint les éternelles préoccupations du cinéaste sur le réalisme. D'après lui, la plupart des films de reconstitution ne respectent pas les lieux d'origine. En studio ou en décors naturels, à cause aussi d'un montage trop rapproché, il y a toujours perdition d'une certaine matérialité des éléments, le sacrifice d'une captation de l'essence d'une réalité lointaine que l'on n'arrive pas à transmettre par la sensation au profit d'un souci de transparence trop confondu avec un réalisme mécanique. Ce dernier défaut porte en fait sur l'habitude d'assimiler reconstitution et construction. Dans une grande majorité des cas, reconstituer une époque signifie l'édifier, au sens architectural, de sorte que le réalisme soit structurellement obtenu par la référence obligée à une réalité historique établie. Ce qui intéresse Rohmer est au contraire d'abandonner la réalité pour le *réel* en tant que référent premier, c'est-à-dire le monde, non pas tel qu'il était (vieille loi du mimétisme), mais tel qu'il était vu et appréhendé. Là est la nouveauté du film. Rohmer exalte un réel plus pictural (art du trait et de la vision) qu'architectural et purement décoratif (art vertical de recomposition dynamique). C'est à cette condition qu'il peut prétendre respecter un *présent d'origine*, au lieu de le réinventer accessoirement.

> Je suis pour un cinéma du présent. Ce n'est pas parce que je montre le passé que je ne restitue pas le présent. Sur ce point, je reste disciple de Renoir. (Rohmer, 2001 : 54)

Il convient de souligner à quel point le sujet de *L'Anglaise et le Duc* justifie un tel traitement pictural, théorisé sur ce principe de la vision. Il s'agit de la Révolution française *vue* par une royaliste anglaise, tiraillée entre ses opinions politiques anti-Lumières et sa compassion pour le sort des persécutés de son rang. À force de confusion sentimentale et idéologique, les espaces privés et publics, quoique bien répartis entre des intérieurs bourgeois transformés en forteresse et un dehors agité par la terreur (avec et sans majuscule), finissent par devenir des zones poreuses, aux conséquences irrémédiables. Le drame de Grace Elliott (Lucy Rusell) est de ne pouvoir regarder la réalité en face (son effroi devant la tête décapitée de la princesse de Lamballe, plantée en haut d'une pique par les révolutionnaires) tout en s'obstinant à vouloir la voir conforme à ses désirs. Elle demeure coincée dans ses défauts d'optique, dans un surcroît de vision intime qui l'empêche de comprendre ce qui se passe hors de ses murs, là où elle ne peut faire autrement que se cacher, se dérober à la vue de la réalité extérieure. Elle apprend par exemple à ses dépens que des promesses tenues chez elle, à l'abri et par amitié (celle du Duc d'Orléans de ne pas voter l'exécution du Roi) ne peuvent qu'être trahies sitôt confrontées à la volonté du peuple (le

Duc se ralliera finalement à la majorité en faveur de la sentence). Il ne peut y avoir de compatibilité vivable entre une subjectivité apeurée et la marche objective d'une révolution qui la dépasse. Simplement, les deux communiquent tragiquement. La menace de la guillotine sanctionne autant la sympathie de Grace pour la monarchie que son romantisme décalé. Mais le plus admirable, c'est qu'en adoptant son point de vue (option vite qualifiée de réactionnaire par certains), le film intègre, dans sa forme et ses partis pris esthétiques, ce principe de dualité farouche : plans tableaux contre découpage intérieur, acteurs vivants incrustés dans de l'inanimé. Comme Grace se fait des illusions sur une réalité sans équivoque, le film dresse logiquement l'illusion en plans larges pour y loger avec précision la puissance concrète de l'événement historique. C'est la raison pour laquelle, loin de la contredire, les tableaux respectent la topographie des anciennes rues et places de Paris (la rue Saint-Honoré, la place Louis XV, etc.), les plans réglés à leur mesure conservant toute l'étendue nécessaire à leur perception authentique. Ainsi le but n'est-il pas de recréer au détail près un décor du passé à la manière d'un antiquaire mais d'en transposer à même la toile (écran et tableau) une vision artistique, contemporaine de ce siècle. C'est pour Rohmer le seul moyen d'échapper au systématisme du geste rétrospectif trop criant de vérité. En aucun cas, l'artifice de l'incrustation s'affirme contraire au réalisme. On se souvient que dans *Le Rayon vert* (1986), Éric Rohmer avait fini par recourir à un truquage en vidéo pour ajouter à l'image le fameux dernier rayon du soleil couchant, faute d'avoir pu le capter naturellement à plusieurs endroits du globe. L'enjeu de ce phénomène cosmique était tel (révéler à l'héroïne sa Rencontre avec l'amour) que cet effet spécial n'avait rien de surfait. Indispensable à la stimulation de la croyance du spectateur, l'usage du faux consacrait objectivement (c'est-à-dire face à l'objectif) la vérité du film et du personnage. Dans le cas de *L'Anglaise et le Duc*, il est tout de même nécessaire de rappeler que le système d'incrustation sur pellicule existe depuis Méliès, mais trop coûteux et surtout trop contraignant, il a conduit Rohmer à patienter jusqu'à l'arrivée du numérique. L'attente en valait la peine tant celui-ci permet une plus grande méticulosité dans le contrôle des couleurs et dans la superposition de plusieurs couches, destinée à sauver l'illusion d'une profondeur réelle. Après tout, quoi de plus légitime que de profiter de la révolution numérique pour traiter de la Révolution !

C'est avec *Éloge de l'amour*, en 2001, que Jean-Luc Godard se tourne pour la première fois vers la DV, en l'opposant intrinsèquement à la pellicule sous la forme d'un diptyque. Précurseur en matière de création vidéographique dans les années 1970, Godard n'a par la suite jamais abandonné la sensibilité de la pellicule, sinon pour la conception de ses *Histoire(s) du cinéma*. Pour *Éloge de l'amour*, film élégiaque imprégné de réminiscences sur la Résistance à travers les arts et les fourches caudines du commerce, il décide de confronter radicalement deux régimes d'images et de sons en échangeant à mi-parcours les supports. Nous avons une première partie, tournée en noir et blanc et en pellicule 35 mm, puis une seconde, de durée inférieure, tournée en DV avec des couleurs très saturées. Un changement aussi franc n'est pas sans susciter quelques interrogations sur sa finalité. Pourquoi une telle rupture visuelle et temporelle (la seconde partie se situant deux ans auparavant) ? Des éléments de réponse sont, comme toujours chez Godard, à débusquer dans les zones d'intertextualité. Le personnage principal, Edgar (Bruno Putzulu), cherche à monter un projet artistique autour des quatre grands moments de l'amour (la rencontre, la passion physique, la séparation et les retrouvailles). Dans sa démarche, il se rend compte que seuls deux âges de la vie, la jeunesse et la vieillesse, sont à même de sublimer le sens de l'amour. Des contacts avec les mécènes aux essais avec des amateurs, Edgar déambule dans un Paris nocturne ou embrumé d'aurore cinématographique (s'y croisent en évanescence poétique Murnau, Vigo, Bresson et tant d'autres aînés dépositaires, selon Godard, de l'enfance de l'art). L'éclairage, très contrasté en noir et blanc, fait superbement ressortir les ombres anthracite et les lumières de la ville en les dotant d'un symbolisme historique fort (l'allusion au Paris occupé dans les films de l'époque, l'ombre de la Résistance, la lumière intermittente d'une mémoire qui menace de s'éteindre, etc.). Comme à son habitude, Godard fait revenir le passé aux abords du présent par la bande-son (des extraits sonores de films anciens) et l'éclat d'une image cristal, dans laquelle les rumeurs du monde actuel s'enroulent dans la mélancolie d'un temps que Godard refuse de voir vendu au nom du spectacle. Des plans solitaires de Paris voisinent avec ceux de la parade des gens d'argent, des SDF sur un trottoir avec des producteurs sortant de leur grosse voiture. Puis, il se trouve que le projet d'Edgar n'aboutira pas, que les choses resteront suspendues. Toutefois, inachevé, il existe encore plus, échappant à l'exploitation marchande et fort de la conscience qu'en art le renoncement a autant de signification qu'une œuvre qu'on termine et qui ne nous appartient plus. C'est juste au moment où le personnage rebrousse chemin que le film lui-même fait demi-tour avec l'introduction d'une seconde partie en *flash-back* et en couleurs paradoxales. Ramené deux ans en arrière, cette fois en Bretagne, le spectateur suit Edgar à l'époque d'un autre projet, celui d'une cantate sur Simone Weil, célèbre philosophe et haute figure de la Résistance. À cette occasion, on le voit faire connaissance avec un historien (Jean Lacouture) et un couple d'anciens Résistants (Jean Davy et Françoise Vierny) dont la mémoire est convoitée par Hollywood en vue d'un film à grand spectacle sur la Shoah (suivez mon regard !). Dès lors, tout recouvre tout, en un vaste mouvement binaire dont Godard a depuis longtemps le secret et que la pensée de Pavese, citée par Edgar à la fin du film, traduit à merveille :

> Quand je pense à quelque chose, en fait, je pense à autre chose. Par exemple, je vois un paysage nouveau pour moi mais il est nouveau pour moi parce que je le compare en pensée à un autre paysage, ancien celui-là, que je connaissais.

Tout le programme d'énonciation du film tient dans cette phrase qui renvoie également à l'écriture mallarméenne et à la forme palimpseste. Mais s'y inscrit surtout la logique du traitement des couleurs vives, poussées à un niveau quasi expressionniste par le jeune chef opérateur Julien Hirsh. Ces paysages bretons peints en numérique se présentent en effet comme doublement nouveaux pour Godard, du point de vue technologique d'une part et de celui de son art poétique, d'autre part, illustré ici dans cette mise en regard des deux parties. En outre, il n'est qu'à voir comment le cinéaste renouvelle la surimpression, procédé qu'il affectionne, par l'intensification lumineuse des différentes couches mélangées les unes aux autres et qui font plus d'une fois songer à la palette d'un peintre abstrait. À la différence des angles de lumière très prononcés dans la première partie, en hommage au cinéma muet et à la limpidité du cinéma classique, les taches de couleurs de la seconde confinent à l'expérimental, c'est-à-dire à une forme parfaitement inassimilable, et à cet égard résistante elle aussi, au formatage cynique des productions hollywoodiennes telles que les décrit Godard.

48 *Pourquoi adopter le numérique après une longue pratique de l'argentique ?*

Lorsque des cinéastes confirmés acceptent de succomber à l'esthétique numérique, l'essai est au choix circonstancié (y passer juste pour un film) ou bien transformé définitivement (ils ne peuvent plus s'en passer). Au vu de l'évolution de certains en matière d'images et de récits, il s'avère que l'option la plus fréquente est l'adoption. Découvrir les spécificités visuelles du numérique semble correspondre à un tournant dans leur œuvre, aussi bien sur un plan économique que stylistique. Aux États-Unis, le cinéaste David Lynch s'est juré, après l'expérience fleuve d'*INLAND EMPIRE* (2006), de ne plus tourner qu'en DV, estimant qu'avec l'aisance de réalisation que celle-ci procure, son cinéma parvenait à un degré d'exploration plastique de ses thèmes comme jamais il n'avait pu l'imaginer jusqu'à présent. Il en est de même, en France, avec un cinéaste aussi prudent qu'Alain Corneau, dont les deux derniers films, *Les Mots bleus* (2005) et *Le Deuxième Souffle* (2007), ont été tournés en numérique haute définition, offrant une gamme d'images pastel (pour le premier) ou au contraire extrêmement vernies, aux couleurs primaires rutilantes (pour le second). Le cas de Corneau est particulièrement intéressant dans la mesure où il tente de concilier progrès technologique et facture classique avec l'intention assez touchante de ne pas rater l'époque des mutations du genre. Pour *Le Deuxième Souffle*, nouvelle adaptation du roman noir de José Giovanni beaucoup plus qu'un *remake* du film de Jean-Pierre Melville réalisé en 1966, il est évident que sa référence formelle est moins le polar des années 1950 que le film d'action *high-tech* de Hong Kong mâtiné des onctuosités glamour de Wong Kar-wai. Son efficacité de technicien scrupuleux, il la porte cette fois au crédit d'un maniérisme tamisé dans lequel ancien et nouveau, au lieu de procéder à un dépassement alchimique des matériaux visuels et narratifs, ne font que se superposer platement, à la manière d'une décalcomanie. Quoi qu'il en soit, la figure de Corneau demeure utile pour voir combien le numérique haute définition est aujourd'hui en train d'investir largement le cinéma de grande consommation, en échappant à l'assignation d'une ligne de partage entre l'art et l'industrie. Il y a bien de quoi se réjouir du fait que l'auteur de *Série noire* ait depuis déclaré vouloir laisser tomber la vieille pellicule 35 mm pour les charmes de la nouvelle donne technologique, réjouissance nullement portée d'un point de vue qualitatif sur l'avenir de son cinéma, mais plus généralement sur l'idée que cette révolution dope autrement l'inspiration des anciens au lieu de la rendre obsolète.

On peut en dire autant, à un autre niveau, d'André Téchiné, cinéaste de la génération post-Nouvelle Vague aux côtés des Benoît Jacquot, Philippe Garrel, Jacques Doillon, Jean Eustache et quelques autres. Il a signé à ce jour deux films en numérique, l'un au tournage (*Loin* en 2001), l'autre à l'étalonnage (*Les Temps qui changent* en 2004) et cette orientation esthétique s'est étrangement caractérisée par un certain nombre de similitudes ; tournage à Tanger, même désordre formel et ouverture aux quatre vents d'un scénario voguant entre l'ici et l'ailleurs, entre le rêve des uns et le sens des réalités des autres et présence de la même actrice, Lubna Azabal, qui achève de rapprocher les deux films. Habitué jusque-là au format Scope et à l'élan romanesque qui lui est si souvent corrélatif depuis Hollywood, André Téchiné a changé de cap à l'occasion de cette échappée hors de France. Non que le romanesque soit absent de ces deux films mais il ne se déploie plus de manière horizontale, en adéquation avec la géométrie du Scope, mais au contraire de façon totalement chaotique et transversale, conforme au dépaysement géographique et numérique. Ce n'est certes pas un hasard que la première intervention du numérique chez Téchiné accompagne la projection de son cinéma vers d'autres territoires, de l'autre côté de la mer, idéalement sous-tendue par le thème du nouveau départ et de l'impossible retour. Entièrement tourné en vidéo numérique, *Loin* raconte l'histoire de Serge (Stéphane Rideau), chauffeur routier qui parcourt la France, l'Espagne et le Maroc. Un jour, il accepte de transporter de la drogue de Tanger à Algésiras pour le compte d'un nébuleux réseau de trafiquants. Mais ses motivations sont moins financières que personnelles, de l'ordre du frisson et du danger par lesquels il se sent vraiment vivre. À Tanger, il retrouve Sarah (Lubna Azabal), son amour de toujours, auprès de qui il promet à chaque fois de revenir pour de bon, sans pour autant être prêt à accepter la morne perspective d'une vie de couple que ce retour signifierait. Avec l'aide de Saïd (Mohamed Hamaidi), l'employé de Sarah à la pension dont elle s'occupe, et grâce à la promesse qu'il lui a faite de lui faire traverser clandestinement la Méditerranée pour l'Espagne, Serge réussit à la convaincre de son attachement pour elle avant d'être rattrapé par ses velléités. Il finit par l'abandonner de nouveau en tenant néanmoins la promesse faite à Saïd. En auteur parfaitement conscient de ses moyens et de ses fins, Téchiné profite de la mobilité que lui offre la vidéo numérique pour faire corps avec tous ses personnages, notamment avec Serge et son instabilité revendiquée. Ce dernier refusant, comme il dit, le tout tracé, l'idée même de confort, il est impressionnant de voir comment le cinéaste adapte sa mise en scène à ce principe d'impulsion élémentaire par quoi la rupture se fait énergie vitale. Soumis d'un bout à l'autre à des trafics en tous genres (marchandises, sentiments, clandestins, drogue, etc.), *Loin* est un bel exemple de ce que la vidéo numérique déplace et excède chez un auteur aussi établi que Téchiné. Dans sa façon de métisser autant d'histoires que de personnages et de langues (le français, l'arabe, l'américain), le film légitime amplement l'emploi de ce support dont une des particularités est justement de pouvoir enregistrer, sans discontinuer, une très grande densité de matières en la rendant immédiatement palpable. En témoigne d'ailleurs le découpage du récit en trois journées pleines pour un film de deux heures ! Dans *Loin*, même la durée est profuse, agglomérat d'instants arrachés au péril de la permanence, à l'image de ces corps ballottés entre les plaisirs goûtés, montre à terre, dans la nature (la référence à Jean Renoir est explicite) et le rêve de parcourir des kilomètres pour vivre une grande aventure formatrice, un des motifs centraux du cinéma de Téchiné. Par ailleurs, le thème de la clandestinité convient très bien à l'usage de la vidéo, à son mode de filmage à la dérobée, capable de se soustraire aux autorisations légales en se faufilant *incognito* dans des endroits interdits. Notons à ce propos qu'en 2004, François Dupeyron, réalisateur de *Drôle d'endroit pour une rencontre* (1988) et de *La Chambre des officiers* (2001), a également utilisé la vidéo numérique pour la première fois avec *Inguélézi*, l'histoire d'une femme qui découvre à la suite d'un accident de la route la présence d'un clandestin dans le coffre de sa voiture. Double découverte donc, celle d'un personnage dans la fiction et d'une caméra dans sa vie de cinéaste, qui lui a permis par la même occasion d'instaurer un autre rapport de travail avec ses acteurs (sur le tournage, il les convoquait un par un pour les faire répéter puis faisait entrer sur le plateau son chef opérateur, Yves Angelo, qui effectuait la prise avant de quitter à nouveau le plateau pour laisser place à une autre répétition individuelle et ainsi de suite).

Dans *Les Temps qui changent*, André Téchiné fait revenir le couple Deneuve-Depardieu pour une histoire de reconquête passionnelle par tous les moyens, y compris l'envoûtement vaudou. Lui est Antoine, ingénieur venu à Tanger pour superviser la construction d'un vaste centre audiovisuel, elle est Cécile, animatrice d'une émission de radio, installée au Maroc depuis des années avec son mari médecin (Gilbert Melki) dans une luxueuse villa. Très vite, on se rend compte que la raison de la présence d'Antoine à Tanger est autant sentimentale que professionnelle. Cécile fut son premier amour, trente ans auparavant, et il ne s'est jamais remis de leur séparation, contrairement à elle qui a refait sa vie. Le chantier visité prête alors métaphoriquement ses fondations à une histoire privée qu'Antoine espère ressusciter. Mais là encore, le romantisme absolu de l'un va se heurter au réalisme de l'autre. Antoine rêve à la possibilité d'accorder la mémoire d'une liaison au présent pendant que Cécile ne s'agite que dans les affaires courantes, entre travail, famille et capacité d'oubli. Rien derrière elle, tout devant lui. Comment faire pour que le passé recouvre le présent ? À quel pouvoir surnaturel se fier pour que la passion amoureuse ne disparaisse sous le poids des habitudes et des contingences matérielles ? C'est le propos des *Temps qui changent* et c'est le rôle du numérique que d'en figurer l'inquiétude. L'ouverture du film est à cet égard éloquente car elle désigne à la fois son programme romanesque et l'une des substances attitrées de l'image numérique. Antoine vérifie l'avancée des travaux sur le chantier. Il descend dans un grand trou creusé dans un terrain de terre et d'eau stagnante, pose sa main contre les parois boueuses, quand soudain le terrain s'affaisse et l'ensevelit complètement. Puis le récit démarre en un grand *flash-back* jusqu'à remonter à l'accident. Littérale, l'exposition de la question du recouvrement et de l'amour enfoui avant exhumation satisfait aussi une des définitions attribuées à la texture du numérique, à savoir une forte concentration de matières qui génère un volume visuel capable de relativiser l'arrière-plan. C'est ce qui se passe dans cette scène. Antoine descend au fond du trou mais bientôt la terre recouvre tout et annule l'effet de profondeur. En numérique, ici, la matière déborde, excède le cadre, rivalise avec la fragilité du sentiment. Et Téchiné prolonge cette dimension par une pluralité d'intrigues et d'émotions dans les rues encombrées de Tanger. Plus tard, il ira jusqu'à filmer une séquence quasi expérimentale d'opération mécanique sur le chantier, avec pelleteuses en action et éboulements sur l'objectif. Proche des partis pris esthétiques d'Arnaud des Pallières dans *Adieu* (on y retrouve d'ailleurs le même chef opérateur, Julien Hirsch, ex-assistant de Caroline Champetier), ce moment totalement à part dans le récit sature l'image et la vision en déréalisant le plus commun des travaux. Dénué d'informations narratives, tout le prix de cette parenthèse formelle tient plutôt au rapprochement abstrait de la terre soulevée et du dépôt résiduel des taches de couleurs uniformes que produit l'assemblage des pixels dans l'image numérique, ces « minuscules cailloux » déjà étudiés dans la question 45. Plus expressive qu'anodine, cette séquence radicalise la façon dont la perception est, dans ce film et cette histoire, jamais au repos, en proie à l'illusion optique (c'est au moment où Antoine se cogne violemment contre la transparence d'une porte automatique de supermarché qu'il entrevoit Cécile pour la première fois depuis trente ans) et sentimentale (croire à la pertinence d'un horizon pour eux deux). Comme dans l'image numérique Haute Définition, on croit à sa profondeur distincte de l'avant-plan alors que les deux sont aplanis. Distance chimérique et subtilité des repères.

49 *Entre numérique et pellicule, que choisir pour filmer le football ?*

Symbole des progrès technologiques dans le domaine audiovisuel, le numérique toute définition occupe une place centrale dans l'économie des images mondialisées. Au service d'un maximum de netteté et de productivité planétaire, il exhibe sa performance sur tous les réseaux informatiques et télévisuels. Parmi les grands divertissements populaires capables de drainer autant de chiffres d'affaires que de consommateurs d'images, le sport figure en tête, grâce au plus fédérateur et au plus médiatique de tous : le football. Depuis quelques années, celui-ci constitue une manne considérable pour les chaînes de télévision. Massivement retransmis, il inonde les foyers et l'espace public en atteignant un degré de visibilité sans équivalent. Il en est de même pour la réalisation des matchs. Tout en étant évidemment tributaire du jeu (suivre le ballon, l'enchaînement des actions, surtout ne pas rater le but, etc.), celle-ci tend de plus en plus à privilégier le détail, aux abords du terrain ou à l'intérieur, lorsque le réalisateur focalise, par exemple, sur un joueur qui ne participe pas forcément à une phase de jeu. Autrement dit, il s'agit de donner à voir le plus possible ce qui emplit un match, le jeu tel qu'il se développe mais aussi la parcellisation des regards et des commentaires concentrés sur lui. Dans cette culture du *supra* visible, les caméras de télévision rivalisent de prouesses techniques, comme la *louma* mouche qui vole au-dessus du stade ou la caméra sur *travelling* le long de la touche qui accompagne en contre-plongée le déroulement d'une action resserrée. Là encore, le but est de donner l'impression au téléspectateur d'être au plus près de l'effort, de promouvoir le « comme si on y était » en obéissant au dispositif audiovisuel de rapprochement du lointain. Multiplier dans le temps insécable d'un match, des images de proximité avec le corps des joueurs et ceux qui les regardent (staff technique et tribunes), c'est introduire un « plus de réel » qui contribue efficacement à l'identification suscitée par ce sport de masse.

Depuis 1998, année de la Coupe du monde en France, le football a généré une icône en la personne de Zinédine Zidane, un joueur dont le statut de héros populaire n'a cessé d'alimenter un réservoir d'images et de fétiches. La nouvelle star du XXIe siècle en quelque sorte, celle qui rassemble mieux qu'un acteur de cinéma ou un chanteur et qui se médiatise toute seule en dehors même de ses champs de compétence. En 2005, deux artistes conceptuels, Douglas Gordon et Philippe Parreno, ont eu ce projet fou : faire un portrait en images de la star en plein travail, le temps d'un match de championnat espagnol. Disposant de moyens colossaux (dix-sept caméras réparties dans le stade Santiago Bernabeu de

Madrid), ils se sont fixés comme dessein artistique une focalisation exclusive sur le joueur pendant les quatre-vingt-dix minutes de la rencontre, délaissant par conséquent l'alentour direct : coéquipiers, adversaires et actions menées sans lui. Intitulé sobrement *Zidane, un portrait du XXI*[e] *siècle* (présenté à Cannes en 2006), leur film se présenterait comme un contre-champ *arty* à la retransmission ordinaire du football, n'était l'ambition de réunir autour d'un seul joueur emblématique et d'un temps réel (la durée du match) tout un protocole de définitions d'images dont le montage satellite finit par déréaliser un événement pourtant largement codifié (les règles du jeu, le chronomètre, l'obligation technique de ne rien rater de l'action). Sur Zidane prolifèrent ainsi des plans zoomés à échelle et origine variables, provenant alternativement de la vidéo type reportage télévisé, du super 35 mm et du numérique haute définition. Entre installation digne des musées d'art contemporain et expérimentation cinématographique produite par Universal, le film de Gordon et Parreno offre en réalité une version artistique de la mondialisation du spectacle à travers l'ampleur des moyens sophistiqués (la Nasa leur aurait même prêté du matériel) et cette manière de fondre le microscopique dans le macro-événement jusqu'à rendre perceptible la solitude d'un joueur sur le terrain. Aucune pédagogie (on n'apprend rien sur le football) ni hagiographie convenue (Zidane reste impénétrable), il n'est question que d'abstraire le temps réel en faisant semblant de le servir (la durée du film correspond à celle du match). En effet, en conservant constamment un rapport magnétique avec le numéro 5 du Real Madrid par le rythme du montage et des plans qui varient au diapason de ses mouvements, le film dissout les notions d'espace et de temps, par l'absorption vertigineuse d'une dynamique physique singulière, entre la stase et la vitesse, si bien qu'autour de lui le monde devient une zone opaque, une caisse de résonances contrastées, passant brusquement de la clameur familière à une matière sonore étouffée, comme amortie. C'est à produire ce genre de sensations que s'emploie la richesse du numérique haute définition allié à d'autres supports, lorsque la qualité inédite de ses images transfigure l'enregistrement du banal en un fantasme de projection subjective aux confins de la surréalité.

D'une moindre envergure, l'autre film « sur le foot », sorti neuf mois plus tard en février 2007, a pris le contre-pied du gigantisme matériel à l'œuvre dans *Zidane*... À son origine, on trouve un tout autre projet, plus intime et moins synchrone avec le rendement des images contemporaines. Quelques mois avant le début de la Coupe du monde de football en Allemagne, le musicien et vidéaste Fred Poulet prête à son ami Vikash Dhorasso, joueur remplaçant de l'équipe de France, une caméra Super 8 pour qu'il filme sa compétition au quotidien, match après match. Poulet aura également la sienne afin de dialoguer avec lui à distance, par échanges d'images aléatoires. Le résultat de ce pacte d'amitié s'appelle *Substitute* et tout en lui s'énonce comme le parfait contre-champ du film de Gordon et Parreno mais également du rendu médiatique de l'événement. Mondial pour tous, celui-ci est maintenant devenu affaire privée, un point de mire accessible uniquement par le petit bout de la lorgnette d'un homme qui ne joue pas. Cette position de retrait forcé filtre la compétition par la porte dérobée de la confession, à la manière du journal intime, une discrétion que l'on peut aisément associer à l'archaïsme du support même, cette pellicule Super 8 si désuète au regard de l'arsenal numérique utilisé un peu partout. De sa chambre d'hôtel au banc de touche que Fred Poulet filme des tribunes, Vikash Dhorasso incarne la solitude de l'être indésirable, le remplaçant qui attend son heure en enregistrant ce qui lui échappe. D'une certaine manière, à travers cette opposition du champ individuel et silencieux au hors-champ rempli de la ferveur collective, du Super 8 ancien au numérique actuel, le film délivre en douceur un commentaire sur l'inégalité des individus sous le régime du Capital. Face à la compétition mondiale, une équipe nationale doit être pareille à une grande entreprise performante. À l'intérieur, il y a les plus productifs et les moins utiles mais l'ensemble est supposé créer l'unité de l'entreprise. Quelle que soit la valeur de l'employé, il lui faut se plier aux exigences du grand patron (en espèce, le sélectionneur) et répondre par principe au fonctionnement général de l'équipe. À son niveau relayé par la modestie de son outil, Vikash Dhorasso ne se complaît pas dans la plainte. Il évoque juste, de par sa position d'exclu, un type de condition de travail formaté par les lois de l'économie de marché. À propos des méfaits humains du Capital, le critique itinérant Patrick Leboutte estime que :

> de plus en plus souvent réduit à n'être qu'un simple rouage dans un organigramme où la soumission aux ordres vaut davantage que la

> compétence, où l'expérience professionnelle compte moins que la docilité, tout travailleur se retrouve *de facto* sous la menace d'un brouillage de son image, exposé en permanence à la sanction d'une dépossession de son savoir-faire et, pour le dire autrement, prolétarisé. Écarter, délier, disjoindre ; éloigner chacun des autres et plus encore de soi-même ; défaire toute unité ; dissoudre jusqu'à l'idée même de communauté ; esseuler pour ensuite surveiller, contrôler, punir [...]. Travailler pour et sous le règne planétaire du Capital revient à vivre séparé. Désormais, le monde du travail n'est plus un nombre, mais une simple somme de solitudes. (Leboutte, 2006 : 1)

Prolétarisé par un groupe qui fonctionne sans lui et assumant presque cette position par le maniement d'une caméra « pauvre », Dhorasso voit la mécanique du Mondial (tout un symbole) l'éloigner des autres et le déposséder de son savoir-faire en le laissant dans l'ombre, là où l'image se brouille.

CONCLUSION

50 *L'auteur et après ?*

Vouloir continuer à parler des auteurs dans le cinéma français reviendrait-il plus que jamais à les défendre autant que l'idée du cinéma que bon an mal an ils représentent ? Force est de constater que cette notion d'auteur, véritable spécialité française, est aujourd'hui bien mal perçue si l'on en juge par la politique de soutien financier de notre cinématographie, qui favorise explicitement des films préachetés par la télévision hertzienne dans l'intérêt d'une future programmation de grande audience, et dont la principale conséquence n'est rien moins que la standardisation de l'offre et de la demande. Au mieux vaguement estimé comme le garant d'une identité cinématographique nationale qu'il est toujours facile d'assimiler à de l'exception, au pire estampillé « intellectuel » donc peu rentable, l'auteur doit batailler ferme pour continuer à imposer ce qui le caractérise et le distingue des serviteurs patentés de l'industrie, c'est-à-dire un point de vue personnel sur le monde et le cinéma, une certaine fidélité à des convictions artistiques qui fait de lui l'unique « propriétaire » de son œuvre. Certes, il est toujours commode de caricaturer en opposant diamétralement cinéma d'auteur exigeant et grosses machines populaires, en oubliant que c'est aussi grâce aux bénéfices rapportés par les mieux dotés que les plus fragiles peuvent voir le jour selon un système de rotation et de redistribution des recettes. On sait que c'est paradoxalement aux effets souvent pervers (il ne faut pas se le cacher) de cette coexistence que le cinéma français doit une bonne part de sa diversité. Mais des écarts se creusent dans le financement des films, dont l'un des symptômes est la lente disparition de ce que Pascale Ferran appelle les « films du milieu ». Lors de la cérémonie des César du samedi 25 février 2007, la cinéaste avait interpellé la profession sur les dangers d'un fossé régulièrement creusé entre les films riches et les films pauvres, respectivement associés au divertissement populaire et à l'art et essai. Elle rappelait à juste titre que de Jean Renoir à François Truffaut, de Jacques Becker à Alain Resnais, les auteurs « avaient la plus haute opinion des spectateurs à qui ils s'adressaient et la plus grande ambition pour l'art cinématographique » (extrait de son discours). Pendant longtemps, cette zone médiane entre l'art et le grand public était la gloire du cinéma français, rarement l'intégrité des auteurs était remise en cause *a posteriori* par le succès de leurs films. Tout simplement parce que la salle demeurait l'endroit unique pour aller voir du cinéma, tout le cinéma. Aujourd'hui, le « milieu » s'efface derrière l'opulence du marché et la concentration des pôles où se déplace la demande de cinéma (télévision, DVD, Internet, etc.). Moins de médiation (au sens d'une communication d'un seul – l'auteur – avec tous) pour davantage de médiatisation (le film comme produit déjà dérivé d'une stratégie commerciale). Dans ce cadre, l'auteur est facultatif. Lorsqu'un film d'auteur « marche », dans des proportions raisonnables, on parle de rencontre heureuse mais contingente, dont les raisons sont presque relatives au regard de l'auteur lui-même. C'est alors le temps qui par chance joue pour lui. Et le temps de la rencontre avec le public est une donnée essentielle pour distinguer le cinéma d'auteur du cinéma populaire dit « de producteur ». Alors que ce cinéma populaire, vendu comme tel, a déjà son public en poche, le cinéma d'auteur a encore besoin de le trouver et cela précisément demande du temps. Malheureusement, bien que l'on se félicite d'une production de films français en constante hausse (deux cent quarante en 2005, à peu près autant en 2006) et d'une part de marché aux environs de 35 %, la profusion n'est jamais quitte de son revers : un même embouteillage hebdomadaire dans les salles qui nuit fatalement aux films les plus vulnérables. Pour ceux-là, être à l'affiche, ne serait-ce qu'une semaine, est maintenant devenu un accessit presque supérieur au besoin de toucher patiemment un public grâce au bouche-à-oreille ou à une critique modestement favorable. En gros : bien heureux qu'ils sortent, il ne faut pas demander plus ! Bien sûr, l'inflation ne profite guère à ceux qui n'en ont pas la taille mais il y a de quoi bondir devant l'amalgame que persistent à faire les commissions de chaînes de télévision et de producteurs associés entre cinéma d'auteur et goût du « petit » (petit budget, petite ambition, petite histoire, petites recettes). Plus de risques à perte, l'heure est au formatage *prime time* conforme à l'engagement indispensable des chaînes. Aujourd'hui, il faut maintenir intacte la prise de risques entendue comme aventure humaine et artistique, prise de risques qu'une relation fidèle à un producteur soucieux de soutenir les talents individuels est à même d'assumer avec exigence (Paulo Branco, malgré quelques errements, incarne très bien cette alternative). Mais les temps sont cruels. Même s'il est en France beaucoup plus protégé qu'ailleurs, le cinéma d'auteur souffre encore d'aberrations, comme par exemple les énormes difficultés que rencontre depuis quelques années Jacques Doillon, l'un des plus grands auteurs qui soient, pour monter ses projets, ou encore le refus d'Arte, en 2006, de produire Alain Resnais qui voulait adapter un opéra de Kurt Weill. Sans parler des plus jeunes qui attendent des années avant de faire leur deuxième ou troisième film, comme Laurent Achard ou Bertrand Bonello. Il ne faut pas se leurrer. Le système de soutien à la création est déficient en raison des disparités dans l'attribution des aides automatiques, lesquelles bénéficient le plus souvent aux films des grosses filiales. Dans son article, « Grandeur et misère du cinéma français », publié dans *Positif* n° 547 de septembre 2006, Michel Ciment cite une étude menée par deux chercheurs au Groupe d'économie mondial de Sciences-Po, Fabrice Lalevée et Florence Lévy-Hartmann, sur la formation des budgets du cinéma français. Il rapporte que :

> L'attribution des soutiens automatiques s'accompagne d'une forte concentration. Les dix plus gros bénéficiaires en reçoivent 61 %, alors que les cent quinze plus petits bénéficiaires ne se partagent que 10 % du montant. En 2005, les films qui ont le plus mobilisé le soutien automatique sont les filiales des productions des chaînes de télévision hertziennes (TF1 Film Production, France 2 Cinéma, France 3 Cinéma, Studio Canal) et quelques firmes oligopolistiques (EuropaCorp de Luc Besson, Gaumont, UGC, Pathé). Les auteurs [de cette

> étude] soulignent que près de la moitié de ce que produisent Gaumont et EuropaCorp vient des ressources administratives, démontrant que cette concentration et cette constance de la manne publique sur les firmes les plus puissantes du secteur révèlent combien la politique cinématographique française est en porte-à-faux par rapport à l'objectif culturel affiché. (Ciment, 2006 : 80)

En clair, le système de soutien à la création trahit sa fonction en se déguisant en mode de subvention de l'industrie. Dès lors, il en faudrait peu pour que le film d'auteur à budget moyen (autour de cinq millions d'euros) finisse par se mettre en situation de demander la charité aux structures normatives de financement.

Maintenant reconnaissons une chose. L'auteur n'habite pas qu'une maison isolée au bord de la route. Il peut, aussi une fois dans sa vie, se voir prêter les clés d'une résidence plus luxueuse ou au contraire s'y installer aussitôt pour mieux parler de lui. L'identifier en le cloisonnant n'est jamais très juste. Il y a autant d'auteurs que d'opportunités de les repérer en des endroits insoupçonnables. C'est ce qui fait la richesse du cinéma français. Simplement, il est vital de rester réceptif à leur désir de cinéma et à leur regard, vital de leur laisser l'espace et le temps suffisants pour s'exprimer. En France, l'auteur existe. Mais il a besoin que soient préservées coûte que coûte les possibilités d'aller à sa rencontre.

BIBLIOGRAPHIE

AMIEL Vincent, « Une nouvelle génération dans le cinéma français ? », *Esprit*, n° 238, décembre 1997.

—, « Vingt ans après, avec et sans Truffaut », *Esprit*, décembre 2004, p. 148-153.

ASSAYAS Olivier,« Quelques vagues plus tard », entretien avec Charles Tesson et Serge Toubiana, *Cahiers du cinéma*, hors-série, *Nouvelle Vague, une légende en question*, décembre 1998, p. 70-75.

AZOURY Philippe, « Le Corps dernier cri », *Les Inrockuptibles*, n° 207, du 28 juillet au 17 août 1999, p. 70-73.

BAECQUE Antoine (de) (dir.), *Vive le cinéma français !*, Paris, Éditions des Cahiers du cinéma, coll. « Petite anthologie des Cahiers du cinéma », 2001.

BENJAMIN Walter, « L'art à l'époque de sa reproduction mécanique », dans *Écrits français*, Paris, Gallimard, coll. « Bibliothèque des idées », 1991.

BENOLIEL Bernard, « Le Cinéma à la porte de l'usine », *Cahiers du cinéma*, hors-série, *Cinéma 68*, avril 1998, p. 20-23.

BERGALA Alain, « Si « je » m'était conté », dans *Je est un film*, Éditions de l'ACOR (Association des cinémas de l'Ouest pour la recherche), 1998, p. 5-9.

BERNARD Hervé, *L'Image numérique et le cinéma*, Paris, Éditions Eyrolles, 2001.

BOUQUET Stéphane, « Le Principe de ruine », *Cahiers du cinéma*, n° 483, septembre 1994, p. 65-66.

BRENEZ Nicole (dir.), *La Vie nouvelle, nouvelle vision*, Paris, Éditions Léo Scheer, 2005.

BRUYN Olivier (de), « Le Ciel bas et lourd du cinéma français », *Positif*, n° 377, juin 1992, p. 20-22.

BURDEAU Emmanuel, « 68/98 retours et détours », *Cahiers du cinéma*, hors-série, *Cinéma 68*, 1998, p. 43-46.

—, « Une ruine pour quoi faire », *Cahiers du cinéma*, n° 622, avril 2007, p. 28-31.

CHAUVIN Jean-Sébastien, « Le sens des distances », *Chronic'Art,* mars 2007, p. 70-72.

CIMENT Michel, « Grandeur et misère du cinéma français », *Positif*, n° 547, septembre 2006, p. 79-81.

DANEY Serge, *Libération*, 26 mars 1982, publié dans *La Maison cinéma et le monde, les années Libé 1982-1985*, Paris, Éditions POL, 2002.

DELORME Stéphane, LAVIN Mathias, « Petits arrangements avec le jeune cinéma français », *Balthazar*, n° 3, automne 1998, p. 24-32.

DENIS Claire, « Quelques vagues plus tard », entretien avec Olivier Assayas, Cédric Kahn, Noémie Lvovsky, Charles Tesson et Serge Toubiana, *Cahiers du cinéma*, hors-série, *Nouvelle Vague, une légende en question*, décembre 1998, p. 70-75.

DESBARATS Carole, « Généalogies contemporaines », dans *Derrière la porte, les secrets de famille au cinéma*, Éditions de l'ACOR, 2001, p. 31-34.

DOUCHET Jean, « La Rue et le studio », *Cahiers du cinéma*, n° 419-420, mai 1989, p. 50-51.

FRODON Jean-Michel, *L'Âge moderne du cinéma français*, Paris, Flammarion, 1995.

—, « La Longue marche du cinéma d'auteur vers le sexe », *Le Monde*, 7 juin 2000.

—, « Le Meilleur », *Cahiers du cinéma*, n° 593, septembre 2004, p. 10-13.

GUIGUET Jean-Claude, dans *Cahiers du cinéma*, hors-série, *Nouvelle Vague, une légende en question*, décembre 1998, p. 95.

GUIRAUDIE Alain, « Il n'y a pas de limites », entretien avec Frédéric Videau, Hervé Aubron et Cyril Neyrat, *Vertigo*, n° 23, mai 2003, p. 7-15.

JOUSSE Thierry, « Paysage après la bataille », *Cahiers du cinéma*, n° 419-420, mai 1989, p. 9-15.

—, « Numériquement vôtre », *Cahiers du cinéma*, n° 542, janvier 2000, p. 34-35.

—, *Pendant les travaux, le cinéma reste ouvert*, Paris, Éditions des Cahiers du cinéma, coll. « Essais », 2003.

—, BAECQUE Antoine (de), *Le Retour du cinéma*, Paris, Hachette, coll. « Questions de société », 1996.

LALANNE Jean-Marc, « Éloge de la fuite », à propos des *Égarés* d'André Téchiné, *Cahiers du cinéma*, n° 581, juillet-août 2003, p. 50-52.

LAUTÉ Jérôme, « Beau travail », à propos des *Glaneurs et la glaneuse*, *Éclipses*, n° 33, 2001, p. 20-22.

LEBOUTTE Patrick, « Le cinéma comme antidote », critique « volante » de *Ils ne mourraient pas tous mais tous étaient frappés* de Sophie Bruneau et Marc-Antoine Roudil, 2006.

—, « DV, naissance d'une passion », *L'Image, le monde*, n° 1, automne 1999, p. 51-70.

LEBTAHI Yannick, ROUSSEL-GILLET Isabelle, *Pour une méthode d'investigation du cinéma de Laurent Cantet (*Les Déplacés, vertiges de soi*)*, Paris, Éditions L'Harmattan, 2005.

MILLER Claude, « Petites caméras sur grand écran », une enquête d'Élisabeth Lequeret, *Cahiers du cinéma*, n° 544, mars 2000, p. 44-48.

MIRET Orso, « Entretien avec Philippe Rouyer », *Positif*, n° 480, février 2001, p. 17-21.

NACACHE Jacqueline, « Marée haute, le jeune cinéma français des années 1990 », dans Jacques Aumont (dir.), *Le Septième Art*, Paris, Éditions Léo Scheer, 2003, p. 309-322.

NEYRAT Cyril, « La France profonde, territoires, paysages, décors », *Vertigo*, n° 29, 2006, p. 11-12.

—, « La HD, après l'aura », *Cahiers du cinéma*, n° 617, novembre 2006, p. 88-91.

—, « Histoire portative du numérique », *Cinéma en numérique*, supplément *Cahiers du cinéma*, n° 628, novembre 2007, p. 4-11.

PREDAL René, *Le Jeune Cinéma français*, Paris, Nathan Université, coll. « 128 », 2002.

RAUGER Jean-François, « Au loin s'en va l'humanité », à propos d'*Irréversible*, *Simulacres*, n° 7, novembre 2002, p. 13-14.

ROHMER Éric, « Je voulais que la réalité devienne tableau », entretien avec Patrice Blouin, Stéphane Bouquet et Charles Tesson, *Cahiers du cinéma*, n° 559, juillet-août 2001, p. 50-58.

SABOURAUD Frédéric, « Le Pas de côté (et si la DV remettait en cause la place du cinéaste ?) », *L'Image, le monde*, n° 2, automne 2001, p. 95-98.

SCHOEDER Barbet, « L'Image numérique est fantastique », table ronde avec Éric Gautier, Bertrand Bonello, Caroline Champetier, Gilles Gaillard, *Cahiers du cinéma*, n° 610, mars 2006, p. 10-16.

SEGURET Olivier, « Les Femmes cultivent le cul », *Libération*, 24 septembre 1997.

TESSON Charles, « Un Poids, des mesures », « Où va le cinéma français : comment naissent les films ? », *Cahiers du cinéma*, n° 544, mars 2000, p. 22-23.

THERY Irène, « Couple, filiation et parenté aujourd'hui. Le droit face aux mutations de la famille et de la vie privée » (Rapport au ministre de l'Emploi et de la solidarité, au Garde des Sceaux, ministère de la Justice, mai 1998) ; cité par Carole Desbarats, « Généalogies contemporaines », dans *Derrière la porte, les secrets de famille au cinéma*, Éditions de l'ACOR, 2001, p. 31-34.

TREMOIS Claude-Marie, *Les Enfants de la liberté : le jeune cinéma français des années 1990*, Paris, Éditions du Seuil, 1997.

VARDA Agnès, « La caméra numérique force les cinéastes à ouvrir l'œil », *Le Monde*, 15 août 2001.

VASSÉ Claire, dans *Le Jeune Cinéma français*, Paris, Nathan Université, coll. « 128 », 2002.

Index des films cités

Les chiffres correspondent au numéro des questions.

50 QUESTIONS

Collection dirigée par Belinda Cannone

Vincent Amiel et Pascal Couté, *Formes et obsessions du cinéma américain contemporain* (12)
Pierre Berthomieu, *La Musique de film* (14)
Anne Besson, *La Fantasy* (37)
Christian Béthune, *Pour une esthétique du rap* (16)
Monique Carcaud-Macaire et Jeanne-Marie Clerc, *L'Adaptation cinématographique et littéraire* (15)
Jean-Luc Chalumeau, *Histoire critique de l'art contemporain* (1)
Jean-Luc Chalumeau, *La Lecture de l'art* (9)
Jean-Luc Chalumeau, *Histoire de l'art contemporain* (20)
Raphaël Colson et François-André Ruaud, *Science-Fiction. Une littérature du réel* (29)
Daniel Deshays, *Pour une écriture du son* (30)
Valérie Deshoulières, *Métamorphoses de l'idiot* (21)
Christian Doumet, *Faut-il comprendre la poésie ?* (19)
Georgie Durosoir, *La Musique vocale profane au XVII*e *siècle* (2)
Gérard Gengembre, *Le Roman historique* (27)
Nathalie Heinich, *Être artiste. Les transformations du statut des peintres et des sculpteurs* (5)
André Helbo, *Le Théâtre : texte ou spectacle vivant ?* (34)
Marc Jimenez, *L'Esthétique contemporaine*, 2e éd. revue, 2004 (6)
Jean-Pascal Le Goff, *Robinson Crusoé ou l'Invention d'autrui* (13)
Gérard-Georges Lemaire, *Histoire du Salon de peinture* (11)
Jean-Louis Leutrat et Suzanne Liandrat-Guigues, *Penser le cinéma* (8)
Jean-Louis Leutrat et Suzanne Liandrat-Guigues, *Western(s)* (38)
Henriette Levillain, *Qu'est-ce que le baroque ?* (10)
Suzanne Liandrat-Guigues, *Esthétique du mouvement cinématographique* (22)
Isabelle Meuret, *L'Anorexie créatrice* (28)
Frédéric Monneyron, *La Mode et ses enjeux* (23)
Marie-Claire Mussat, *Trajectoires de la musique au XX*e *siècle*, 2e éd. revue, 2002 (3)
Daniel-Henri Pageaux, *Naissances du roman* (4)
Danielle Perrot-Corpet, *Don Quichotte, figure du XX*e *siècle* (24)
Jonathan Pollock, *Qu'est-ce que l'humour ?* (7)
Frédéric Pomier, *Comment lire la bande dessinée ?* (25)
Michèle Reverdy, *Composer de la musique aujourd'hui* (35)
Bernard Ribémont, *Sexe et Amour au Moyen Âge* (36)
Baldine Saint Girons, *L'Acte esthétique* (39)
Pierre Sineux, *Qu'est-ce qu'un dieu grec ?* (32)
Éric Vigne, *Le livre et l'éditeur* (40)
Laurent Wolf, *Vie et Mort du tableau. 1. Genèse d'une disparition* (17)
Laurent Wolf, *Vie et Mort du tableau. 2. La Peinture contre le tableau* (18)
Laurent Wolf, *Après le tableau* (26)
Julie Wolkenstein, *Les Récits de rêve dans la fiction* (31)

Ce volume,
le quarante et unième de la collection
« 50 questions »,
publié aux éditions Klincksieck
a été achevé d'imprimer en mars 2008
sur les presses de l'imprimerie Barnéoud,
53960 Bonchamp-lès-Laval

N° d'éditeur : 0002
N° d'imprimeur : 802038
Dépôt légal : mars 2008